工程总承包计价丛书

市政及城市轨道交通工程总承包工程量计算规范应用指南

SHIZHENG JI CHENGSHI GUIDAO JIAOTONG GONGCHENG ZONGCHENGBAO GONGCHENGLIANG JISUAN GUIFAN YINGYONG ZHINAN

谢洪学　袁春林　主编

中国计划出版社
·北　京·

图书在版编目（CIP）数据
市政及城市轨道交通工程总承包工程量计算规范应用指南 / 谢洪学，袁春林主编. -- 北京 ：中国计划出版社，2024. 8. --（工程总承包计价丛书）. -- ISBN 978-7-5182-1723-6
Ⅰ. U239.5-62
中国国家版本馆CIP数据核字第20247VK867号

责任编辑：李晴文　常欣悦　刘　原　陈　杰　　封面设计：韩可斌

中国计划出版社出版发行
网址：www.jhpress.com
地址：北京市西城区木樨地北里甲11号国宏大厦C座4层
邮政编码：100038　电话：（010）63906433（发行部）
北京天宇星印刷厂印刷

787mm×1092mm　1/16　22.25印张　479千字
2024年8月第1版　2024年8月第1次印刷

定价：98.00元

编审人员名单

审 稿 人：杨丽坤　王中和　谭　华　舒　宇　弋　理
陶学明　李开恕

主　　编：谢洪学　袁春林

编 写 人：(市政工程)
曾玉华　曾　真　寇　炀　林贞蓉　王　慧
周延宇　余梦伊
(城市轨道交通工程)
王继春　熊　楠　朱意萍　蔡菲菲　黄俊雯
陈晓文　吴　静　陈柏西　周倩倩　张宏帆
相晨永

序

进入新时代，我国建筑业正在从量的扩张向质的提升转变。工程总承包、全过程咨询将全面推动建筑业的转型升级。中国建设工程造价管理协会以团标发布的《建设项目工程总承包计价规范》以及房屋工程、市政工程、城市轨道交通工程总承包计量规范四本标准（以下简称《计价计量规范》），坚持问题导向的原则，总结借鉴国内外的先进做法，较好地处理当前工程总承包各方关注的问题。提出了具有前瞻性、可操作性的思路和方法，解决了工程总承包计价计量规则缺位的问题，填补了我国工程总承包计价计量规则的空白，有助于规范工程总承包计价活动。这是我国继21世纪初实行工程量清单计价改革以来，现行工程计价体系的又一次重大完善。适应了建设市场需求，标志着我国适应不同设计深度、不同发承包方式、不同管理需求的工程计价体系已经建立，必将更好地促进工程总承包的健康、可持续、高质量发展。

为引导《计价计量规范》的正确实施，参加规范编制的专家们编写了《建设项目工程总承包计价计量规范应用指南》。该应用指南从编制思路、条文解读、要点分析、案例应用四个维度，以《计价计量规范》的内容为主线，以帮助工程实践中的应用为目标，既有条文的内在逻辑分析，也有不同项目的案例应用，为工程总承包的各方提供了清晰的具有可操作性的计价指引。

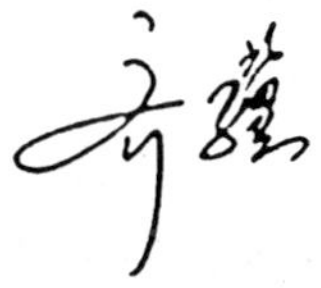

2023年12月30日

建立工程总承包计价计量规则，推动工程总承包高质量发展

杨丽坤

一、规范的编制背景

1. 工程总承包在我国的发展历程

工程总承包模式起源于20世纪60年代，其最早为设计—建造（Design—Build，DB）模式，在美国最早采用DB模式实施的公共项目是1968年的一个学校建筑。20世纪80年代初，在美国首次出现了设计—采购—施工（EPC）模式，1985年，美国建筑师协会（AIA）编印DB合同条件。1999年，FIDIC（国际咨询工程师联合会）编印了EPC合同条件，促进了EPC的推广应用。工程总承包已成为国际工程占主导地位的工程建设组织模式。

施工总承包在我国基本建设工程中一直占据主导地位，工程总承包作为国际工程承包中被普遍采用的模式在20世纪80年代初开始被我国试点采用，经过40余年的发展，石油、化工、有色金属等专业工程项目的工程总承包取得了丰硕成果。在房屋建筑和市政基础设施项目上，工程总承包作为新型的工程建设组织实施方式，近年来被大力推广。

（1）起步试点阶段（1982—1991年）。

1982年6月化工部印发了《关于改革现行基本建设管理体制，试行以设计为主体的工程总承包制的意见》，“决定进行以设计为主体的工程总承包管理体制的试点”，开启了工程总承包模式的探索之路。

1984年9月《国务院关于改革建筑业和基本建设管理体制若干问题的暂行规定》（国发〔1984〕123号）要求建立工程承包公司，接受建设单位的委托或投标中标的项目建设的可行性研究、勘察设计、设备选购、材料订货、工程施工、生产准备直到竣工投产实行全过程的总承包。

1984年11月国家计委、城乡建设环境保护部印发《工程承包公司暂行办法》（计设〔1984〕2301号）；1987年4月国家计委、财政部、中国人民建设银行、国家物资局印发《关于设计单位进行工程建设总承包试点有关问题的通知》（计设〔1987〕619号），选定了12家试点单位；1989年国家计委、财政部、中国人民建设银行、国家物资局、建设部印发《关于扩大设计单位进行工程总承包试点及有关问题的补充通知》（〔89〕建设字第122号），试点单位扩大到31家。

（2）实行资质阶段（1992—1998年）。

经过10年的试点经验总结，1992年4月建设部印发《工程总承包企业资质管理暂

行规定》（建施字第189号），1992年11月建设部印发《设计单位进行工程总承包资格管理的有关规定》（建设〔1992〕805号），对建设项目工程总承包资质管理作出了规定。先后有560余家设计单位取得甲级工程总承包资格证书，2 000余家设计单位取得乙级工程总承包资格证书。

（3）规范推广阶段（1999—2016年）。

1999年8月，建设部印发《关于推进大型工程设计单位创建国际型工程公司的指导意见》（建设〔1999〕218号）。

2003年建设部印发《关于培育发展工程总承包和工程项目管理企业的指导意见》（建市〔2003〕30号），首次明确了工程总承包的不同模式及其定义和内涵。

2005年《建设项目工程总承包管理规范》GB/T 50358—2005发布。

2014年住房城乡建设部印发《关于推进建筑业发展和改革的若干意见》（建市〔2014〕92号），提出“加大工程总承包推动力度”。

2015年6月交通运输部印发《公路工程设计施工总承包管理办法》（交通运输部令2015年第10号），2016年5月住房城乡建设部印发《关于进一步推进工程总承包发展的若干意见》（建市〔2016〕93号）。

（4）大力推行阶段（2017年至今）。

2017年2月国务院办公厅印发《关于促进建筑业持续健康发展的意见》（国办发〔2017〕19号），提出完善工程建设组织模式，其措施之一就是加快推行工程总承包，并要求政府投资工程应完善建设管理模式，带头推行工程总承包。

2019年12月住房城乡建设部、国家发展改革委印发《房屋建筑和市政基础设施项目工程总承包管理办法》（建市规〔2019〕12号）。

2. 国家相关法律规定

1981年颁布的《中华人民共和国经济合同法》第十八条规定：“建设工程承包合同，包括勘察、设计、建筑、安装，可以由一个总包单位与建设单位签订总包合同。”1999年10月，《中华人民共和国合同法》取代《中华人民共和国经济合同法》，保留了上述内容。

《中华人民共和国民法典》（以下简称《民法典》）合同编第七百八十八条第二款规定：“建设工程合同包括工程勘察、设计、施工合同”，第七百九十一条规定：“发包人可以与总承包人订立建设工程合同，也可以分别与勘察人、设计人、施工人订立勘察、设计、施工承包合同。”

《中华人民共和国建筑法》（以下简称《建筑法》）第二十四条规定：“提倡对建筑工程实行总承包，禁止将建筑工程肢解发包。建筑工程的发包单位可以将建筑工程的勘察、设计、施工、设备采购一并发包给一个工程总承包单位，也可以将建筑工程勘察、设计、施工、设备采购的一项或者多项发包给一个工程总承包单位；但是，不得将应当由一个承包单位完成的建筑工程肢解成若干部分发包给几个承包单位。”

上述法律解决了工程总承包的合同适用问题。

3. 工程总承包合同范本的制定

在推行工程总承包中，国家发展改革委、住房城乡建设部等管理部门在工程总承包合同制定方面作了大量工作。

2011 年 9 月，住房城乡建设部、国家工商总局印发了《建设项目工程总承包合同（示范文本）》GF-2011-0216。

2011 年 12 月，国家发展改革委等九部委发布的《中华人民共和国标准设计施工总承包招标文件》（2012 年版）中附有通用合同条款。

2020 年 11 月，住房城乡建设部、国家市场监督管理总局印发了《建设项目工程总承包合同（示范文本）》GF-2020-0216。

但从 40 多年的实践来看，各种政策性的详细规定仍然是施工发承包占据主导地位，工程计价规则还是建立在施工图发承包基础上，导致用施工总承包思维推行工程总承包，没有达到预期效果。

4. 工程总承包计价计量规则的研制

为推行工程总承包，完善有关计价办法，住房城乡建设部颁布了《建设工程工程量清单计价规范》GB 50500—2013（以下简称“2013 清单计价规范”）；2014 年住房城乡建设部印发《关于进一步推进工程造价管理改革的指导意见》（建标〔2014〕142 号），提出“完善工程项目划分，建立多层级工程量清单，……满足不同设计深度、不同复杂程度、不同承包方式及不同管理需求下工程计价的需要。”

2015 年、2016 年住房城乡建设部标准定额司先后组织中国建筑西南设计院、西华大学、四川省造价工程师协会完成了“多层级清单编制研究”以及“适应工程总承包计价规则研究”两个课题，为编制工程总承包计价计量规范提供了技术支撑。

2017 年 1 月，住房城乡建设部办公厅《关于印发 2017 年工程造价计价依据编制和管理工作计划的通知》（建办标函〔2017〕24 号），下达了由四川省造价协会负责编制《工程总承包计价计量规范》的计划。同年 3 月正式启动了编制工作。

2017 年 9 月，住房城乡建设部印发《关于加强和改善工程造价监管的意见》（建标〔2017〕209 号），第二条中提出：“加快编制工程总承包计价规范，规范工程总承包计量和计价活动”。

编制组加强调查研究，既学习借鉴外国好的做法，更注重国内经验的总结。经过一年半的努力，2018 年 12 月住房城乡建设部标准定额司在住房城乡建设部网站上对《房屋建筑和市政基础设施项目工程总承包计价计量规范》（征求意见稿）进行了公示，编制组对收集的 729 条建议进行了认真梳理，进一步修改完善了征求意见稿，于 2019 年 7 月完成了送审稿。

2018 年 3 月，住房城乡建设部办公厅印发《可转化成团体标准的现行工程建设推荐性标准目录（2018 年版）》（建办标函〔2018〕168 号），共有 171 个推荐性国家标准和 181 个推荐性行业标准，其中包括 3 个工程造价标准《建筑工程建筑面积计算规范》GB/T 50353—2013、《建设工程计价设备材料划分标准》GB/T 50531—2009、《建设工程人工材料设备机械数据标准》GB/T 50851—2013。

2018年12月，住房城乡建设部标准定额司印发《国际化工程建设规范标准体系表》（建标标函〔2018〕261号，以下简称《体系表》）。《体系表》由工程建设规范、术语标准、方法类和引领性标准项目三部分组成。工程建设规范部分为全文强制的国家工程建设规范项目；有关行业和地方工程建设规范，可在国家工程建设规范基础上补充、细化、提高。术语标准部分为推荐性国家标准项目；有关行业、地方和团体标准，可在推荐性国家标准基础上补充、完善。方法类和引领性标准部分为自愿采用的团体标准项目。现行国家标准和行业标准的推荐性内容，可转化为团体标准，或根据产业发展需要将现行国家标准转为行业标准，今后发布的推荐性国家标准和住房城乡建设部推荐性行业标准可适时转化。其中就包括“2013清单计价规范”和《房屋建筑与装饰工程工程量计算规范》GB 50854—2013等10个专业工程的计量规范以及《建设工程造价咨询规范》GB/T 51095—2015、《建设工程造价鉴定规范》GB/T 51262—2017、《建设工程造价指标指数分类与测算标准》GB/T 51290—2018等现行的国家工程造价标准和行业标准。

由于工程建设标准化工作改革的推进，不少工程造价的国际标准将转化为团体标准，故《房屋建筑和市政基础设施项目工程总承包计价计量规范》未予审查颁发。

5. 总承包计价计量规范的编制发布

工程总承包缺少计价计量规则的问题越来越被人们所重视，为贯彻落实《国务院办公厅关于促进建筑业持续健康发展的意见》（国办发〔2017〕19号），加快推行工程总承包，不少专业人员建议在国家标准还不能出台的情况下，由中国建设工程造价管理协会（以下简称中价协）组织编制工程总承包的团体标准供社会采用，拾遗补缺，待成熟后再转化为国家标准。

正是在这一背景下，《计价计量规范》的编制填补了这一空白。其将与“2013清单计价规范”一起，为发承包双方了解、选择不同发承包模式下的计价规则提供指引。这一工作是对现行工程计价体系的一次重大改革和完善，是适应建设市场需求、改进工程建设组织方式，以及工程造价管理机制改革的重大举措。

二、规范的编制过程

1. 项目的立项

2021年7月，中价协在“全国团体标准信息平台”网站上发布了“中国建设工程造价管理协会关于《建设工程总承包计价规范》等7项团体标准立项的公告”。其后，中价协委托四川省造价工程师协会、中国建筑西南设计研究院等有关单位承担了《计价计量规范》的编制任务。

2. 项目的启动

主编单位接受编制规范的工作任务后，立即按照工程建设标准编制规定的要求组建编制组，并开始编制方案的起草工作。

2021 年 10 月 18 日，中价协在四川成都召开了《计价计量规范》编制工作启动会议，共有 45 位来自部分省财政评审机构、造价总站、造价协会、建设单位、设计院、施工企业、造价咨询企业、律师事务所的编制组代表参加了会议。会议强调，《计价计量规范》的编制目的是以高标准引领国内建设项目工程总承包业务的高质量发展，有力促进工程造价咨询行业的创新、提升与进步，要求编制组在编制过程中严格遵守团体标准的相关规定及程序，相互协调、相互配合、互为补充。

会议讨论了《计价计量规范》编制方案（初稿），并提出了需进一步改进和完善的意见与建议。

3. 初稿及征求意见稿的形成

编制组根据编制方案开始《计价计量规范》初稿的正式编写工作。在编写过程中，编制组以多种形式召开专题研讨会，以解决各种技术问题。《建设项目工程总承包计价规范》T/CCEAS 001—2022（以下简称《计价规范》）编制组于 2021 年 11 月 27 日在编制组微信工作群就市场价格波动调整、里程碑时间节点以及当发包人未按照约定支付进度款时，承包人是否继续施工等问题进行了讨论。《房屋工程总承包工程量计算规范》T/CCEAS 002—2022、《市政工程总承包工程量计算规范》T/CCEAS 003—2022、《城市轨道交通工程总承包工程量计算规范》004—2022（以下简称《计量规范》）编制组于 2021 年 11 月 29 日在编制组微信工作群就项目编码、措施项目等问题进行了讨论。初稿形成后，主编单位在编制组内征求意见，对收到的 22 个单位及个人提出的 229 条修改意见进行了梳理，并逐条给出了处理意见，汇总形成了“修改意见表”，修改《计价计量规范》初稿后发至编制组微信工作群。编制组于 2021 年 12 月 2 日通过网络会议的形式召开了编制组内部初稿讨论会。会议期间，主编单位围绕“修改意见表”及处理意见作了详细汇报；同时，参会专家对初稿的各章节和各条目问题进行了认真讨论和交流梳理。会后，主编单位经进一步完善与修改，于 2021 年 12 月 19 日正式形成征求意见稿。

4. 征求意见阶段

2022 年 1 月 10 日—2 月 28 日，中价协通过其官网面向全国征求对 4 个规范征求意见稿的建议和意见，并面向有关单位和专家定向征求了意见。截止到 2022 年 2 月 28 日，《计价规范》共收到建议和意见 414 条，其中对条文的建议 393 条，《计量规范》共收到建议和意见 92 条。

此后，《计价规范》编制组对反馈建议进行了逐条研究，形成《建设工程总承包计价规范》（征求意见稿）修改建议处理汇总表。《计量规范》编制组对修改建议进行了梳理，并于 2022 年 3 月 18 日在成都召开了征求意见稿修订会议，逐条进行了讨论和修订。

5. 送审稿的形成

《计价规范》编制组根据专家反馈意见对征求意见稿进行了修订与完善，对部分内容进行了文字方面的推敲与修订，于 2022 年 3 月 29 日形成送审稿并报中价协。中价协标准学术部、王中和秘书长分别于2022年4月29日、5月24日向编制组反馈“专家建议汇总”，编制组对专家建议进行研讨后，对送审稿进行了局部修改和调整，于2022年6月10日形成最终送审稿报中价协。

在成都会议后，《计量规范》编制组根据会议精神，对该规范内容表述的一致性按照工程建设标准编写的有关规定进行了全面系统的修改与完善。对部分内容又进行了最后文字方面的推敲与修订，并于2022年3月29日形成送审稿并报中价协。

6. 报批稿的形成

中价协于2022年6月24日召开《建设项目工程总承包计价规范（送审稿）》审查会。受国内疫情影响，审查会采用了线上、线下相结合的形式，其中部分专家参加了设在四川成都的线下会议。审查会成立了以胡传海为组长的7人专家审查组。审查组通过逐条审查，一致通过了该规范，并对进一步完善该规范提出了修改意见。会后，编制组对审查意见逐条分析，并分别于2022年7月7日、7月13日在编制组微信工作群进行讨论研究后，对部分内容进行了修订。其中按照审查意见，将规范名称修改为“建设项目工程总承包计价规范”，通用术语定义内容减少9条；实质性条文修改共计26条，仅对条文部分文字修改共计36条。最终于2022年7月27日形成报批稿。

中价协于2022年6月28日、29日分别召开《房屋建筑工程总承包工程量计算规范（送审稿）》《市政工程总承包工程量计算规范（送审稿）》《城市轨道交通工程总承包工程量计算规范（送审稿）》审查会。受国内疫情影响，审查会采用了线上、线下相结合的形式，其中部分专家参加了设在四川成都的线下会议。3个审查组通过逐条审查，一致通过了3本规范，并对进一步完善3本规范提出了修改意见。会后，编制组对审查意见逐条分析，并于2022年7月11日在编制组微信工作群进行意见征集，最终于8月3日形成3个规范的报批稿。

三、编制规范的原则和依据

我国的工程计价计量体系主要是建立在施工图基础上的，因此在建设项目采用工程总承包时，没有与之相适应的计价、计量规则，导致实践中往往运用现行的施工发承包工程计价体系，采用“模拟清单”“费率下浮”的方式进行招标发包。这种方式不符合工程总承包的客观规律，导致合同约定总价形同虚设，出现如下后果：一是“模拟清单”或“费率下浮”，结算时只能再按承包人设计的施工图重新算量计价，为承包人过度设计打开方便之门，本应由承包人承担的风险转由发包人承担，造成不少项目的工程结算远超签约合同价，不少政府投资项目投资失控、严重超概。又倒退回“事前不算账，事后算总账”的老路，加重了政府财政压力。二是承包人按照工程总承包的正常做法，通过优化施工设计、优化施工组织、优化施工措施等降低成本的方式，但结算时也只能按施工图重新算量计价，造成了承包人的一切优化随风吹，违背合同的诚信原则，严重挫伤了承包人的积极性。这种总承包计价方式背离了工程总承包的目标，与推行工程总承包的初衷背道而驰，制约了工程总承包的顺利推行。

开展工程总承包的40余年，我们仍然有不少问题没有得到真正解决，需要我们面对问题，直面痛点、勤于思考、勇于实践，持续提升适用于工程总承包的管理能力，推动我国工程总承包的健康、可持续发展。

1. 编制规范的意义

（1）是推行工程总承包的必然要求。在社会主义市场经济条件下，工程价款的结算与支付均应当通过发承包双方的工程合同约束，这就需要合理界定工程总承包计价的范围，价款约定、价款的调整与索赔、价款的结算与支付等，以规范发承包双方签约和履约行为，因此出台计价规范是改变当前工程总承包计价缺乏依据的迫切要求。

（2）是投资评审和审计的客观需要。政府投资项目由政府投资主管部门进行投资评审，审计部门进行审计监督是必备程序，由于没有适应工程总承包计价程序、计价规则等方面的规定，财政评审、工程审计只好仍沿用施工图发承包的规定，有的地方明文规定工程总承包采用总价合同，但又规定结算按施工图预算评审办理，导致合同约定前后矛盾，从而增加合同纠纷。因此，出台总承包计价规范是确保投资评审、工程审计有据可依的客观需要。

（3）是规范建设市场行为的重要前提。工程计价运行机制是推行工程总承包最重要的组成部分，但受传统施工承包模式计价的影响以及在强调市场决定价格时，忽视计价规则方面的引导，导致长期以来适应工程总承包的计价规则缺失，为避免出现“穿着工程总承包的新鞋，走着施工总承包的老路”的现象，出台工程总承包计价规范是规范市场行为的重要前提。

2. 编制原则

（1）问题导向原则。当前，推行工程总承包存在种种问题。《计价计量规范》本着问题导向的原则，全面系统梳理了工程总承包计价活动中存在的问题，并加以认真分析研究，以此为基础编写《计价计量规范》，才能“知不足而后进”“防患于未然”，认真地解决问题，使工程总承包计价活动有章可依、有规可循。

（2）遵循规律原则。规律是不以人的意志为转移的客观存在的规则。“天不言而四时行，地不语而万物生”。建设项目工程总承包作为工程建设组织模式的一种，也必须在遵循客观规律的基础上进行。《计价计量规范》遵循这一基本原则，在费用项目组成、工程价款结算与支付、工程计价风险的分摊等方面，体现工程总承包计价的内在逻辑。

（3）权责对等原则。权责对等原则指权利应当具有与责任相应的准则，即责任和权利应当相等，相互匹配，且应当统一、不能分开。在社会主义市场经济条件下，发包人与承包人之间的交易价格应做到公平。因此，《计价计量规范》根据工程总承包的特点，按照权责对等的原则，对于发承包双方在工程总承包计价中各自应承担的风险作了合理划分。

（4）博采众长原则。博采众长意指广泛采取各方面的优点、长处。《计价计量规范》在编制中认真总结了我国不同专业工程总承包的经验教训，参照了不同的工程总承包合同范本，同时借鉴了国际上特别是FIDIC合同条件有关工程总承包的做法，结合我国工程总承包的特点、实际设置条文，力争为工程总承包做好引导。

（5）简明适用原则。简明适用一直是我国工程定额编制的基本原则，即大道至简的体现，主要指一是简单明了，二是适用性强。《计价计量规范》借鉴这一原则，简明是指《计价计量规范》的条文应当简单明确，即将复杂问题简单化。适用是指《计价计量规范》的条文具有可操作性，按照有关部门对工程建设设计深度的规定设置项目，便于各方理解使用。

（6）守法从约原则。守法即遵守法律规定，是民法典对民事主体从事民事活动的基本要求，《计价计量规范》对条文做到依法设置。例如，有关招标投标和合同价款约定的设置，遵循《民法典》《中华人民共和国招标投标法》（以下简称《招标投标法》）的相关规定；有关工程结算的设置，遵循《民法典》《建筑法》以及相关司法解释相关规定。

从约即遵从合同约定，建设工程计价活动是发承包双方在法律框架下签约、履约的活动。因此，遵从合同约定，履行合同义务是双方的应尽之责。《计价计量规范》在条文上坚持"按合同约定"的引导，但在合同约定不明或没有约定的情况下，或发承包双方发生争议且不能协商一致时，规范就会在处理争议方面发挥积极作用。

3. 规范的编制依据

（1）《民法典》总则编和合同编、《建筑法》《招标投标法》《政府投资条例》等相关法律法规。

（2）《国务院办公厅关于促进建筑业持续健康发展的意见》（国办发〔2017〕19号）。

（3）国家标准化管理委员会、民政部印发的《团体标准管理规定》（国标委联〔2019〕1号）。

（4）住房城乡建设部、国家发展改革委印发的《房屋建筑和市政基础设施项目工程总承包管理办法》（建市规〔2019〕12号）。

（5）国家发展改革委等九部委印发的《标准设计施工总承包招标文件》（发改法规〔2011〕3018号）。

（6）住房城乡建设部、国家市场监管总局发布的《建设项目工程总承包合同（示范文本）》GF-2020-0216。

（7）财政部印发的《基本建设项目建设成本管理规定》（财建〔2016〕504号）。

（8）住房城乡建设部以及有关工程管理部门发布的专业工程投资估算、设计概算编制办法中的建设项目投资费用构成。

（9）2018年《房屋建筑和市政基础设施项目工程总承包计价计量规范》（征求意见稿）。

（10）《建筑工程设计文件编制深度规定（2016版）》（建质函〔2016〕247号），《市政公用工程设计文件编制深度规定（2013版）》（建质〔2013〕57号），《城市轨道交通工程设计文件编制深度规定》（建质〔2013〕160号）。

（11）工程建设标准编制指南。同时借鉴FIDIC《生产设备和设计——施工合同条件》《设计采购施工（EPC）/交钥匙工程合同条件》（2017版）。

四、规范解决的主要问题

1.《计价规范》

（1）明确了工程总承包应当采用的计价规则。本规范正本清源，全面、系统、详尽地对工程总承包的计价作了引导式的规范，与适用于施工总承包的“2013清单计价规范”区分开了。

（2）重新定义了工程计价应当遵循的原则。本规范依据《民法典》的规定，将工程计价应当遵循的原则定义为平等、自愿、公平、诚信、守法、绿色。首次明确了处理计价争议的原则。

（3）定义了工程总承包计价需要的术语。根据总承包计价的需要制定了工程总承包、工程费用、里程碑等术语，修改了工程变更、税金等术语的内涵，与施工总承包下的工程变更从内涵上予以区分，与营业税下的税金作了区分。

（4）明确了工程总承包不同模式及其在不同发包阶段的适用条件。不同的工程总承包模式下的计价存在明显区分，有其各自的适用条件，本规范对此作了明确界定，避免对EPC的滥用。可行性研究、方案设计或初步设计下的工程总承包内容是不同的，本规范对此作了界定，为选择工程总承包模式作了引导。

（5）明确了工程总承包的费用项目组成。改变了目前工程总承包一般仅包括设计费和建安工程费的认知，根据可行性研究及方案设计或初步设计阶段下建设项目总投资项目费用组成，提出了工程总承包的费用组成，可以根据发承包范围予以增减，同时，在用词上与其保持了一致，如不使用暂列金额而采用预备费，作了无缝衔接。

（6）明确了“发包人要求”是采用工程总承包模式的前提。“发包人要求”在工程总承包中具有不可替代的重要地位，本规范为此在多个条文中均有涉及该文件的规定。

（7）明确了工程总承包投资控制的基础。本规范将工程总承包投资控制的目标前移至投资估算或设计概算，避免工程总承包仍按施工图预算评审控制投资的不恰当做法，使工程总承包的投资控制目标与其发承包范围一致，便于实现。

（8）界定了不同工程总承包模式下勘察、设计的范围。根据《岩土工程勘察规范》GB 50021—2001和各专业工程设计文件编制深度的规定和要求，对不同工程总承包模式、不同工程发承包阶段下发承包人负责勘察、设计的范围作了指引。

（9）厘清了工程总承包适用的合同方式。本规范明确了工程总承包宜采用总价合同，同时又规定总价合同条件下，对施工条件易变的项目可采用工程量×单价的方式。

（10）明确了“营改增”后工程总承包合同中的税金处理方式。本规范通过“营改增”后工程计价实践的调查研究，根据税法，对税金作了明确定义，即进入工程造价的是应纳增值税，而非销项税。提出了税金在工程总承包合同约定中的两种处理方法，即税金计入价格清单或税金单列。

（11）明确了工程总承包的材料、设备由承包人采购。本规范明确工程总承包由承包人负责材料、设备采购，并在条文说明中指出甲供材料设备在工程总承包中的弊端，首次在计价规范中明确材料、设备需加工定制的处理方式，以及工程实施过程中更换材料、设备的责任归属。

（12）明确了工程总承包计价风险的分担。本规范根据 EPC 和 DB 的不同，明确了不同工程总承包模式下发承包双方合理分担各自的风险和责任。

（13）明确了项目清单和价格清单的编制和作用。根据工程总承包的逻辑，明确项目清单、价格清单的数量及其价格仅作为变更和支付的参考，并对项目清单、价格清单的形成与使用作了规定，与“2013 清单计价规范”的工程量清单和已标价工程清单区分开了。

（14）明确了工程总承包发包阶段的标底或最高投标限价的选择、形成和评标。本规范优先推荐工程总承包发包时采用标底作为投资控制的限额，并规定了评标定价的注意事项。明确标底或最高投标限价直接采用与发承包阶段相对应的投资估算或设计概算中与发承包范围一致的估算、概算金额作为标底或最高投标限价，而无须另外重新编制。

（15）明确了工程总承包的计量。本规范按照工程总承包的规律，明确规定工程总承包采用总价合同除工程变更外，工程量不予调整。同时，对施工条件变化无法把握的个别项目可以单独立项，按照实际工程量和单价进行结算。

（16）明确了预备费在可调和固定总价合同中的用途。本规范根据可调总价合同和固定总价合同的不同，明确规定预备费在固定总价合同中应作为风险包干费用不予调整。

（17）明确了承包人在合同约定范围内设计收益的归属。本规范针对工程总承包中承包人优化设计、深化设计以及进行设计优化形成利益或增加的费用调整容易产生的争议，根据工程总承包的内在逻辑进行了界定。

（18）明确了联合体承包范围内的设计变更由承包人负责。工程总承包由设计单位和施工企业组成联合体承包的，应确定牵头单位，设计单位对合同约定范围内的设计进行变更的，应由承包人（联合体）负责。

（19）明确了合同价款调整的事项和方法。工程总承包合同虽然是总价合同，除发承包双方将其签订为固定总价合同外，引起合同约定条件变化的因素出现时，仍可调解合同价款，本规范在第 6 章作了规定。本规范采用国际通行做法，根据《标准设计施工总承包招标文件》（2012 版）中的通用合同条款和《建设项目工程总承包合同示范文本》的相关条文，提出采用适应工程总承包的指数法调整价差。

（20）明确了工程总进度计划与里程碑节点的划分。本规范根据工程总承包的特点，明确了工程总进度计划与里程碑节点的划分，作为控制工程进度和工程款支付分解的依据。

（21）明确了工程总承包合同价款期中结算与支付。本规范适应工程总承包的合同价款结算与支付的需要，提出采用合同价款支付分解表，按照承包人实际完成工程进度计划的里程碑节点进行结算与支付。

（22）明确了工程总承包竣工结算与支付。本规范按照相关文件规定，明确合同工程实施过程中，已经办理并确认的期中结算价款应直接进入竣工结算。

（23）明确了工程总承包的工期管理。工期与工程价款的确定密切相关，本规范根据工程总承包的需要，首次将工期列入了计价规范，以便于发承包双方对工期的重视。

（24）明确了工程总承包合同解除后的计价与支付。本规范根据工程总承包合同解除的不同原因（协议解除、违约后解除、因不可抗力解除），明确了其计价范围的结算与支付。

（25）明确了调解在工程总承包合同价款与工期争议中的作用。本规范根据中共中央关于建立多元化纠纷调解机制的要求，在《计价规范》第 9 章中单列一节对调解及其程序作了规定。

2.《计量规范》

（1）解决工程总承包的计量问题。本规范结合工程总承包招标图纸深度特点制订了适用于工程总承包发包阶段方案设计或初步设计的不同设计深度的工程量计算规则，解决了工程总承包不同设计深度发包图纸与项目清单工程量计算规则之间的匹配性问题。

（2）解决项目编码科学设置的问题。科学设置适应于不同阶段的工程总承包和施工总承包的编码体系，以便计算机识别进行大数据处理，方便得出不同专业工程所需的计价数据。

（3）解决了工程造价数据采集问题。工程总承包编码体系根据工程造价数据规律对编码赋函，按照专业工程分类码、工程类型分类码、单位工程分类码、方案设计后分类码、扩大分部分类码、扩大分项分类码、自编码进行编码，形成了可粗可细、可收可放的工程造价编码体系，有利于工程造价分类分层次采集，有利于工程造价数据的归纳和应用。

（4）解决了不同阶段工程计价数据统一问题。根据投资估算、设计概算、标底或最高投标限价、合同价、工程结算编制结构、框架层次统一性问题，形成了贯穿建设项目全过程的数据体系，打通了建设项目全过程造价数据传递通道，有利于工程造价的全过程管理。

（5）解决工程总承包不同阶段发包设计深度工程量计算问题。工程总承包工程量计算规范根据工程总承包发承包阶段特点，以可行性研究、方案设计深度、初步设计深度为依据，形成可行性研究或方案设计后以单位工程为项目单元、初步设计后以扩大分项工程为项目单元的项目清单设置原则和项目清单工程量计算规则，从而解决了方案设计后、初步设计后发包工程工程量计算深度问题。

（6）解决了工程总承包计量规范使用便利性问题。工程总承包工程量计算规范各专业工程均包含了本专业建设项目工程建筑安装工程造价的全部内容，如房屋工程包括土建、装饰、给排水、强电、弱电智能化、暖通、室外总平、专项工程、外部配套等全部工程，在使用时可以在一本规范中找到全部适用项目，解决了工程总承包计量规范使用便利性问题。

（7）解决了工程总承包需求变化与工程造价的联动性问题。工程总承包项目清单以实体工程为对象，以全费用构成为综合单价构成，有利于实时反映分部分项工程造价变化，动态反映需求变更造价变化情况，有利于工程总承包项目设计优化。

（8）解决了机电安装工程初步设计深度工程量计算的适应性问题。工程总承包初步设计后发包时，由于机电安装工程初步设计设计深度原因，机电安装工程末端管线等相关内容在初步设计图纸中没有反映，本规范机电安装工程计算规则结合机电安装工程设计深度特点，以服务面积、服务容量、服务点位等关键指标进行计量，如空调系统项目清单按空调服务面积进行计量，变配电系统项目清单按变配电负荷进行计量，视频监控系统按末端点位进行计量等，从而解决了机电安装工程初步设计深度工程量计算的适应性问题。

3.《计价计量规范》与“2013 工程量清单计算规范”的主要区别

（1）适用范围不同。“2013 工程量清单计算规范”适用于完成施工图设计后发包的施工总承包项目，相应的项目编码规则、项目特征描述方式以及工程量计算规则都是在项目已经具备了施工图的基础上进行规定的。但是在我国的工程实践中，越来越多的项目并不是在施工图设计完成后才进入发承包阶段，尤其是《国务院办公厅关于促进建筑业持续健康发展的意见》（国办发〔2017〕19 号）提出“加快推行工程总承包”后，EPC 方式的普遍采用使得发承包时点大大提前于施工图阶段。因此，要求施工图设计完成后才能编制工程量清单的制度与现实的需求越来越脱节，即传统的“工程量清单”的定义及编制规则已经不能满足目前建设项目不同发承包时点的需要。正是基于这些现象，《计量规范》应运而生。《计量规范》适用于完成方案设计或初步设计发包的工程总承包项目，总包计量规范附录按适用于方案设计（可行性研究）后工程总承包项目和适用于初步设计后工程总承包项目两个层级进行编排，使得工程项目划分更加完善，建立多层级工程量清单，满足不同设计深度、不同复杂程度需求下工程计价的需要。

（2）清单子目的设置原则与结构不同。总包计量规范中的项目清单子目设置按两阶段分别与方案设计、初步设计深度相匹配，与“2013 工程量清单计算规范”的分部分项子目相比，包含的内容有所扩大，将需要承包人应完成的设计深化与设计深化带来的风险包含在相应项目清单子目中，由承包人承担。同时将承包人在不同设计深度下拥有的设计优化权力交还给承包人。

（3）清单编码方式不同。与“2013 工程量清单计算规范”的五级清单编码相比，总包计量规范中的项目清单编码分为七级。从下图中可知，相较于“2013 清单计价规范”，《计价计量规范》清单编码分为方案设计后项目清单编码和初步设计后项目清单编码，新增房屋类型分类码，并根据清单子目设计原则将自编码按设计阶段分为方案设计后自编码与初步设计后自编码。以房屋工程为例：

房屋类型分类码的增加，考虑了数据库进行项目数据归集的需要，在房屋工程、市政工程与城市轨道交通工程的一级专业编码下进一步细分了房屋类型并赋予两位数编码，便于不同建筑类型指标收集与统计。

在房屋分类的基础上，总包计量规范将项目清单编码按方案设计和初步设计两个阶段分层级逐级编码，使用时进行排列组合，便于分层级逐级收拢，同时与原有工程量清单的分部分项相衔接。

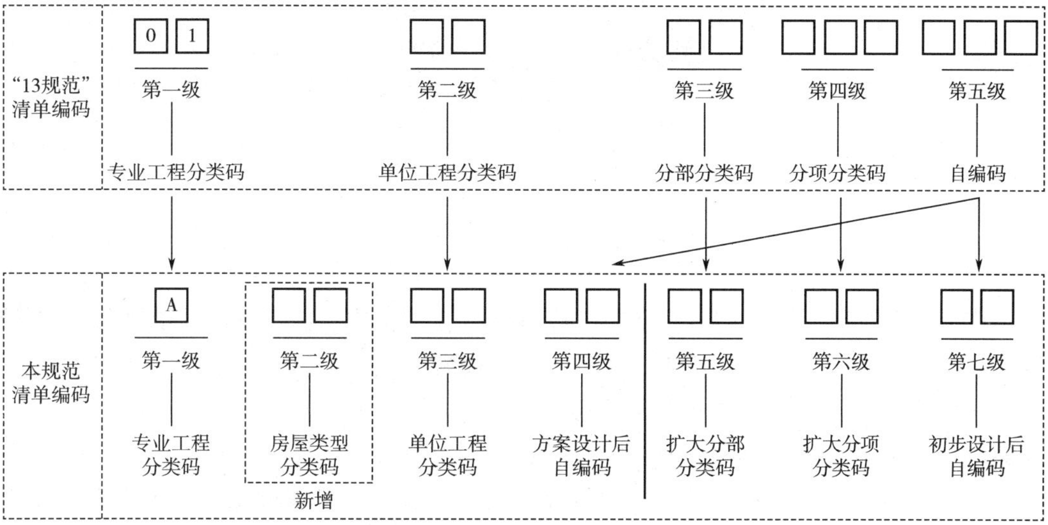

《计量规范》与“2013 工程量清单计算规范”清单编码方式对比图

（4）清单编码含义不同。《计量规范》清单编码每级编码均对应不同层级造价数据指标，一级~七级编码形成可收缩可展开的工程造价数据体系，有利于工程造价指标的收集和整理。

（5）项目清单表构成不同。《计量规范》中的项目清单表由项目编码、项目名称、计量单位、计量规则、工程内容 5 项构成。“2013 工程量清单计算规范”中的分部分项清单表由项目编码、项目名称、项目特征、计量单位、计量规格、工作内容 6 项构成。变化之一是：总包计量规范项目清单表中取消“项目特征”，对项目清单的工作要求通过“发包人要求”进行约束；变化之二是：将重点描述工作工序的“工作内容”转变为描述组成该项目清单应包括的“工程内容”，即明确综合单价所包含的所有工程内容，只考虑最终交付成果是否满足发包人要求，不考虑完成工作工序的工作内容，将设计深化与设计深化带来的风险分摊至承包人，也能在一定程度上促进承包人积极发展施工工艺与技术。

以砌筑工程为例进行对比见下表。

《计量规范》与“2013 工程量清单计算规范”项目清单表构成

计量规范	项目编码	项目名称	项目特征	计量单位	计量规则	工程内容	工作内容
《计量规范》	A××2×××0603	砌筑柱	【取消】	m^3	按设计图示尺寸以体积计算，过梁、圈梁、反边、构造柱等并入砌块砌体体积计算	【新增】包括砌体、钢筋等全部工程内容	【取消】
“2013 工程量清单计算规范”	010402002	砌块柱	1. 砌块品种、规格、强度等级 2. 墙体类型 3. 砂浆强度等级	m^3	按设计图示尺寸以体积计算，扣除混凝土及钢筋混凝土梁垫、梁头、板头等所占体积	【无】	1. 砂浆制作、运输 2. 砌砖、砌块 3. 勾缝 4. 材料运输

（6）专项工程设置不同。在房屋工程总包计量规范中，将不同建筑类型涉及的不同专项工程单独列项，在方案设计后和初步设计后两阶段项目清单中均以专项工程的方式呈现，以区分与普通建筑物的不同工艺、不同设施要求，便于数据库指标收集与积累，提炼影响项目造价的特殊因素，并便于数据横向对比。

（7）措施项目设置不同。《计量规范》在方案设计后项目清单表中不再设置措施项目，措施项目包含在各单项工程与单位工程内容中。在初步设计后项目清单表中，仅设置原工程量清单计量规范中的部分总价措施项和投标人需要单列的特殊措施项，其他单价措施项目均包含在相应的实体工程项目清单的工程内容中，不再单列。

（8）专业工程划分不同。《计量规范》包括《房屋工程总承包工程量计算规范》《市政工程总承包工程量计算规范》《城市轨道交通工程工程量计算规范》，均包括了每个专业工程中所涉及的全部专业工程内容，如房屋工程包括土建、装饰、给排水、强电、弱电智能化、暖通、室外总平、专项工程、外部配套等全部工程，保持了专业工程内容的完整性和合理性。

五、《计价计量规范》的特点和作用

1.《计价计量规范》的制定填补了空白

《计价计量规范》聚焦了工程总承包这一新模式，填补了无工程总承包计价标准的空白，对工程总承包计价具有指导作用。

2.《计价计量规范》的制定符合团体标准的编制原则

（1）开放原则。《计价计量规范》编制组成员涵盖了与工程总承包相关的政府投资及评审管理机构、工程造价管理机构、建设单位、设计院、施工企业、咨询企业以及律师事务所，代表性广泛，为《计价计量规范》的顺利编制奠定了基础。

（2）透明原则。《计价计量规范》立项在国标委网站面向全国公开征求意见，且征求意见稿面向全国公开征求意见。

（3）公平原则。《计价计量规范》主要是规范发承包双方的计价行为，条文设置体现了权责对等，风险合理分担。

3.《计价计量规范》的编制符合团体标准的要求

（1）符合《中华人民共和国标准化法》的规定。

（2）符合国标委、民政部《团体标准管理规定》（国标委联〔2019〕1 号）的规定。

（3）编写格式符合住房和城乡建设部《工程建设标准编写规定》的规定。

4.《计价计量规范》的特点

（1）传承性。使用名词、阶段划分等与工程建设领域保持对接。

（2）创新性。不少内容均是针对工程总承包计价的首次规定。

（3）前瞻性。针对工程总承包存在的问题，提出了解决方案。

（4）可操作性。从前期发包到最终结清，工程计价各阶段的内容规定明确具体，方便使用。

（5）可选择性。有两种方式的均并列列出，供发承包双方选用。

5.《计价计量规范》与现行标准具有互补关系

《计价计量规范》与“2013 清单计价规范”的关系是互补的。因“2013 清单计价规范”所规范的范围是基于施工图设计的项目，适用于施工总承包。《计价计量规范》所规范的范围是建设项目工程总承包，适用于包括设计、采购、施工和设计、施工等阶段的工程总承包。

6. 需要说明的问题

（1）《计价计量规范》在今后的实施中，应注重资料的积累，以便下一步修订时，进一步完善。

（2）《计价计量规范》实施中，对于发包人要求还需进一步做好指引，以推动工程总承包的健康开展。

《计价计量规范》正本清源，是我国首部全面、系统、详尽地引导工程总承包计价的标准规范，与适用于施工总承包的“2013 清单计价规范”的区分就像“雄鹰之两翅、铁道之双轨”，共同标志着我国适用于不同设计深度、不同管理需求、不同发承包模式的计价规则已经建立，对于规范工程总承包计价行为，促使工程总承包健康有序、可持续、高质量发展具有积极意义。

前　言

自2016年以来，建设项目工程总承包是各地采用较多的一种发包模式，也是工程建设领域的热门话题，但近两年却呈现断崖式下滑。不少政府投资项目面临工程结算严重超过合同总价，进而严重超概，陷入结算难办的尴尬境地。正如某地总结工程总承包试点所讲，“穿的是工程总承包的新鞋，走的是施工总承包的老路”。面临工程总承包长期缺少计价计量规则，不适应工程总承包发展的状况，2022年12月中价协发布了《建设项目工程总承包计价规范》T/CCEAS 001—2022以及房屋、市政、城市轨道工程三本计量规范，标志着我国首部全面、详尽、系统地引导工程总承包计价计量的规则终于经过近10年的论证、实践、打磨而出台。填补了我国工程总承包计价规则的空白，社会反响热烈。受到了财政评审、工程审计、建设管理等政府部门，建设、设计、施工、咨询单位等建设市场主体以及处理合同纠纷案件的人民法院、仲裁机构、律师事务所的广泛关注。随着中价协组织的规范宣贯，掀起了一波学习工程总承包计价规则的热潮，互联网上一些专业人士也纷纷对总承包计价规范进行解读。为帮助使用者在实践中精准把握规范，《计价计量规范》编制组部分人员经过大半年的努力，编写了本书，以期对工程总承包的推广有所助益。本书具有以下特点：

（1）传承性与创新性的统一。我国基本建设经过70多年来的实践，已经形成了一套行之有效的程序，从工程计价的角度来讲，按照工程建设不同阶段形成的技术文件，形成了以项目建议书、可行性研究报告、方案设计文件为支撑的投资估算，以初步设计文件为支撑的设计概算，以施工图设计文件为支撑的施工图预算，以竣工项目交付标准（竣工图）为支撑的竣工结算。传统的施工发承包模式的计价基础就是建立在施工图设计文件上。工程总承包由于设计施工一体化的高度融合，承包人将承接施工图设计甚至是初步设计，因此，《计价计量规范》将工程总承包的计价基础建立在投资估算或设计概算上就是必然选择。工程总承包与施工总承包各有其内在逻辑和应当遵循的客观规律，不能相互混淆。实践已经证明，用施工总承包的思维推行工程总承包必然会带来种种问题。《计价计量规范》按照工程总承包的客观规律，在总结经验教训的基础上，提出了适用于工程总承包计价的新方法，例如，以估算或概算作为计价基础，EPC与DB的选用，里程碑与合同价款支付分解，指数法调整价差等，这些规定都比较详尽、具体，具有可操作性。

此外，在建设项目费用的选择及术语名称上保持了工程建设费用项目约定俗成的用语，与其无缝衔接，以方便理解和使用。

（2）理论性与实践性的统一。工程造价是一门实践性很强的技术经济学科，本书编写者参与了工程总承包计价规范从构思、调研、论证、起草、修改到最终成稿的过程。参与了对一些疑难问题，如增值税在计价中的处理，指数法价差调整等课题的科学研究。计量规范的编写者是从事可行性研究、方案设计、初步设计、施工图设计的估算、概算、预算编制等工作，具有丰富实际工作经验的行家里手，较为详细介绍了工程总承包计价的思路，并附相关案例，尽可能实现了理论与实践的有机结合。

（3）专业性和法律性的统一。工程造价是一门技术与经济相互融合的专业工作，需要遵守相关工程建设的标准规范，工程造价的形成最终确定还需要遵守《民法典》《建筑法》《招标投标法》等法律法规，专业性与法律性二者缺一不可。本书在解读中引用并编入相关的法律法规、规范性文件的条文，方便使用者查阅。

本丛书第一本《建设项目工程总承包计价规范应用指南》的“条文解读”对设置条文的宗旨、理解作了介绍，“应用指引”给出了应用该条文的思路和方法，“法条链接”指出了引用法律法规、部门规章、规范性文件的条文。

本丛书第二、第三本，分别对房屋工程、市政工程、城市轨道交通工程总承包计量规范的条文、附录进行“要点说明”，并分别用 EPC、DB 案例介绍了发包人要求、项目清单、标底/最高投标限价、价格清单、工程结算（预付款、价款调整、进度款、竣工结算、最终结清），增强使用者对工程总承包计价的认识。

本书引用现行法律法规、规范性文件外，还引用一些相关文献列入参考文献中，在此对文献作者表示由衷的感谢！

由于工程总承包计价的专业规范和法律规定相对欠缺，即使经验丰富的专家难免也有左右为难的问题，一些观点与分析还有待进一步接受市场检验，加之编写者水平有限，成书时间仓促，不足之处望读者批评指正为感。

编写组

2023 年 12 月

目　　录

第一篇　市 政 工 程

第二篇　城市轨道交通工程

第一篇

市政工程

1 总　　则

【概述】

本规范的第1章“总则”共5条，从整体上叙述了有关本规范编制与使用的几个基本问题。主要内容为编制目的、适用范围、基本原则、使用范围以及执行本规范与执行其他标准之间的关系等基本事项。

1.0.1 为规范市政工程总承包计量行为，统一市政工程总承包工程量计算规则、项目清单编制方法，制定本规范。

【条文解读】

本条阐述了制定本规范的目的。

制定本规范的目的在于“规范市政工程总承包计量行为，统一市政工程总承包工程量计算规则、项目清单编制方法”。

1.0.2 本规范适用于市政工程总承包计价活动中的工程量计算（以下简称工程计量）和项目清单编制。

【条文解读】

本条说明了本规范的适用范围。

本规范的适用范围是市政工程总承包计价活动中的“工程量计算和项目清单编制”。

1.0.3 发承包人在建设项目工程总承包的计量活动中法律地位平等，应遵循自愿、公平、诚信、守法、绿色的原则。

【条文解读】

本条阐述了计量活动中应遵循的基本原则。

本规范明确了发承包人在建设项目工程总承包计量活动中的法律地位是平等的，应遵循的原则为“自愿、公平、诚信、守法、绿色”。

1.0.4 本规范分为可行性研究后项目清单、初步设计后项目清单，具体内容见本规范附录A和附录B。

【条文解读】

本条说明了本规范适用的发承包阶段。

本规范适用的发承包阶段有两个，分别是可行性研究后发包的市政工程总承包项目和初步设计后发包的市政工程总承包项目。

1.0.5 市政工程总承包的计量除应符合本规范外，尚应符合国家现行有关标准的规定。

【条文解读】

本条规定了执行本规范与执行其他标准之间的关系。

本规范的条款是市政工程总承包计价与计量活动中应遵循的专业性条款，在工程计量活动中，除应遵守本规范外，还应遵守国家现行有关标准的规定。

2 术　　语

【概述】

本规范的第2章“术语”共3条，按照编制标准规范的要求，“术语”是对本规范中的特有术语进行定义，避免规范贯彻实施过程中由于不同理解造成争议。

2.0.1 市政工程　public works

市政工程是指道路工程、桥涵工程、隧道及地下通道工程、城市综合管廊工程、管网工程、防洪工程、园林绿化工程及构筑物工程等，不含污水处理厂工程、生活垃圾处理工程、净（取）水厂工程。

【条文解读】

本条规定了本规范所包含的市政工程范围：因污水处理厂工程、生活垃圾处理工程、净（取）水厂工程，未纳入本规范，其配套工程采用房屋和市政相应内容。

市政工程中的配套用房按《房屋工程总承包工程量计算规范》T/CCEAS 002—2022执行。

2.0.2 园林绿化工程　landscaping

在一定地域内运用工程及艺术的手段，通过改造地形、建造建（构）筑物、种植花草树木、铺设园路、设置小品和水景等，对园林各个施工要素进行工程处理，使目标园林达到一定的审美要求和艺术氛围。

2.0.3 项目编码　item code

用于标识工程总承包项目清单的名称所采用的阿拉伯数字及字母。

【条文解读】

本条明确了项目编码的功能是标识工程总承包项目清单的名称，也明确了项目编码的组成元素为阿拉伯数字及字母。

3　工程量计算

【概述】

本规范的第3章“工程量计算”共4条，明确了工程量计算的依据、计量单位和工程内容，以及工程量有效位数的确定原则。

3.0.1　工程量计算除应符合本规范相关规定外，还应依据可行性研究文件、初步设计文件及其他有关技术经济文件。

【条文解读】

本条规定了工程量计算的依据。明确工程量计算，一是应遵守本规范的各项规定；二是应依据可行性研究或初步设计文件以及其他有关技术经济文件进行计算。

3.0.2　工程总承包项目清单的计量单位应按本规范附录中规定的计量单位确定，本规范附录中有两个或两个以上计量单位的，应结合拟建工程项目的实际情况，同一项目宜选择其中一个计量单位。

【条文解读】

本条规定了本规范附录中有两个或两个以上计量单位的项目，在工程量计算时，应结合拟建工程项目的实际情况，选择其中一个作为计量单位，在同一个建设项目（或标段、合同段）中，有多个单位工程的相同项目计量单位必须保持一致。

3.0.3　工程量计算时每个项目汇总的有效位数应符合下列规定：

1　以“t”“m”“m^2”“m^3”“m^3/h”“kV·A”为单位的，应四舍五入为整数；

2　以“个”“根”“部”“系统”“点位”“座”“台·次”“株”“丛”“尾”“樘”“套”“项”为单位的，应取整数。

【条文解读】

本条规定了工程量计算时，项目清单工程量的有效位数，体现了统一性。

在征求意见阶段，有部分专家提出工程量应该精确至2位小数，以“t”为单位的，则精确至3位小数。编制组研究讨论认为：首先，无论是可行性研究阶段还是初步设计阶段，设计方案图纸并非最终施工图纸，过于追求工程量的精度并无太大意义；其次，工程总承包项目以总价合同为主，工程量的小数位数对总价影响较小。故编制组结合以上因素，确定了最终的有效位数保留要求。

3.0.4 除另有规定和说明外，本规范项目清单应视为已经包括完成该项目的全部工程内容。

【条文解读】

（1）本条中的“工程内容”不同于《建设工程工程量清单计价规范》GB 50500—2013 中的“项目特征”。

在《建设工程工程量清单计价规范》GB 50500—2013 中，项目特征是构成清单项目价值的本质特征，单价的高低与其具有必然联系。

在工程总承包模式下，合同价格以总价为主。发包人对技术要求、功能需求等在“发包人要求”中予以明确，承包人可以在满足“发包人要求”的前提下，自行优化。故本规范中的“工程内容”，列举了项目清单包含的工程内容，目的是便于使用者厘清各项目清单涵盖的内容。

因此可以看出，项目清单对应的是可行性研究或初步设计图纸，项目清单中的工程内容来自可行性研究或初步设计图，其内涵及本质与工程量清单的项目特征不同。

（2）本规范对项目的工程内容进行了规定，除另有规定和说明外，应视为已经包括完成该项目的全部工程内容，未列内容不另行计算，未发生的内容也不应扣除；本规范附录项目列出了主要的工程内容，施工过程中为满足发包人要求必然发生的其余辅助性工程内容虽然未列出，但应包括在相应项目清单工程内容中。

4 项目清单编制

【概述】

本规范的第4章“项目清单编制”共2节，7条。规定了编制项目清单的原则和要求以及执行本规范时应遵守的有关规定。

4.1 一般规定

【概述】

本节共2条，规定了项目清单补充项目以及编码不得重复的编制规定。

4.1.1 编制项目清单时出现本规范附录中未列出的项目，编制人可予以补充。

【条文解读】

工程建设中新材料、新技术、新工艺等不断涌现，本规范附录所列的可行性研究后项目清单和初步设计后项目清单无法涵盖所有项目。在编制项目清单时，当出现本规范附录中未包括的清单项目时，编制人可做补充。在编制补充项目时应注意以下两个方面：

（1）在本规范执行中如遇缺项，编制人可根据项目实际情况进行补充，编码在相应的分类码处按顺序编排，同一招标工程的项目清单编码不得重码。

（2）在项目清单中应附补充项目的项目名称、计量单位、计量规则和工程内容。

4.1.2 同一招标工程的项目清单编码不得重码。

【条文解读】

本条规定了项目清单编码的原则，同一招标工程的项目清单编码应按本规范编码规则进行编码，并不得重码。

4.2 项 目 清 单

【概述】

本节共5条。一是规定了项目编码、项目名称和工程量计算规则的使用方法，二是明确了项目编码的组成与含义。

4.2.1　项目清单应符合下列规定：

1　可行性研究后应根据本规范附录 A 规定的项目编码、项目名称、计量单位和工程量计算规则进行编制：先按本规范表 A.0.1 确定市政工程类型分类码，再按本规范表 A.0.2 确定可行性研究后项目清单。

2　初步设计后应根据本规范附录 B 规定的项目编码、项目名称、计量单位和工程量计算规则进行编制。

【条文解读】

本条规定了构成一个项目清单的四个要件——项目编码、项目名称、计量单位和工程量，这四个要件在项目清单的组成中缺一不可。并对本规范附录 A、附录 B 的使用规则进行了明确。可行性研究后项目清单应根据本规范表 A.0.1、表 A.0.2 组合编制，初步设计后项目清单应根据本规范附录 B 进行编制。

4.2.2　可行性研究后项目清单编码应由四级编码组合而成（图 4.2.2），并应符合下列规定：

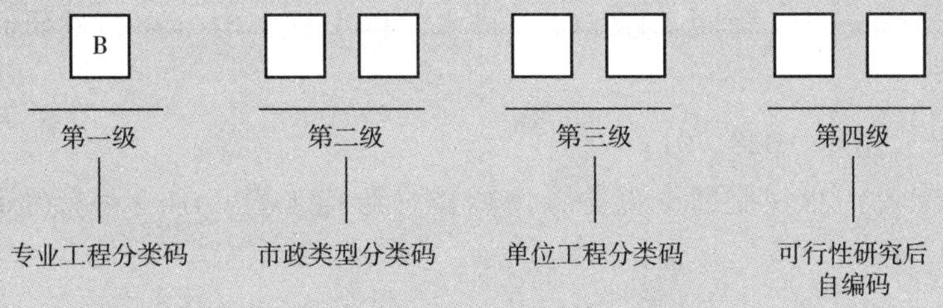

图 4.2.2　可行性研究后项目清单编码

第一级为专业工程分类码，市政工程对应字母 B；

第二级为市政类型分类码，由两位阿拉伯数字组成，编码详见本规范表 A.0.1；

第三级为单位工程分类码，由两位阿拉伯数字组成，编码详见本规范表 A.0.2，本规范表 A.0.2 中以“××”对应第二级市政类型分类码；

第四级为可行性研究后自编码，由两位阿拉伯数字组成，在同一个建设项目存在多个同类单项工程时使用，如不存在多个同类单项工程，自编码为 00。

在使用时，应根据实际项目，按照本规范表 A.0.1 和表 A.0.2 进行组合。

【条文解读】

本条明确了可行性研究后项目清单编码的组成、含义及使用方法。可行性研究后编码采用四级编码，与之深度匹配的编制依据为设计说明书和设计图纸。在编制可行性研究后项目清单时，使用单位应根据实际项目组合使用本规范表 A.0.1 和表 A.0.2

编制前三级编码，并根据项目实际情况自行拟定可行性研究后自编码。

同一个建设项目存在多个同类单项工程时可用自编码区分可行性研究清单项目，便于数据整合与对比；当市政项目为多种类型项目的综合市政项目时，无法按本规范表 A. 0. 1 划分到各单项工程时，前三位项目清单编码可采用 B00 进行编码。下面以市政工程中的某主干路项目为例进行说明。

1. 1#主干路

（1）竖向土石方工程　　B020101：

B（市政工程）02（主干路工程）01（竖向土石方工程）01（可行性研究后自编码 1#主干路）。

（2）道路主体结构及附属工程　　B020201：

B（市政工程）02（主干路工程）02（主体结构及附属工程）01（可行性研究后自编码 1#主干路）。

（3）桥梁主体结构及附属工程　　B070201：

B（市政工程）07（梁式桥）02（主体结构及附属工程）01（可行性研究后自编码 1#主干路）。

（4）排水管网工程　　B210301：

B（市政工程）21（管网工程）03（排水管网工程）01（可行性研究后自编码 1#主干路）。

（5）绿化工程　　B281701：

B（市政工程）28（交通干道类绿化）17（绿化工程）01（可行性研究后自编码 1#主干路）。

2. 2#主干路

（1）竖向土石方工程　　B020102：

B（市政工程）02（主干路工程）01（竖向土石方工程）02（可行性研究后自编码 2#主干路）。

（2）道路主体结构及附属工程　　B020202：

B（市政工程）02（主干路工程）02（主体结构及附属工程）02（可行性研究后自编码 2#主干路）。

（3）桥梁主体结构及附属工程　　B070202：

B（市政工程）07（梁式桥）02（主体结构及附属工程）02（可行性研究后自编码 2#主干路）。

（4）排水管网工程　　B210302：

B（市政工程）21（管网工程）03（排水管网工程）02（可行性研究后自编码 2#主干路）。

（5）绿化工程　　B281702：

B（市政工程）28（交通干道类绿化）17（绿化工程）02（可行性研究后自编码

2#主干路）。

4.2.3 初步设计后项目清单编码应在可行性研究后项目清单编码的基础上进行（图 4.2.3），并应符合下列规定：

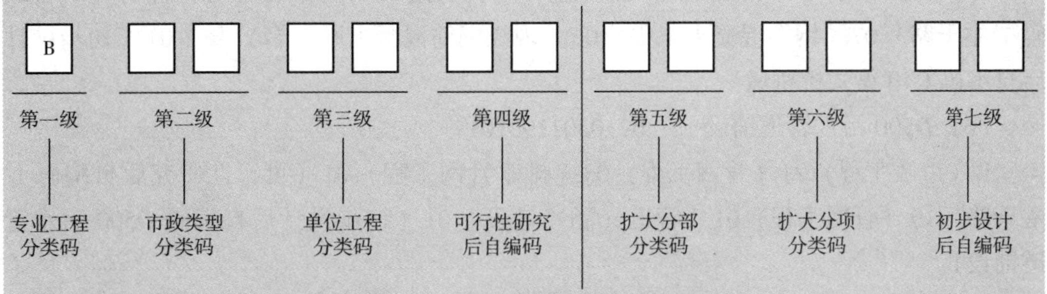

图 4.2.3 初步设计后项目清单编码

第五级为扩大分部分类码，第六级为扩大分项分类码，分别由两位阿拉伯数字组成，编码详见本规范附录 B；

第七级为初步设计后自编码，由两位阿拉伯数字组成，在同一扩大分项存在多种情况时使用。

前四级编码按本规范表 A.0.1 和表 A.0.2 确定。

【条文解读】

本条明确了初步设计后项目清单编码的组成、含义及使用方法。初步设计后编码在可行性研究后编码的基础上补充至七级编码，与之深度匹配的编制依据为初步设计总说明、各专业设计说明和图纸。下面以市政工程中的某 1#主干路项目为例进行说明。

（1）竖向土石方开挖　　B020101010101：

B（市政工程）02（主干路工程）01（竖向土石方工程）01（可行性研究后自编码 1#主干路）01（竖向土石方工程）01（竖向土石方开挖）01（初步设计后自编码竖向土石方开挖）。

（2）道路 SBS 沥青混凝土面层　　B020201050201：

B（市政工程）02（主干路工程）02（主体结构及附属工程）01（可行性研究后自编码 1#主干路）05（面层工程）02（沥青路面）01（初步设计后自编码道路 SBS 沥青混凝土面层）。

（3）C30 道路水泥混凝土面层　　B020201050101：

B（市政工程）02（主干路工程）02（主体结构及附属工程）01（可行性研究后自编码 1#主干路）05（面层工程）01（混凝土路面）01（初步设计后自编码 C30 道路水泥混凝土面层）。

（4）C25 道路水泥混凝土面层　　B020201050102：

B（市政工程）02（主干路工程）02（主体结构及附属工程）01（可行性研究后自编码 1#主干路）05（面层工程）01（混凝土路面）02（初步设计后自编码 C25 道路水泥混凝土面层）。

（5）C40 梁式桥桥墩　　B070201070601：

B（市政工程）07（梁式桥）02（主体结构及附属工程）01（可行性研究后自编码 1#主干路）07（钢筋混凝土工程）06［现浇钢筋混凝土墩（台）身］01（初步设计后自编码 C40 梁式桥桥墩）。

（6）*D*500 污水管道铺设　　B210301190101：

B（市政工程）21（管网工程）03（排水管网工程）01（可行性研究后自编码 1#主干路）19（管网工程）01［管道（涵）铺设］01（初步设计后自编码 *D*500 污水管道铺设）。

（7）栽植朴树胸径 20cm　　B281701290201：

B（市政工程）28（交通干道类绿化）17（绿化工程）01（可行性研究后自编码 1#主干路）29（绿化工程）02［栽（移）植花木植被］01（初步设计后自编码栽植朴树胸径 20cm）。

4.2.4　项目清单中的项目名称应按本规范附录 A 和附录 B 中规定的项目名称并结合拟建工程项目的实际情况予以确定。

【条文解读】

本条明确了项目清单中的项目名称命名原则。项目清单中的项目名称应按本规范附录 A 和附录 B 中规定的项目名称并结合拟建工程项目的实际予以确定，特别是综合性较大的项目应区分项目名称，分别编码列项。例如现浇钢筋混凝土墩柱，可以根据项目实际情况命名为 C30 现浇钢筋混凝土墩柱、C40 现浇钢筋混凝土墩柱、C50 现浇钢筋混凝土墩柱等。

4.2.5　工程总承包的计量应按本规范附录 A 和附录 B 中规定的计量规则计算。

【条文解读】

本条规定了工程量的计算原则。工程量应按本规范附录 A 和附录 B 规定的计量规则计算。工程量的有效位数应遵守本规范第 3.0.3 条的有关规定。

附录A　可行性研究后项目清单

【概述】

附录A共2条，规定了市政类型分类（48项）和可行性研究后项目清单（19项）。

A.0.1　市政类型分类表应符合表A.0.1的规定。

表A.0.1　市政类型分类表

项目编码	项目名称		项目编码	项目名称	
B01	道路工程	快速路工程	B21	管网工程	管网工程
B02		主干路工程	B22	防洪工程	堤防工程
B03		次干路工程	B23		河道整治
B04		支路工程	B24		其他
B05		其他	B25	园林绿化工程	公园
B06	桥涵工程	涵洞	B26		广场
B07		梁式桥	B27		停车场
B08		拱式桥	B28		交通干道类绿化
B09		刚构桥	B29		其他
B10		悬索桥	B30	构筑物工程	冷却塔
B11		组合体系桥	B31		观测塔
B12		其他	B32		烟囱
B13	隧道及地下通道工程	下穿隧道工程	B33		烟道
B14		电缆隧道工程	B34		井架
B15		地下人行通道工程	B35		井塔
B16		其他	B36		筒仓
B17	城市综合管廊工程	干线综合管廊	B37		栈桥
B18		支线综合管廊	B38		架空索道
B19		缆线（微型）综合管廊	B39		装卸平台
B20		其他	B40		槽仓

表A.0.1(续)

项目编码	项目名称		项目编码	项目名称	
B41	构筑物工程	地道	B45	构筑物工程	池
B42		纪念塔（碑）	B46		沉井
B43		广告牌（塔）	B47		水塔
B44		沟	B48		其他

注：1　本规范中市政类型分类参考现行国家标准《建设工程分类标准》GB/T 50841 并结合实际情况进行编列，在执行中如遇缺项，发包人可根据项目实际情况进行补充，编码顺排。

2　桥梁的底层道路按道路工程编码执行。

3　本规范道路工程 B01~B05 不含桥涵工程、隧道及地下通道工程、管网工程，道路工程中的桥涵工程、隧道及地下通道工程、管网工程，分别按本规范 B06~B12、B13~B16、B21 执行。

【要点说明】

本表按《建设工程分类标准》GB/T 50841—2013 并结合实际情况将市政工程分为了 48 个类型。

本表的市政工程类型均为相互独立的类型，如表中道路工程 B01~B05 不含桥涵工程、隧道及地下通道工程、管网工程，道路工程中的桥涵工程、隧道及地下通道工程、管网工程分别执行 B06~B12、B13~B16、B21。

桥梁的底层道路执行道路工程编码。市政工程类型的选择按立项文件中项目的性质确定。若立项文件中包括多种工程类型，则根据不同的类型分别选择。如某项目立项文件中项目性质为道路工程，包括主干路和次干路，则分别按 B02 和 B03 来编码列项。

A.0.2　可行性研究后项目清单应符合表 A.0.2 的规定。

表 A.0.2　可行性研究后项目清单表

项目编码	项目名称	计量单位	计量规则	工程内容
B××01	竖向土石方工程	m^3	从原始地貌标高至道路结构层、园林绿化结构层（种植土）底标高以体积计算	包括竖向土石方（含障碍物）开挖、竖向土石方回填、余方处置等全部工程内容

表A. 0. 2(续)

项目编码	项目名称	计量单位	计量规则	工程内容
B××02	主体结构及附属工程	1. m 2. m^2	1. 以“m”计量，按主体结构长度计算 2. 以“m^2”计量，按主体结构面积计算	包括地基处理、基坑（边坡）支护、基层、面层、桩基工程、钢筋混凝土工程、装配式混凝土工程、钢结构工程、砌筑工程、装饰工程等全部工程内容
B××03	排水管网工程	m	按管网主线长度计算，不扣除检查井所占长度	包括管网工程、附属工程、地基处理、基坑支护工程等全部工程内容
B××04	给水管网工程			
B××05	电力通道工程			
B××06	通信通道工程			
B××07	燃气管网工程			
B××08	热力管网工程			
B××09	给排水工程	1. m 2. m^2 3. m^2	1. 以“m”计量，按隧道、管廊的长度计算 2. 以“m^2”计量，按隧道工程水平投影面积计算 3. 以“m^2”计量，绿化、景观、水体工程按绿化、景观、水域的面积计算	包括为隧道、管廊、绿化、景观、水体等服务的给排水工程、消防工程、通风与空调工程、电气工程等全部工程内容
B××10	消防工程			
B××11	通风与空调工程			
B××12	电气工程			
B××13	智能化工程			包括为隧道、管廊、绿化、景观、水体等服务的智能化工程等全部工程内容
B××14	电梯工程	部	按部数计算	包括为隧道、管廊等服务的电梯工程等全部工程内容
B××15	交通工程	1. m 2. m^2	1. 以“m”计量，按主体结构长度计算 2. 以“m^2”计量，按主体结构面积计算	包括交通安全设施、交通管理设施等全部工程内容

表A.0.2(续)

项目编码	项目名称	计量单位	计量规则	工程内容
B××16	路灯及照明工程	1. m 2. m^2 3. 套	1. 以“m”计量，按主体结构长度计算 2. 以“m^2”计量，按主体结构面积计算 3. 以“套”计量，按设计图示数量计算	包括照明灯具、供配电系统、控制系统、光彩照明等全部工程内容
B××17	绿化工程	m^2	按绿化面积计算	包括绿地整理、种植土、绿化栽（移）植等全部工程内容
B××18	景观工程		按景观面积计算	包括园路、园桥、广场、景墙、景观小品、地基处理、基层、面层、城市家具等全部工程内容
B××19	水体工程		按水域面积计算	包括湖泊、基床、水生植（生）物、水环境等全部工程内容

注：1 桥梁、隧道及地下通道的主体结构及附属工程包括依附于本体结构的车行道及人行道的基层及面层。

2 各单位工程中均包括除竖向土石方工程以外的其他土石方工程。

3 改造工程涉及拆除工程的，拆除工程包括在相应单位工程中。

4 主体结构及附属工程分为道路主体结构及附属工程、桥涵主体结构及附属工程、隧道及地下通道主体结构及附属工程、城市综合管廊主体结构及附属工程。如道路主体结构及附属工程中道路主体结构工程包括人行道和车行道结构层、路沿石、嵌边石等，附属结构工程包括分隔带、边坡、排水沟、挡土墙等，不包括分隔带绿化工程等。

5 B××03～B××08管网工程包括管网土方、基础、管网、管井、回填等所有工程内容。

6 可行性研究后项目清单工程内容包括相应措施项目。

【要点说明】

本表共分为竖向土石方工程、主体结构及附属工程、排水管网工程、给水管网工程、电力通道工程等19个项目。

（1）桥梁、隧道及地下通道的主体结构及附属工程包括依附于本体结构的车行道及人行道的基层及面层。

（2）各单位工程中均包括除竖向土石方工程以外的其他土石方开挖、回填及运输。

（3）主体结构及附属分为道路主体结构及附属工程、桥涵主体结构及附属工程、隧道及地下通道主体结构及附属工程、城市综合管廊主体结构及附属工程。如道路主体结构及附属工程中的道路主体结构工程包括人行道和车行道结构层、路沿石、嵌边石等，附属结构工程包括分隔带、边坡、排水沟、挡土墙等，不包括分隔带绿化工程等。

（4）B××03～B××08 管网工程包括管网土方、基础、管网、管井、回填等所有工程内容。

（5）改造工程涉及拆除工程的，拆除工程包括在相应的项目清单中。

（6）可行性研究后项目清单工程内容包括相应措施项目。

（7）竖向土石方工程按挖方、填方分别列项。

（8）如某项目只有行道树，行道树按 B××17 执行，工程量按树池面积计算。

（9）如道路工程包括城市家具的内容，则工程量按道路的面积计算。

（10）本表的工程内容可根据项目具体情况增减。例如，若竖向土石方工程如包括挖方，则工程量按挖方体积计算，工程内容中取消回填的内容。

附录B　初步设计后项目清单

B.0.1　竖向土石方工程应符合表B.0.1的规定。

表B.0.1　竖向土石方工程（B××01××01）

项目编码	项目名称	计量单位	计量规则	工程内容
B××01××0101	竖向土石方开挖	m^3	按设计图示尺寸以体积计算	包括竖向土石方（含障碍物）开挖、运输、余方处置等全部工程内容
B××01××0102	竖向土石方回填			包括取土、运输、回填、压实、土工合成材料等全部工程内容

注：1　竖向土石方开挖及回填深度为原始地貌标高至道路结构层、园林绿化结构层（种植土）底标高的平均深度。

2　竖向土石方开挖包括竖向布置挖土、石及淤泥等，山坡切土、石及淤泥，石方爆破等，竖向土石方回填包括土方运输、余方处置等。

【要点说明】

（1）本表中“竖向土石方开挖”体积均按挖掘前的天然密实体积计算，“竖向土石方回填”体积以压实（夯实）后的体积计算。

（2）“工程内容”指可能发生的主要内容。“工程内容”中的“运输”指土石方挖、填平衡部分的运输和临时堆放所需的运输，若采用借（买）土回填，则指取土点到回填点的运输。

（3）竖向土石方工程开挖不区分开挖方式，爆破法开挖也执行竖向土石方开挖项目清单。

（4）地上地下障碍物、管道、路基路面等执行竖向土石方开挖项目清单；对既有建筑物拆除执行本规范表B.0.34拆除工程项目清单。

B.0.2　其他土石方工程应符合表B.0.2的规定。

表 B. 0. 2　其他土石方工程（B××××××02）

项目编码	项目名称	计量单位	计量规则	工程内容
B××××××0201	土石方开挖（明挖）	m^3	按设计图示垫层水平投影面积乘以开挖深度以体积计算	包括土石方（含障碍物）开挖、基底钎探、运输、余方处置等全部工程内容
B××××××0202	土石方开挖（暗挖）		按设计图示断面面积乘以长度以体积计算	包括土石方（含障碍物）开挖、运输、余方处置等全部工程内容
B××××××0203	回填方		按挖方工程量减去基础、构筑物等埋入体积计算	包括取土、运输、回填、压实、土工合成材料等全部工程内容

注：1　开挖深度为道路结构层、园林绿化结构层（种植土）底标高以下至垫层底标高的平均深度。

2　管道垫层宽度：有管座的按管道垫层外缘计算，无管座的按管道外径计算，构筑物按垫层外缘计算，若无垫层按基础外缘计算。

【要点说明】

（1）“土石方开挖（明挖）”和“土石方开挖（暗挖）”体积均按挖掘前的天然密实体积计算，“回填方”体积以压实（夯实）后的体积计算。

（2）“土石方开挖（明挖）”“土石方开挖（暗挖）”“回填方”适用于除本规范表 B. 0. 1 竖向土石方工程以外所有土石方开挖、回填项目。其他土石方工程工作面和放坡增加的工程量不计入项目清单工程量中。

（3）“工程内容”指可能发生的主要内容。“工程内容”中的“运输”指土石方挖、填平衡部分的运输和临时堆放所需的运输，若采用借（买）土回填，则指取土点到回填点的运输。

（4）盾构掘进执行本规范表 B. 0. 13 盾构掘进工程项目清单；其他土石方工程不区分开挖方式，爆破法开挖执行土石方开挖（明挖）项目清单。

（5）地上地下障碍物、管道、路基路面等执行竖向土石方开挖项目清单；对既有建筑物拆除执行本规范表 B. 0. 34 拆除工程项目清单。

B. 0. 3　地基处理及基坑支护工程应符合表 B. 0. 3 的规定。

表 B.0.3 地基处理及基坑支护工程（B××××××03）

项目编码	项目名称	计量单位	计量规则	工程内容
B××××××0301	地基处理	1. 项 2. m^2	1. 以"项"计量，按设计图示数量计算 2. 以"m^2"计量，按地基处理面积计算	包括地基强夯、预压、振冲挤密、换填、抛石挤淤、注浆等处理方式以及余方弃置等全部工程内容
B××××××0302	基坑（边坡）支护		1. 以"项"计量，按设计图示数量计算 2. 以"m^2"计量，按设计图示尺寸以面积计算	包括用于地下结构施工及基坑周边环境安全的全部支挡、加固及保护措施等全部工程内容

注：路基、管基、构筑物基础处理执行"地基处理"项目。

【要点说明】

（1）掺石灰、掺干土、掺石、袋装砂井、塑料排水板、各种桩、土工布等地基处理方式执行地基处理项目清单。

（2）为支护工程而搭设的施工作业平台等措施及其拆除执行基坑（边坡）支护项目清单。

（3）基坑（边坡）支护工程施工监测、监控，例如对隧道洞内施工时可能存在的危害因素进行检测，对明挖法、暗挖法、盾构法施工的区域等进行周边环境监测，对明挖基坑围护结构体系进行监测，对隧道的围岩和支护结构进行监测，对盾构法施工进行监控测量，执行基坑（边坡）支护工程项目清单。

B.0.4 基层工程应符合表 B.0.4 的规定。

表 B.0.4 基层工程（B××02××04）

项目编码	项目名称	计量单位	计量规则	工程内容
B××02××0401	基层	m^2	按设计图示尺寸以面积计算，不扣除各种井所占面积	包括路床整形、基层等全部工程内容

注：基础设计截面如为梯形，应按其截面平均宽度计算面积。

【要点说明】

（1）基层厚度以设计要求厚度列项。

（2）便道的路床整形、基层执行本规范表 B.0.35 措施项目的"交通疏解"项目清单。

（3）路基基层包含路基加强层。

B. 0. 5 面层工程应符合表 B. 0. 5 的规定。

表 B. 0. 5 面层工程（B××02××05）

项目编码	项目名称	计量单位	计量规则	工程内容
B××02××0501	混凝土路面	m^2	按设计图示尺寸以面积计算，不扣除各种井所占面积	包括面层、表面处理、侧（平、缘）石及嵌边石、树池围牙及盖板、模板、钢筋等全部工程内容
B××02××0502	沥青路面			
B××02××20503	块料面层			
B××02××0504	其他面层			

注：1 混凝土路面包括胀缝、缩缝、纵缝的设置。

2 透层、封层、粘接层包括在沥青路面项目中。

3 表面处理包括面层的饰面油漆、涂料、抛光、打蜡、造型拼装、成孔挖缺等。

4 路面、面层的面积计算至侧（平、缘）石及嵌边石安砌外边线，其他面层计算至嵌边石外边线。

【要点说明】

工程内容中的“模板”包含模板的支撑措施。

B. 0. 6 桩基工程应符合表 B. 0. 6 的规定。

表 B. 0. 6 桩基工程（B××02××06）

项目编码	项目名称	计量单位	计量规则	工程内容
B××02××0601	预制钢筋混凝土桩	1. m 2. m^3	1. 以“m”计量，按设计图示尺寸以桩长（包括桩尖）计算 2. 以“m^3”计量，按设计图示桩身截面积乘以桩长（包括桩尖）以体积计算	包括打桩、沉桩、接桩、送桩、桩尖、截桩、场地清理等全部工程内容
B××02××0602	钢管桩	t	按设计图示尺寸以质量计算	包括打桩、沉桩、场地清理等全部工程内容

表B.0.6(续)

项目编码	项目名称	计量单位	计量规则	工程内容
B××02××0603	灌注桩	1. m 2. m^3 3. 根	1. 以"m"计量，按设计图示尺寸以桩长（包括桩尖）计算 2. 以"m^3"计量，按设计图示桩身截面积乘以桩长（包括桩尖）以体积计算 3. 以"根"计量，按设计图示数量计算	包括成孔、固壁、钢筋、混凝土、桩尖、截桩、场地清理等全部工程内容

【要点说明】

（1）预制钢筋混凝土方桩和预制钢筋混凝土管桩执行预制钢筋混凝土桩项目清单。

（2）预制钢筋混凝土桩桩顶与承台的连接构造执行预制钢筋混凝土桩项目清单。

（3）泥浆护壁成孔灌注桩、沉管灌注桩、干作业成孔灌注桩、人工挖孔灌注桩和钻孔压浆桩执行灌注桩项目清单，其工程内容还包含灌注桩后注浆、声测管安装。

（4）采用桩方式进行基坑支护或地基处理时，其桩应执行本规范表B.0.3地基处理及基坑支护相应项目清单中。

B.0.7 钢筋混凝土工程应符合表B.0.7的规定。

表B.0.7 钢筋混凝土工程（B××××××07）

项目编码	项目名称	计量单位	计量规则	工程内容
B××××××0701	现浇钢筋混凝土基础	m^3	按设计图示尺寸以体积计算	包括混凝土、钢筋、模板、脚手架或支架（含基础）等全部工程内容
B××××××0702	现浇钢筋混凝土承台			
B××××××0703	现浇钢筋混凝土底板			
B××××××0704	现浇钢筋混凝土侧墙			
B××××××0705	现浇钢筋混凝土顶板			
B××××××0706	现浇钢筋混凝土墩（台）身			
B××××××0707	现浇钢筋混凝土墩（台）盖梁			
B××××××0708	现浇钢筋混凝土支撑梁、横梁、连系梁			
B××××××0709	现浇钢筋混凝土拱桥拱座			
B××××××0710	现浇钢筋混凝土拱桥拱肋			
B××××××0711	现浇钢筋混凝土梁			

表B. 0. 7（续）

项目编码	项目名称	计量单位	计量规则	工程内容
B××××××0712	现浇钢筋混凝土板	m^3	按设计图示尺寸以体积计算	包括混凝土、钢筋、模板、脚手架或支架（含基础）等全部工程内容
B××××××0713	现浇钢筋混凝土板拱			
B××××××0714	现浇钢筋混凝土塔身			
B××××××0715	现浇钢筋混凝土挡墙			
B××××××0716	现浇钢筋混凝土防撞护栏			
B××××××0717	现浇钢筋混凝土搭板			
B××××××0718	现浇钢筋混凝土地梁			
B××××××0719	现浇钢筋混凝土柱			
B××××××0720	现浇钢筋混凝土墙			
B××××××0721	现浇钢筋混凝土楼梯	1. m^2 2. m^3	1. 以“m^2”计量，按设计图示尺寸以水平投影面积计算，不扣除宽度 ≤500mm 的楼梯井，伸入墙内部分不计算 2. 以“m^3”计量，按设计图示尺寸以体积计算	
B××××××0722	钢筋混凝土桥面铺装	m^2	按设计图示尺寸以体积计算	
B××××××0723	钢筋混凝土其他构件	m^3	按设计图示尺寸以体积计算	
B××××××0724	转体体系	系统	按设计图示数量计算	包括转铰、牵引系统等全部工程内容

注：1　台身包括台帽、耳墙，背墙，墩身包括墩帽、支座垫石。

2　钢筋混凝土桥面铺装包括桥面连续、铺装的所有工作内容。

3　混凝土体积不扣除钢筋、铁件、螺栓、波纹管、排水管、止水带等占位。

4　靠墙的梗腋混凝土体积并入墙的混凝土体积计算，不靠墙的梗腋并入相邻顶板或底板混凝土体积计算。

5　其他零星构件材质包括砖、石、砌块、混凝土等，若采用混凝土材质，则工程内容中应包括相应的钢筋、模板及支架。

6　预应力钢筋混凝土构件执行现浇钢筋混凝土构件相应项目，其工程内容还应包括预应力钢筋、钢绞线、锚具、波纹管、压浆等全部工程内容。

7　预埋件、地锚、对拉螺栓、变形缝、止水带、排水管（泄水孔）等包括在相应项目内。

8　钢筋混凝土构件需要设置垫层的，其工程内容还应包括垫层，但垫层工程量不另行计算。

【要点说明】

（1）桥面连续、铺装、防水执行钢筋混凝土桥面铺装项目清单。

（2）钢筋混凝土工程中的混凝土模板工程内容还应包含防水、减震工程内容。

（3）箱形梁、T形梁等执行现浇钢筋混凝土梁项目清单，支撑梁、横梁、连系梁执行现浇钢筋混凝土支撑梁、横梁、连系梁项目清单。

B.0.8 装配式混凝土工程应符合表B.0.8的规定。

表B.0.8 装配式混凝土工程（B××02××08）

项目编码	项目名称	计量单位	计量规则	工程内容
B××02××0801	装配式混凝土柱（墩）	m^3	按设计图示尺寸以体积计算	包括装配式钢筋混凝土构件、支架（撑）及支架（撑）基础、注浆、接缝等全部工程内容
B××02××0802	装配式混凝土梁			
B××02××0803	装配式混凝土板			
B××02××0804	装配式混凝土楼梯			
B××02××0805	装配式混凝土防撞墙			
B××02××0806	装配式混凝土箱涵	1. m^3 2. m	1. 以“m^3”计量，按设计图示尺寸以体积计算 2. 以“m”计量，按设计图示尺寸以中心线长度计算	
B××02××0807	装配式混凝土隧道			
B××02××0808	装配式混凝土管廊			
B××02××0809	装配式混凝土其他构件	m^3	按设计图示尺寸以体积计算	

注：1 混凝土体积不扣除钢筋、铁件、螺栓、波纹管、排水管、止水带等占位。

2 表中装配式混凝土构件如采用顶进施工，工程内容还应包括顶进、注浆、出渣、余方处置等全部工程内容。

B.0.9 钢结构工程应符合表B.0.9的规定。

表B.0.9 钢结构工程（B××02××09）

项目编码	项目名称	计量单位	计量规则	工程内容
B××02××0901	钢柱	t	按设计图示尺寸以质量计算，不扣除孔眼的质量，螺栓、焊条、铆钉等不另增加质量	包括成品钢构件、支架（撑）及基础、探伤、防火、防腐、面漆等全部工程内容
B××02××0902	钢梁			
B××02××0903	钢楼梯			
B××02××0904	钢拱			

表B.0.9(续)

项目编码	项目名称	计量单位	计量规则	工程内容
B××02××0905	钢桁架	t	按设计图示尺寸以质量计算，不扣除孔眼的质量，螺栓、焊条、铆钉等不另增加质量	包括成品钢构件、支架（撑）及基础、探伤、防火、防腐、面漆等全部工程内容
B××02××0906	悬（斜拉）索体系			
B××02××0907	其他钢构件			

【要点说明】

钢栏杆执行本规范表 B.0.20 附属工程中的“栏杆”项目清单。

B.0.10 砌筑工程应符合表 B.0.10 的规定。

表 B.0.10 砌筑工程（B××××××10）

项目编码	项目名称	计量单位	计量规则	工程内容
B××××××1001	砌筑基础	m^3	按设计图示尺寸以体积计算，过梁、圈梁、反坎、构造柱等并入砌块砌体体积计算，不计算垫层体积	包括垫层、砌体、构造柱、圈梁、现浇带、钢筋、模板及支架（撑）、脚手架等全部工程内容
B××××××1002	砌筑墙			包括砌体、构造柱、过梁、圈梁、反坎、现浇带、压顶、钢筋、模板及支架（撑）、脚手架等全部工程内容
B××××××1003	砌筑柱			包括砌体、钢筋、脚手架等全部工程内容
B××××××1004	其他砌筑		按设计图示尺寸以体积计算，不计算垫层体积	包括垫层、砌体、混凝土、钢筋、模板及支架（撑）、脚手架等全部工程内容

注：1 砌体材质包括砖、石、砌块等。

2 排水管（泄水孔）、变形缝、止水带、防潮层、预埋铁件等应包括在相应项目内。

【要点说明】

砌筑护坡、砌筑构筑物执行本规范表 B.0.20 附属工程中的“护坡”项目清单和“附属构筑物”项目清单。

B.0.11 防水工程应符合表 B.0.11 的规定。

表 B.0.11 防水工程（B××××××11）

项目编码	项目名称	计量单位	计量规则	工程内容
B××××××1101	底板防水	m^2	按设计图示尺寸以底板水平投影面积计算	包括基层处理、防水层、保护层等全部工程内容
B××××××1102	侧墙防水		按设计图示尺寸以侧墙外侧面积计算	
B××××××1103	顶板防水		按设计图示尺寸以顶板水平投影面积计算	

注：搭接及附加层面积不计清单工程量。

B.0.12 衬砌工程应符合表 B.0.12 的规定。

表 B.0.12 衬砌工程（B××××××12）

项目编码	项目名称	计量单位	计量规则	工程内容
B××××××1201	初衬混凝土	m^3	按设计图示尺寸以体积计算	包括混凝土、钢筋、超前导管、小导管、注浆、变形缝、支撑、管棚、锚杆、模板、脚手架等全部工程内容
B××××××1202	二衬混凝土			包括混凝土、钢筋、变形缝、支撑、模板、脚手架等全部工程内容

B.0.13 盾构掘进工程应符合表 B.0.13 的规定。

表 B.0.13 盾构掘进工程（B××××××13）

项目编码	项目名称	计量单位	计量规则	工程内容
B××××××1301	盾构掘进	m	按设计图示掘进长度计算	包括掘进、管片拼装、压浆、渣土处置等全部工程内容

表B.0.13(续)

项目编码	项目名称	计量单位	计量规则	工程内容
B××××××1302	预制混凝土管片	m^3	按设计图示尺寸以体积计算	包括成品管片及配件等全部工程内容
B××××××1303	钢筋混凝土复合管片			
B××××××1304	钢管片	t	按设计图示尺寸以质量计算	
B××××××1305	盾构机吊装及吊拆	台·次	按设计安拆次数计算	包括吊装、吊拆等全部工程内容
B××××××1306	盾构机进场			包括进场、出场、转场、掉头、平移、空推等全部工程内容
B××××××1307	盾构机出场（转场）			
B××××××1308	盾构机掉头			
B××××××1309	盾构机平移			
B××××××1310	盾构机空推	1. 台·次 2. m	1. 以“台·次”计量，按设计图示数量计算 2. 以“m”计量，按设计图示尺寸以长度计算	

【要点说明】

（1）带盾构的TBM掘进法按本表执行。

（2）掘进、土石方运输及外弃等执行盾构掘进项目清单。

B.0.14 管节顶升工程应符合表B.0.14的规定。

表B.0.14 管节顶升工程（B××××××14）

项目编码	项目名称	计量单位	计量规则	工程内容
B××××××1401	钢筋混凝土顶升管节	m	按设计图示以顶升长度计算	包括基座、车架及设备吊装、管节顶升、止水框、连系梁、阴极保护装置、取排水头、渣土处置等全部工程内容

B.0.15 沉井工程应符合表B.0.15的规定。

表 B.0.15 沉井工程（B××××××15）

项目编码	项目名称	计量单位	计量规则	工程内容
B××××××1501	沉井	座	按设计图示数量计算	包括垫层、井壁、封底、底板、填心、隔墙、钢封门、渣土处置等全部工程内容

B.0.16 沉管隧道工程应符合表 B.0.16 的规定。

表 B.0.16 沉管隧道工程（B××02××16）

项目编码	项目名称	计量单位	计量规则	工程内容
B××02××1601	沉管隧道	m	按设计图示尺寸以长度计算	包括基槽开挖、回填、渣土处置、沉管安装、压石、航道疏浚、浮运、压浆、接缝处理等全部工程内容

B.0.17 装饰工程应符合表 B.0.17 的规定。

表 B.0.17 装饰工程（B××××××17）

项目编码	项目名称	计量单位	计量规则	工程内容
B××××××1701	平面装饰	m^2	按设计图示尺寸以面积计算	包括面层处理、面层、结合层、基层、保温隔热层、脚手架等全部工程内容
B××××××1702	立面装饰			
B××××××1703	顶面装饰			

注：1 面层处理包括面层的饰面油漆、涂料、抛光、打蜡、造型拼装、成孔挖缺、镂空雕刻等。

2 结合层是面层与基层相连接的中间层，包括粘接层、龙骨、骨架、支架、埋件等。

3 基层是面层下的构造层，包括填充层、隔离层、找平层、垫层和基土等。

【要点说明】

（1）防水做法执行本规范表 B.0.11 防水工程项目清单。

（2）踢脚执行立面装饰项目清单。

B.0.18 交通工程应符合表 B.0.18 的规定。

表 B.0.18　交通工程（B××15××18）

项目编码	项目名称	计量单位	计量规则	工程内容
B××15××1801	交通安全设施	1. m 2. 套	1. 以“m”计量，按设计图示以道路中心线长度计算 2. 以“套”计量，按设计图示数量计算	包括标志、标线、标牌、防护、基础及模板等全部工程内容
B××15××1802	交通管理设施			包括监控、通信、信号灯、智能交通、管线、调试、基础及模板等全部工程内容

注：交通安全（管理）设施基础土石方开挖、回填、运输、余方处置等应包括在相应项目内。

【要点说明】

（1）防雷接地工程内容包含在本表中相应项目清单工程内容中。

（2）普通标识杆及信号灯杆包含在标识及信号灯相应项目清单工程内容中，综合杆按本规范表 B.0.28 路灯及照明工程中的对应项目执行。

B.0.19　管网工程应符合表 B.0.19 的规定。

表 B.0.19　管网工程（B××××××19）

项目编码	项目名称	计量单位	计量规则	工程内容
B××××××1901	管道（涵）铺设	m	按设计图示中心线长度以延长米计算	包括垫层、支架（墩）、基础、管道、模板、新旧管连接、警示带、绝热等全部工程内容
B××××××1902	电缆通道			包括垫层、预制或现浇通道、盖板、防雷、接地、模板、脚手架等全部工程内容
B××××××1903	通信通道			包括垫层、现浇通道、防雷、接地、模板、脚手架等全部工程内容
B××××××1904	管件、阀门及附件	个	按设计图示数量计算	包括管件、阀门及附件安装等全部工程内容

表B.0.19(续)

项目编码	项目名称	计量单位	计量规则	工程内容
B××××××1905	设备	1. 套 2. m^3/h	1. 以“套”计量，按设计图示数量计算 2. 以“m^3/h”计量，按处理能力计算	包括基础、模板、设备安装等全部工程内容

注：1　管道铺设、电缆通道、通信通道不扣除附属构筑物、管件及阀门等所占长度。

2　管道铺设包括钢筋混凝土管道、金属管道、塑料管道、复合管道等的铺设。

3　管道（涵）铺设如采用顶进施工，工程内容还应包括顶进、注浆、出渣、余方处置等全部工程内容；如采用拉管施工，工程内容还应包括导向钻孔、回拖扩孔、管道连接、拉管穿越、注浆、余方处置等全部工程内容。

4　表中内容均包括管道试验及系统调试。

【要点说明】

（1）本表内容适用于圆管涵，排水、给水、电力、通信、燃气、热力等所有管道的铺设以及相应管件、阀门及附件、设备的安装。

（2）管道防腐工程内容包含在本表中相应项目清单工程内容中。

（3）采用顶进或拉管铺设管道（涵）应执行管网工程中的相应项目清单。

（4）管道（涵）铺设项目清单工程量按设计图示中心线长度以延长米计算，不扣除各类井的占位；各类井执行本规范表B.0.20附属工程中的“附属构筑物”项目清单。

B.0.20　附属工程应符合表B.0.20的规定。

表B.0.20　附属工程（B××××××20）

项目编码	项目名称	计量单位	计量规则	工程内容
B××××××2001	栏杆	m	按设计图示尺寸以长度计算	包括栏杆安装等全部工程内容
B××××××2002	支座	套	按设计图示数量计算	包括支座安装、预埋件等全部工程内容
B××××××2003	桥梁伸缩缝	m	按设计图示尺寸以长度计算	包括预埋件、钢筋、伸缩缝、混凝土、缝隙填料等全部工程内容
B××××××2004	隔声屏障	1. m 2. m^2	1. 以“m”计量，按设计图示尺寸以长度计算 2. 以“m^2”计量，按设计图示尺寸以面积计算	包括基础、模板、预埋件、隔声屏障及附件安装等全部工程内容

表B. 0. 20(续)

<table>
<tr><th>项目编码</th><th>项目名称</th><th>计量单位</th><th>计量规则</th><th>工程内容</th></tr>
<tr><td>B××××××2005</td><td>桥面排（泄）水</td><td>项</td><td>按设计图示数量计算</td><td>包括雨水口、管道、落水槽等全部工程内容</td></tr>
<tr><td>B××××××2006</td><td>附属构筑物</td><td>1. 座
2. m</td><td>1. 以“座”计量，按设计图示数量计算
2. 以“m”计量，按设计图示尺寸以延长米计算</td><td>包括砌体、混凝土、钢筋、盖板、模板、脚手架、土石方开挖、运输、回填、余方处置等全部工程内容</td></tr>
<tr><td>B××××××2007</td><td>护坡</td><td>m^2</td><td>按设计图示尺寸以面积计算</td><td>包括边坡修整、混凝土、钢筋、砌体、模板、脚手架、锚杆（索）、种植土、植草、养护等全部工程内容</td></tr>
<tr><td>B××××××2008</td><td>盲沟</td><td>m</td><td>按设计图示尺寸以延长米计算</td><td>包括开挖、回填、渣土处置、填充材料、滤管、土工合成材料等全部工程内容</td></tr>
<tr><td>B××××××2009</td><td>预埋槽道</td><td>1. m
2. t</td><td>1. 以“m”计量，按管廊、隧道等的设计中心线长度以延长米计算
2. 以“t”计量，按设计图示尺寸以质量计算</td><td>包括预埋槽道及其附件等全部工程内容</td></tr>
<tr><td>B××××××2010</td><td>支架托臂</td><td rowspan="2">1. m
2. 套</td><td rowspan="2">1. 以“m”计量，按管廊、隧道等的设计中心线长度以延长米计算
2. 以“套”计量，按设计图示数量计算</td><td>包括支架托臂及其附件等全部工程内容</td></tr>
<tr><td>B××××××2011</td><td>抗震支吊架</td><td>包括抗震支吊架及其附件等全部工程内容</td></tr>
<tr><td>B××××××2012</td><td>门</td><td rowspan="2">1. m^2
2. 樘</td><td rowspan="2">1. 以“m^2”计量，按设计图示尺寸以面积计算
2. 以“樘”计量，按设计图示数量计算</td><td rowspan="2">包括门窗、五金件、感应装置、电机等全部工程内容</td></tr>
<tr><td>B××××××2013</td><td>窗</td></tr>
</table>

注：1　检查井、工作井、竖井、雨水口、化粪池、井周加固、井圈加强等均执行附属构筑物项目清单。

2　各类门窗（包括防火门窗等）均执行门、窗项目清单。

3　门的五金件应包括锁、执手、拉手、合页、地弹簧、门铰、插销、门碰珠、防盗门机、门眼（猫眼）、闭门器、顺位器、螺丝、角铁、门轧头等。

4　窗的五金件应包括锁、执手、拉手、合页、插销、撑挡、滑轮滑轨等。

【要点说明】

（1）室内栏杆、景观栏杆、人行道栏杆、机非隔离护栏、中央隔离栏杆、防撞栏杆、波形护栏等，执行栏杆项目清单。

（2）管廊、隧道、箱涵的变形缝执行桥梁伸缩缝项目清单。

（3）雨水沟、边沟、截水沟、排水沟执行附属构筑物项目清单。

（4）防火卷帘（闸）执行门项目清单，启动装置、活动小门等工程内容包含在门项目清单工程内容中。

（5）防火门执行门项目清单，闭门器、顺位器、信号控制关闭和反馈装置工程内容包含在门项目清单工程内容中。

B.0.21 给排水工程应符合表B.0.21的规定。

表B.0.21 给排水工程（B××09××21）

项目编码	项目名称	计量单位	计量规则	工程内容
B××09××2101	给水系统	1. m 2. m^2	1. 以“m”计量，按管廊、隧道等的设计中心线长度以延长米计算 2. 以“m^2”计量，按景观、绿化、水域的面积计算	包括设备、管道、支架及其他、管道附件、卫生器具等全部工程内容
B××09××2102	排水系统			
B××09××2103	中水系统			
B××09××2104	绿地喷（滴）灌	1. 点位 2. m^2	1. 以“点位”计量，按设计图示喷头个数计算 2. 以“m^2”计量，按设计图示喷灌系统覆盖的绿地面积计算	包括设备、管道、阀门、喷头、井及附件、系统调试及试验等全部工程内容
B××09××2105	喷泉	点位	按设计图示喷头个数计算	包括设备、管道、阀门、喷头、井及附件、系统调试及试验等全部工程内容

表B.0.21(续)

项目编码	项目名称	计量单位	计量规则	工程内容
B××09××2106	水闸	1. 座 2. t	1. 以“座”计量，按设计图示数量计算 2. 以“t”计量，按设计图示尺寸以质量计算	包括水闸安装及调试等全部工程内容

注：1 土石方开挖、运输、回填、余方处置等应包括在相应项目内。
2 卫生器具在给水系统中统一考虑。
3 设备包括相应项目对应的各种设备，含设备配套控制箱以及设备至配套控制箱之间的线缆。
4 管道包括相应项目对应的各种管道、管件等。
5 支架及其他包括相应项目对应的管道支架、设备支架、各种套管、管道试验、系统调试、管道消毒、冲洗、防火封堵、基础、模板、防腐绝热、场地清理等。
6 管道附件包括相应项目对应的各类阀门、法兰、补偿器、计量表、软接头、倒流防止器、塑料排水管消声器、液面计、水位标尺等。
7 卫生器具包括相应项目对应的各类卫生器具。

【要点说明】

支架包含固定支架、滑动支架及成品支架。

B.0.22 雨水回收利用系统应符合表B.0.22的规定。

表 B.0.22 雨水回收利用系统（B××09××22）

项目编码	项目名称	计量单位	计量规则	工程内容
B××09××2201	雨水回用系统	1. 系统 2. m^3/h	1. 以“系统”计量，按设计图示数量计算 2. 以“m^3/h”计量，按回收处理能力计算	包括设备、模块、管道、支架及其他、管道附件等全部工程内容

注：1 土石方开挖、运输、回填、余方处置等应包括在相应项目内。
2 设备包括相应项目对应的各种设备，含设备配套控制箱以及设备至配套控制箱之间的线缆。
3 管道包括相应项目对应的各种管道、管件等。
4 支架及其他包括相应项目对应的管道支架、设备支架、各种套管、管道试验、系统调试、管道消毒、冲洗、防火封堵、基础、模板、防腐绝热、场地清理等。
5 管道附件包括相应项目对应的各类阀门、法兰、补偿器、软接头、倒流防止器等。

【要点说明】

图 1-1 为某雨水回收利用系统，应包含虚线框中所有内容。

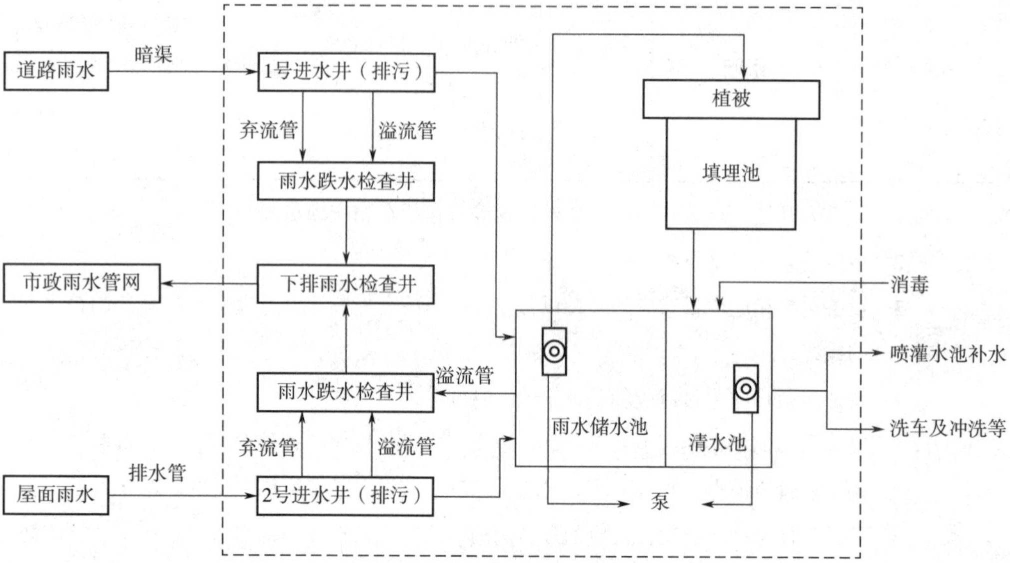

图 1-1　某雨水回收利用系统

B. 0. 23　消防工程应符合表 B. 0. 23 的规定。

表 B. 0. 23　消防工程（B××10××23）

项目编码	项目名称	计量单位	计量规则	工程内容
B××10××2301	消火栓灭火系统	1. m 2. m^2	1. 以"m"计量，按管廊、隧道等的设计中心线长度以延长米计算 2. 以"m^2"计量，按景观、绿化、水域的面积计算	包括设备、管道、支架及其他、管道附件、消防组件等全部工程内容
B××10××2302	水喷淋灭火系统			
B××10××2303	气体灭火系统			
B××10××2304	泡沫灭火系统			
B××10××2305	火灾自动报警系统			
B××10××2306	消防应急广播系统			包括设备、配电箱（柜）、线缆、消防组件、金属构件及辅助项目等全部工程内容
B××10××2307	防火门监控系统			
B××10××2308	电气火灾监控系统			

注：1　土石方开挖、运输、回填、余方处置等应包括在相应项目内。

2　设备包括相应项目对应的各种设备，含设备配套控制箱以及设备至配套控制箱之间的线缆。

3　配电箱（柜）包括相应项目对应的各种报警电源箱、控制箱、模块箱等。

4　管道包括相应项目对应的各种管道、管件等。

5　支架及其他包括相应项目对应的管道支架、设备支架、各种套管、管道试验、系统调试、管道消毒、冲洗、防火封堵、基础、模板、防腐绝热等。

6　管道附件包括相应项目对应的各类阀门、法兰、补偿器、计量表、软接头、倒流防止器、塑料排水管消声器、液面计、水位标尺等。

7　线缆包括相应项目对应的各类桥架、电气配管、电线、电缆等。

8　消防组件包括相应项目对应的各类消防设施（包括各类探测器、按钮、警铃、报警器、电话插孔、消防广播、消火栓、喷头、消防水炮等）。

9　金属构件及辅助项目包括相应项目对应的管道支架、桥架支架、设备支架、各种套管、系统调试、防火封堵、基础、模板、防腐绝热等。

【要点说明】

各系统支架包含固定支架、滑动支架及成品支架。

B. 0. 24　通风与空调工程应符合表 B. 0. 24 的规定。

表 B. 0. 24　通风与空调工程（B××11××24）

项目编码	项目名称	计量单位	计量规则	工程内容
B××11××2401	通风系统	m	按管廊、隧道等的设计中心线长度以延长米计算	包括设备、管道、支架及其他、管道附件、风管部件等全部工程内容
B××11××2402	防排烟系统			
B××11××2403	采暖系统			
B××11××2404	空调系统			

注：1　通风系统兼作防排烟系统时，并入防排烟系统。

2　设备包括相应项目对应的各种设备，含设备配套控制箱以及设备至配套控制箱之间的线缆。

3　管道包括相应项目对应的各种管道、管件等。

4　支架及其他包括相应项目对应的管道支架、设备支架、各种套管、管道试验、系统调试、管道消毒、冲洗、防火封堵、基础、模板、防腐绝热、场地清理等。

5　管道附件包括相应项目对应的各类阀门、法兰等。

6　风管部件包括相应项目对应的各类阀门、风口、排烟口、消声器、消声弯头、罩类、静压箱等。

【要点说明】

通风与空调工程各系统涉及土石方工程的，其工程内容应包含相应的土石方开挖、运输、回填、余方处置。

B. 0. 25　电气工程应符合表 B. 0. 25 的规定。

表 B. 0. 25　电气工程（B××12××25）

项目编码	项目名称	计量单位	计量规则	工程内容
B××12××2501	高低压变配电系统	1. m 2. m^2 3. kV・A	1. 以“m”计量，按管廊、隧道等的设计中心线长度以延长米计算 2. 以“m^2”计量，按景观、绿化、水域的面积计算 3. 以“kV・A”计量，按用电总负荷计算	包括设备、线缆、金属构件及辅助项目等全部工程内容
B××12××2502	变配电智能监控系统	点位	按现场采集设备数量计算	包括设备、线缆、金属构件及辅助项目等全部工程内容
B××12××2503	动力配电系统	1. m 2. m^2	1. 以“m”计量，按管廊、隧道等的设计中心线长度以延长米计算 2. 以“m^2”计量，按景观、绿化、水域的面积计算	包括设备、线缆、用电器具、金属构件及辅助项目等全部工程内容
B××12××2504	照明配电系统			
B××12××2505	防雷接地系统			包括防雷接地材料、金属构件及辅助项目等全部工程内容
B××12××2506	供电引入工程	1. kV・A 2. m	1. 以“kV・A”计量，按引入用电总负荷计算 2. 以“m ”计量，按引入供电线缆长度计算	包括从供电方案接入点至项目高压开关柜进线端之间的设备、线缆、金属构件及辅助项目等全部工程内容

注：1　土石方开挖、运输、回填、余方处置等应包括在相应项目内。

2　设备包括相应项目对应的高低压配电柜、变压器、柴油发电机组、配电箱、蓄电池、电线杆上的所有设备等。

3　线缆包括相应项目对应的各类桥架、电气配管、电线、电缆等。

4　金属构件及辅助项目包括相应的管道支架、桥架支架、设备支架、各种套管、各类调试、防火封堵、基础、模板、防腐绝热、电井、管道包封、配电室标准化等。

5　用电器具包括相应项目对应的各类灯具、开关插座等。

6　防雷接地材料包括避雷针、避雷引下线、避雷网、接地极（板）、接地母线、接地跨接线、桩承台接地、设备防雷装置、阴极保护、等电位装置、电涌保护器等。

【要点说明】

功能用房、公园的建筑用房等优先执行《房屋工程总承包工程量计算规范》T/CCEAS 002—2022。

B. 0. 26　智能化工程应符合表 B. 0. 26 的规定。

表 B. 0. 26　智能化工程（B××13××26）

项目编码	项目名称	计量单位	计量规则	工程内容
B××13××2601	智能化集成系统	1. m 2. m^2 3. 系统	1. 以“m”计量，按管廊、隧道等的设计中心线长度以延长米计算 2. 以“m^2”计量，按景观、绿化、水域的面积计算 3. 以“系统”计量，按设计图示数量计算	包括设备、线缆、软件、金属构件及辅助项目等全部工程内容
B××13××2602	环境与设备监控系统			
B××13××2603	智能化安全防范系统			
B××13××2604	语音通信系统			
B××13××2605	信息广播发布系统			
B××13××2606	引导标识系统			
B××13××2607	信息传输系统			
B××13××2608	数据中心			
B××13××2609	全生命周期运维管理系统			
B××13××2610	其他系统			

注：1　土石方开挖、运输、回填、余方处置等应包括在相应项目内。
2　设备包括相应项目对应的各种设备，含设备配套控制箱以及设备至配套控制箱之间的线缆、设备支架及接地等。
3　线缆包括相应项目对应的各类桥架、电气配管、电线、电缆等。
4　软件包括相应项目对应的软件开发、测试等。
5　金属构件及辅助项目包括相应项目对应的管道支架、桥架支架、设备支架、各种套管、系统调试、防火封堵、基础、模板、防腐绝热等。

【要点说明】

功能用房、公园的建筑用房等优先执行《房屋工程总承包工程量计算规范》T/CCEAS 002—2022。

B. 0. 27　电梯工程应符合表 B. 0. 27 的规定。

表 B. 0. 27 电梯工程（B××14××27）

项目编码	项目名称	计量单位	计量规则	工程内容
B××14××2701	直梯	部	按部数计算	包括电梯设备、设备配套控制箱至电梯的箱柜、线缆、金属构件及辅助项目等全部工程内容
B××14××2702	自动扶梯			
B××14××2703	自动步行道			
B××14××2704	轮椅升降台			

注：1 电梯设备包括相应项目对应的电梯、电梯的控制按钮、层站显示、配套控制箱等。
2 线缆包括相应项目对应的各类桥架、电气配管、电线、电缆等。
3 金属构件及辅助项目包括相应项目对应的管道支架、桥架支架、设备支架、各种套管、系统调试、防火封堵、基础、模板、防腐绝热等。

【要点说明】

功能用房、公园的建筑用房等优先执行《房屋工程总承包工程量计算规范》T/CCEAS 002—2022。

B. 0. 28 路灯及照明工程应符合表 B. 0. 28 的规定。

表 B. 0. 28 路灯及照明工程（B××16××28）

项目编码	项目名称	计量单位	计量规则	工程内容
B××16××2801	供配电系统	1. 套 2. 系统 3. kV · A	1. 以“套”计量，按设计图示数量计算 2. 以“系统”计量，按设计图示数量计算 3. 以“kV · A”计量，按用电总负荷计算	包括设备、线缆、金属构件、防雷接地及辅助项目等全部工程内容
B××16××2802	控制系统	1. 套 2. 系统	1. 以“套”计量，按设计图示数量计算 2. 以“系统”计量，按设计图示数量计算	
B××16××2803	照明灯具	1. 套 2. m	1. 以“套”计量，按设计图示数量计算 2. 以“m”计量，按道路设计中心线长度以延长米计算	
B××16××2804	光彩照明系统	1. m 2. m^2	1. 以“m”计量，按桥梁等设计中心线长度以延长米计算 2. 以“m^2”计量，按景观、绿化、水域的面积计算	包括设备、线缆、用电器具、防雷接地、金属构件及辅助项目等全部工程内容

表B. 0. 28(续)

项目编码	项目名称	计量单位	计量规则	工程内容
B××12××2805	供电引入工程	1. kV·A 2. m	1. 以“kV · A”计量，按引入用电总负荷计算 2. 以“m ”计量，按引入供电线缆长度计算	包括从供电方案接入点至项目供配电系统的设备、配电箱（柜）、线缆、防雷接地、金属构件及辅助项目等全部工程内容

注：1 土石方开挖、运输、回填、余方处置等应包括在相应项目内。
2 设备包括相应项目对应的高低压配电柜、变压器、柴油发电机组、配电箱、蓄电池等。
3 线缆包括相应项目对应的各类桥架、电气配管、电线、电缆等。
4 金属构件及辅助项目包括相应项目对应的管道支架、桥架支架、设备支架、各种套管、系统调试、防火封堵、基础、模板、防腐绝热等。
5 用电器具包括相应项目对应的各类灯具、开关插座等。
6 防雷接地包括避雷针、避雷引下线、避雷网、接地极（板）、接地母线、接地跨接线、桩承台接地、设备防雷装置、阴极保护、等电位装置、电涌保护器等。

【要点说明】

路灯灯杆及综合杆包含在照明灯具相应项目清单工程内容中。

B. 0. 29 绿化工程应符合表 B. 0. 29 的规定。

表 B. 0. 29 绿化工程（B××17××29）

项目编码	项目名称	计量单位	计量规则	工程内容
B××17××2901	绿地整理	m^2	按设计图示以绿化面积计算	包括场地清理、种植土回填、绿化用地整理、顶板基底处理等全部工程内容
B××17××2902	栽（移）植花木植被	1. 株（丛、个） 2. m 3. m^2	1. 以“株（丛、个）”计量，按设计图以数量计算 2. 以“m ”计量，按设计图示以长度计算 3. 以“m^2”计量，按设计图示以绿化面积计算	包括种植穴开挖、种植土回（换）填、起挖、栽植、支撑、养护、栽植容器安装等全部工程内容

注：1 栽（移）植花木植被项目包括起挖、栽（移）植乔木、灌木、竹类、棕榈类、绿篱、攀缘植物、色带、花卉、垂直墙体绿化种植、花卉立体布置、草皮、植草砖内植草、假山上植物等。
2 土石方开挖、运输、回填、余方处置等应包括在相应项目内。

【要点说明】

（1）草绳绕树干、树身刷白、搭设遮荫（防寒）棚等工程内容包含在栽（移）植花木植被项目清单中。

（2）绿化面积按水平或垂直投影面积计算。

（3）垂直墙体绿化的浇灌系统执行本规范表 B. 0. 21 给排水工程中的“绿地喷（滴）灌”项目清单。

B. 0. 30 园路、园桥工程应符合表 B. 0. 30 的规定。

表 B. 0. 30 园路、园桥工程（B××18××30）

项目编码	项目名称	计量单位	计量规则	工程内容
B××18××3001	园路、广场	1. m 2. m^2	1. 以“m”计量，按设计图示尺寸以园路中心线长度计算 2. 以“m^2”计量，按设计图示尺寸以面积计算，路牙、树池面积计入工程量	包括基层、结合层、面层、路牙、树池围牙及盖板、龙骨、栏杆、钢筋、路基、路床整理等全部工程内容
B××18××3002	园桥		1. 以“m”计量，按设计图示尺寸以园桥中心线长度计算 2. 以“m^2”计量，按设计图示尺寸以水平投影面积计算	包括下部结构、上部结构、桥面、栏杆及附属、模板、脚手架及支架（撑）等全部工程内容

【要点说明】

（1）本表的清单项目适用于本规范表 A. 0. 1 市政类型分类表中 B25～B29 的园林绿化工程项目，不论园路、广场、园桥采用什么材质，均执行本表的清单项目。

（2）土石方开挖、运输、回填、余方处置等工程内容包含在相应项目清单工程内容中。

B. 0. 31 园林景观工程应符合表 B. 0. 31 的规定。

表 B. 0. 31 园林景观工程（B××18××31）

项目编码	项目名称	计量单位	计量规则	工程内容
B××18××3101	围（景）墙	1. m 2. m^3	1. 以“m”计量，按设计图示尺寸以长度计算 2. 以“m^3”计量，按设计图示尺寸以体积计算	包括各类围墙的垫层、基础、土石方开挖、回填、余方处置、墙身结构、栏杆、变形缝、模板、脚手架等全部工程内容

表B. 0. 31(续)

项目编码	项目名称	计量单位	计量规则	工程内容
B××18××3102	亭廊	1. m^2 2. 个	1. 以“m^2”计量，按设计图示尺寸以水平投影面积计算 2. 以“个”计量，按设计图示数量计算	包括垫层、基础、结构、基层、面层、模板、脚手架等全部工程内容
B××18××3103	花架	m^2	按设计图示尺寸以水平投影面积计算	
B××18××3104	园林桌椅	1. m 2. 个	1. 以“m”计量，按设计图示尺寸以座凳面中心线长度计算 2. 以“个”计量，按设计图示数量计算	包括垫层、基础、结构、预埋件、饰面、模板等全部工程内容
B××18××3105	堆塑假山	1. m^3 2. t 3. 座	1. 以“m^3”计量，按假山水平投影外接矩形面积乘以高度的 1/3 以体积计算 2. 以“t”计量，按设计图示尺寸以质量计算 3. 以“座”计量，按设计图示数量计算	包括垫层、基础、堆砌、护角、台阶、钢筋、模板及脚手架等全部工程内容
B××18××3106	水池	m^2	按设计图示以水平投影面积计算	包括水池底板、侧壁等结构、防水、基层、结合层、面层、脚手架等全部工程内容
B××18××3107	其他	1. 个 2. m 3. m^2	1. 以“个”计量，按设计图示数量计算 2. 以“m”计量，按设计图示尺寸以长度计算 3. 以“m^2”计量，按设计图示尺寸以面积计算	包括成品构件、基础、模板及脚手架、基层、结合层、面层、其他装饰等全部工程内容

注：1 土石方开挖、回填、运输、余方处置等应包括在相应项目内。

2 其他包括游乐健身设施、标志（识）标牌、石灯、石球、点风景石、雕塑、垃圾箱、其他景观小品等。

【要点说明】

亭廊、花架、园林桌椅等涂刷防腐材料包含在相应项目清单工程内容中，园林景观工程中的防水、保温工程内容包含在相应项目清单工程内容中。

B. 0. 32 水生态工程应符合表 B. 0. 32 的规定。

表 B. 0. 32 水生态工程（B××19××32）

项目编码	项目名称	计量单位	计量规则	工程内容
B××19××3201	湖泊基床	m^2	按设计图示尺寸以面积计算	包括基底夯实、基底抗渗、基底改良等全部工程内容
B××19××3202	驳岸、护岸	1. m 2. m^2 3. m^3	1. 以“m”计量，按设计图示尺寸以长度计算 2. 以“m^2”计量，按设计图示尺寸以面积计算 3. 以“m^3”计量，按设计图示尺寸以体积计算	包括基础、垫层、墙体、变形缝、泄水孔、饰面、模板及脚手架等全部工程内容
B××19××3203	水环境工程	1. 株（丛） 2. m^2 3. 尾	1. 以“株（丛）”计量，按设计图示数量计算 2. 以“m^2”计量，按设计图示尺寸以水域面积计算 3. 以“尾”计量，按设计图示数量计算	包括起挖、栽植、养护、栽植容器安装、放养水生生物、微生物群落构建、水体护理、水质检测、水处理设备等全部工程内容

注：土石方开挖、回填、运输、余方处置等应包括在相应项目内。

B. 0. 33 人防工程应符合表 B. 0. 33 的规定。

表 B. 0. 33 人防工程（B××02××33）

项目编码	项目名称	计量单位	计量规则	工程内容
B××02××3301	人防门	1. 樘 2. m^2	1. 以“樘”计量，按设计图示数量计算 2. 以“m^2”计量，按设计图示尺寸以面积计算	包括人防门、附件等全部工程内容

表B. 0. 33(续)

项目编码	项目名称	计量单位	计量规则	工程内容
B××02××3302	人防封堵	项	按设计图示数量计算	包括人防封堵、附件等全部工程内容
B××02××3303	人防机电设备安装			包括人防电气、给排水、通风系统的设备、线缆、用电器具、金属构件及辅助项目、管道、卫生器具、支架及其他、管道附件、风管部件等全部工程内容
B××02××3304	人防标志	1. 项 2. m^2	1. 以“项”计量，按设计图示数量计算 2. 以“m^2”计量，按设计图示人防面积计算	包括人防标志、着色、附件等全部工程内容

注：1 设备包括相应项目对应的各种设备，含设备配套控制箱以及设备至配套控制箱之间的线缆。

2 线缆包括相应项目对应的各类桥架、电气配管、电线、电缆等。

3 用电器具包括相应项目对应的各类导航灯具、开关插座等。

4 金属构件及辅助项目包括相应项目对应的管道支架、桥架支架、设备支架、各种套管、系统调试、防火封堵、基础、模板、防腐绝热等。

5 管道包括相应项目对应的各种管道、管件等。

6 支架及其他包括相应项目对应的管道支架、设备支架、各种套管、管道试验、系统调试、管道消毒、冲洗、防火封堵、基础、模板、防腐绝热等。

7 卫生器具包括相应项目对应的各类人防卫生器具。

8 管道附件包括相应项目对应的各类阀门、法兰、补偿器、计量表、软接头、测压管、液面计、水位标尺等。

9 风管部件包括相应项目对应的各类阀门、风口、消声器、消声弯头、风帽、罩类、静压箱等。

【要点说明】

（1）洞口各类角钢框、铁件、五金等工程内容包含在相应项目清单中。

（2）人防标志的基础，包含在相应标志的项目清单工程内容中。

（3）所有系统调试、试验等包含在相应项目清单工程内容中。

B. 0. 34 拆除工程应符合表 B. 0. 34 的规定。

表 B. 0. 34 拆除工程（B××××××34）

项目编码	项目名称	计量单位	计量规则	工程内容
B××××××3401	拆除工程	项	按设计图示数量计算	包括拆除、清理、建筑渣土处置等全部工程内容

【要点说明】

拆除工程按“项”包干使用，包括项目实施过程中所有单独拆除的既有建筑物、构筑物、管道等。连同土石方一起挖（破、拆）除的内容不在本表范围内。

B. 0. 35 措施项目应符合表 B. 0. 35 的规定。

表 B. 0. 35 措施项目（B××××××35）

项目编码	项目名称	计量单位	计量规则	工程内容
B××××××3501	安全文明施工	项	按设计图示数量计算	包括环境保护、安全施工、文明施工、临时设施等全部工程内容
B××××××3502	围堰、筑岛			包括修筑、拆除及余方处置等全部工程内容
B××××××3503	交通疏解			包括便道、便桥、临时交通安全设施及管理设施、交通协管人员等全部工程内容
B××××××3504	水上作业平台			包括制作、安装、拆除、余方处置等全部工程内容
B××××××3505	降水、排水工程			包括施工场地的降水、排水等全部工程内容
B××××××3506	其他措施项目			发承包人认为需要单列的措施项目

【要点说明】

夜间施工、冬雨季施工、二次搬运、脚手架、模板、支撑架、大型机械进出场等施工措施，包含在各表的相应项目清单工程内容中。

案例A　可行性研究后工程总承包（EPC）案例

一、发包人要求

（一）项目概况、可行性研究内容详见可行性研究报告（附件1）

可行性研究报告从附件1中节选如下。

1. 项目概况

项目名称：×××市政项目。

建设地点：×××。

建设单位：×××。

建设规模：某市政工程，道路等级为城市主干路，道路红线宽44m，总长2 531m。主要建设内容包括道路工程、涵洞工程、排水工程、综合管廊工程、交通干道类绿化、河道整治工程等。

建设性质：新建工程。

资金来源：财政资金。

2. 初勘情况（节选）

本项目已完成地质条件初步勘探，钻探揭示，场地地层结构简单，主要由第四系全新统人工堆填（Q_4^{ml}）填筑土、素填土，第四系全新统坡残积（Q_4^{el+dl}）淤泥质土、黏土，下伏白垩系下统白龙组（K_1b）泥岩和砂岩组成，场地地层岩性自上而下分述如下：

第四系全新统人工堆填（Q_4^{ml}）填筑土、素填土：

（1）填筑土（Q_4^{ml}）：为地铁施工回填，主要由黏性土、碎石等组成，该层在场地内主要分布于拟建地铁站位置，由于地铁站开挖较深，该层层厚较大，部分钻孔未揭穿该层。

（2）素填土（Q_4^{ml}）：褐黄色、褐灰色，稍密，稍湿。主要由黏性土组成，混少量碎石等；结构相对较松散，均匀性相对较差，经过碾压，有一定的密实度，该层在场地内普遍分布，层厚0.50~6.80m。

第四系全新统坡残积（Q_4^{el+dl}）淤泥质土、黏土：

（1）黏土（软塑）（Q_4^{el+dl}）：褐黄色、棕黄色、砖红色等，软塑。含铁、锰质氧化物和钙质结核，分布大量条带状或团块状的白色黏土。无摇振反应，切面稍光滑，干强度较差，韧性较好。该层在场地内局部分布，层厚0.80~3.10m。

（2）黏土（可塑）（Q_4^{el+dl}）：褐黄色、棕黄色、砖红色等，可塑。含铁、锰质氧化物和钙质结核，分布大量条带状或团块状的白色黏土。无摇振反应，切面稍光滑，干强度中等，韧性中等。该层在场地内局部分布，层厚0.60~11.30m。

（3）黏土（硬塑）（Q_4^{el+dl}）：褐黄色、棕黄色、砖红色等，硬塑。含铁、锰质氧化物和钙质结核，分布大量条带状或团块状的白色黏土。无摇振反应，切面光滑，干强度高，韧性高。该层在场地内局部分布；试验结果表明，其自由膨胀率平均值为49%，属弱膨胀性土，层厚0.5~3.40m。

（4）淤泥质土（Q_4^{el+dl}）：灰褐色~灰黑色，软塑状，主要成分以黏土为主，夹少量有机质及砂土，分布于局部低洼地带与水塘表层，属Ⅰ级松土，层厚1.50~5.00m。

白垩系下统白龙组（K_1b）泥岩和砂岩：

（1）泥岩：棕红、紫红色，泥质结构，中厚~巨厚层状构造，泥质胶结。偶夹薄层砾石岩、粉砂岩。根据岩体的风化程度可将勘探深度范围内的泥岩按风化程度分为强风化和中风化两个亚层。

1）强风化泥岩：棕红色、紫红色，泥质结构。中厚~巨厚层构造。岩石以强风化为主，局部地段分布少量砂岩，偶夹薄层砾石岩，本层裂隙稍发育，其间充填氧化铁薄膜。岩层层理清楚，层面近于水平。岩芯多呈短柱状，岩体较完整。从岩芯中可见沿裂隙面、节理面附近的岩体已风化成土状，为极软岩、软岩，岩体破碎，基本质量等级为Ⅴ级。

2）中风化泥岩：紫红色、棕灰色等。含少量云母，泥质结构，泥质胶结，中厚~巨厚层构造。岩石以中等风化为主。本层裂隙较发育，其间充填氧化铁薄膜。岩层层理清楚，层面近于水平，岩芯长度一般为15~60cm，多数呈长柱状，少数短柱状，锤击声哑，无回弹，有凹痕，较易击碎，浸水后手可掰开，为极软岩、软岩，岩体较完整，基本质量等级为Ⅴ级。本次勘察未揭穿该层，最大揭露厚度21.9m。

（2）砂岩：紫红色、棕红色、青灰色、灰白色，稍湿，中细~中粗粒结构，中厚~厚层状构造，细粒结构，中厚~巨厚层状构造，泥质胶结。偶夹薄层砾石岩、粉砂岩。砂质~钙质胶结，矿物成分以长石、石英、云母为主，局部地段夹有少量泥岩层，根据岩体的风化程度可将勘探深度范围内的泥岩按风化程度分为强风化和中风化两个亚层。

1）强风化砂岩：组织结构大部分破坏；含较多砂土质矿物，岩芯呈碎块状、土状，少许短柱状，风化裂隙发育，岩块浸水迅速软化、崩解。呈现微层理构造，其坚硬程度等级分类为软岩，基本质量等级分类为Ⅴ级。

2）中风化砂岩：灰白色，组织结构部分破坏，砂质结构，层状构造，节理裂隙发育，岩芯完整，呈长度10~40cm柱状，少数呈长度3~10cm碎块状。岩质硬，锤击不易碎，风化裂隙较发育，锤击声哑，无回弹，有凹痕，较易击碎，浸水后手可掰开，呈现微层理构造，其坚硬程度等级分类为软岩，基本质量等级分类为Ⅳ级。

根据已有地质资料和本次钻探采芯率来看，岩石质量指标*RQD*值在75%~85%间（较软岩）。呈中等风化的岩芯多呈长柱状，可见岩体质量属于较完整的较软岩（Ⅴ~Ⅳ类）。地层产状较平缓，倾角在5°~10°间，本次勘察未揭穿该层，最大揭露厚度19.9m。

3. 道路设计说明

（1）设计依据。

1）《市政公用工程设计文件编制深度规定》（2013 年版）（修订版）；

2）《城镇道路工程施工与质量验收规范》CJJ 1—2008；

3）《城市道路工程设计规范》CJJ 37—2012（2016 年版）；

4）《城市道路路基设计规范》CJJ 194—2013；

5）《城镇道路路面设计规范》CJJ 169—2012；

6）《公路沥青路面施工技术规范》JTG F40—2004；

7）《公路路面基层施工技术细则》JTG/T F20—2015。

（2）总体布置。

1）本项目起点与已建城市支路平面交叉，路线从北向南行进，全长 2 531m。本项目全线与地铁×号线共线，路段范围内地铁设有 3 座车站，目前地铁主体部分已施工完成。综合管廊位于地铁×号线东侧，与之平行。

2）公交停靠及站点布置。由于与本道路沿线相交的规划道路路网暂未成型，且公交系统规划尚未完善，本次暂不考虑进行公交车站台设计。远期按需求设置公交车站点及进行站台设计。

3）超高及加宽设计。本项目有两段平曲线，平曲线半径分别为 500m 和 1 500m，因此全线不设置超高。本项目平曲线半径均大于 250m，不设置曲线加宽。

（3）纵断面设计。

根据区域竖向规划、相交道路规划、设计资料，本项目纵坡、竖曲线半径满足相关规范及规划条件要求，项目起点设计高程 467. 08m，终点设计高程 485. 05m。

（4）横断面设计。

本项目道路标准段红线宽度 44m，断面组成为 3m 人行道+4. 5m 非机动车道（含树池）+14. 5m 机动车道+14. 5m 机动车道+4. 5m 非机动车道（含树池）+3m 人行道。机动车道横坡为双向坡，人行道及非机动车道横坡为内单向坡。

（5）交叉口设计。

本项目共设计 13 处平面交叉，均设置灯控进行管理。

4. 涵洞设计说明

根据本项目沿线筑路材料分布情况，本着不降低原有功能的原则，尽量不改变原有自然条件及环境，以满足配套行洪与灌溉需要。本项目范围内共设接长盖板涵 1 座，长 5m，新建盖板涵 1 座，长 31. 06m，新建圆管涵 3 处，共长 240m。新建雨水箱涵 2 104. 02m。

5. 管线综合设计说明

（1）设计依据。

1）《市政公用工程设计文件编制深度规定》（2013 年版）（修订版）；

2）《工程建设标准强制性条文》（城市建设部分）（建标〔2000〕202 号）；

3）《城市工程管线综合规划规范》GB 50289—2016；

4）《城市给水工程规划规范》GB 50282—2016；

5）《城市排水工程规划规范》GB 50318—2017。

（2）主要内容。

本次设计道路与××路交口处修建一段B综合管廊和预埋雨污水过街，B综合管廊全长145m。

本项目道路涉及的管线包括输水、配水、雨水、污水、电力、通信、中水、燃气，B综合管廊部分详见综合管廊设计说明。

6. 排水设计说明

本工程雨水、污水管道为外部直埋。

（1）雨水工程方案。

根据项目片区规划水系图，管径为 *d*600～*d*1 400，其余详见图A-3雨水总图及图A-4污水总图。

（2）污水工程方案。

本项目新建主线污水管段落，最小管径为 *d*500。具体方案描述如下：

为减少污水管与综合管廊分支口交叉，减少横向过街穿地铁区间及地铁站点，在道路南侧局部敷设污水管转输后统一过街。为方便沿线地块污水收集，在道路南侧适当位置、道路交叉口等处预留污水支管，将周边地块污水汇入设计污水管道中；详见排水平面布置图。

7. 综合管廊设计说明

（1）设计依据。

1）《市政公用工程设计文件编制深度规定》（2013年版）（修订版）；

2）《工程建设标准强制性条文》（城市建设部分）（建标〔2000〕202号）；

3）《城市给水工程规划规范》GB 50282—2016；

4）《城市排水工程规划规范》GB 50318—2017；

5）《建筑抗震设计规范》GB 50011—2010（2016年版）。

（2）主要内容。

本工程A综合管廊设计里程范围为K0+000～K2+781.633，管廊全长2 781.633m，管廊位于道路前进方向左侧，基本位于道路红线以外；B综合管廊K0+000～K0+145，管廊全长145m，于K0+100处下穿A综合管廊，交叉位置设置交叉节点。

本道路A综合管廊工程采用钢筋混凝土四舱箱形结构，自西向东依次为燃气舱、1#综合舱、高压电力舱、2#综合舱。B综合管廊工程采用钢筋混凝土三舱箱形结构，自北向南依次为燃气舱、1#综合舱、2#综合舱。

A综合管廊建设区域内存在尚未运营的地铁××号线（车站主体结构及区间已施工完毕），该道路管廊全线基本与地铁线路并行，与地铁区间、车站及其附属结构最近处净距约6m，管廊全线位于地铁特别控制区外；B综合管廊上跨地铁区间，该地铁区间采用矿山法施工，管廊底板外缘与地铁区间拱顶外缘净距约7m，该段管廊基坑采用放坡开挖方式。

8. 照明设计说明

（1）设计依据。

1）《城市道路照明设计标准》CJJ 45—2015；

2）《供配电系统设计规范》GB 50052—2009；

3）《低压配电设计规范》GB 50054—2011；

4）《建筑物防雷设计规范》GB 50057—2010；

5）《交流电气装置的接地设计规范》GB/T 50065—2011；

6）《电力工程电缆设计标准》GB 50217—2018；

7）《城市道路照明工程施工及验收规程》CJJ 89—2012；

8）《道路照明灯杆技术条件》CJ/T 527—2018；

9）《城市电力规划规范》GB/T 50293—2014。

（2）主要内容。

本工程设计包括红线内的电气配电系统；道路照明系统；接地系统及电气节能。

9. 河道整治设计说明

（1）设计依据。

1）《中华人民共和国水法》（2016 年修订）；

2）《中华人民共和国防洪法》（2016 年修订）；

3）《中华人民共和国河道管理条例》（2018 年修订）；

4）《河道管理范围内建设项目管理的有关规定》（水政〔1992〕7 号，2017 年修正）；

5）《防洪标准》GB 50201—2014；

6）《市政公用工程设计文件编制深度规定》（2013 年版）（修订版）；

7）《堤防工程设计规范》GB 50286—2013；

8）《堤防工程管理设计规范》SL/T 171—2020；

9）《水利水电工程合理使用年限及耐久性设计规范》SL 654—2014；

10）《灌溉与排水工程设计标准》GB 50288—2018。

（2）主要内容。

本项目道路北侧规划绿化带内布置景观河道。

景观河道为城市景观渠道，从××干渠引入的景观用水，接纳两侧绿地的地表径流，不承担区域行洪功能。河道起点接××路东侧，终点汇入××河，河道总长约 2.4km，设计河道宽度 2.2~12.5m。

10. 园林绿化设计说明

（1）设计依据。

1）《城市绿化条例》（2017 年修订）；

2）《城市绿地设计规范》GB 50420—2007（2016 年版）；

3）《城乡建设用地竖向规划规范》CJJ 83—2016；

4）《城市道路绿化设计标准》CJJ/T 75-2023。

（2）主要内容。

沿道路两侧人行道纵向间距 6m 种植行道树，胸径 20cm 考虑，选取栾树。

南侧为防护绿地、生态廊道、防护风景林，强调线性景观廊道。北侧为可持续的绿色廊道、雨洪调节的生态缓冲区、自然生态带。

间隔 100m 布置垃圾桶，间隔 200m 布置座椅。

11. 图纸（节选）

图 A-1～图 A-6 分别为道路平面设计图、道路标准横断面设计图、雨水总图、污水总图、A 综合管廊标准断面图、B 综合管廊标准断面图。

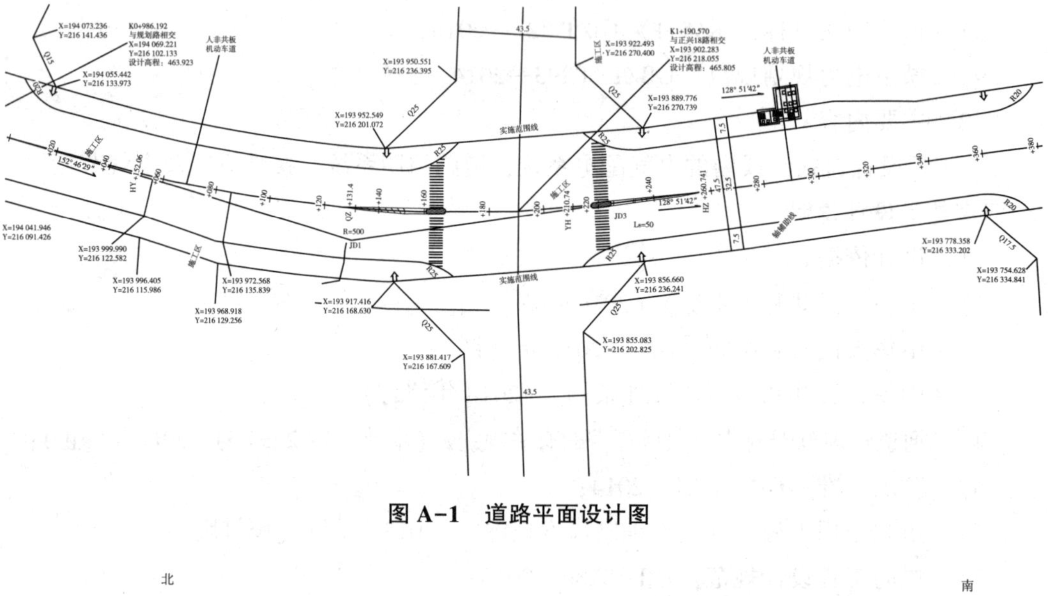

图 A-1　道路平面设计图

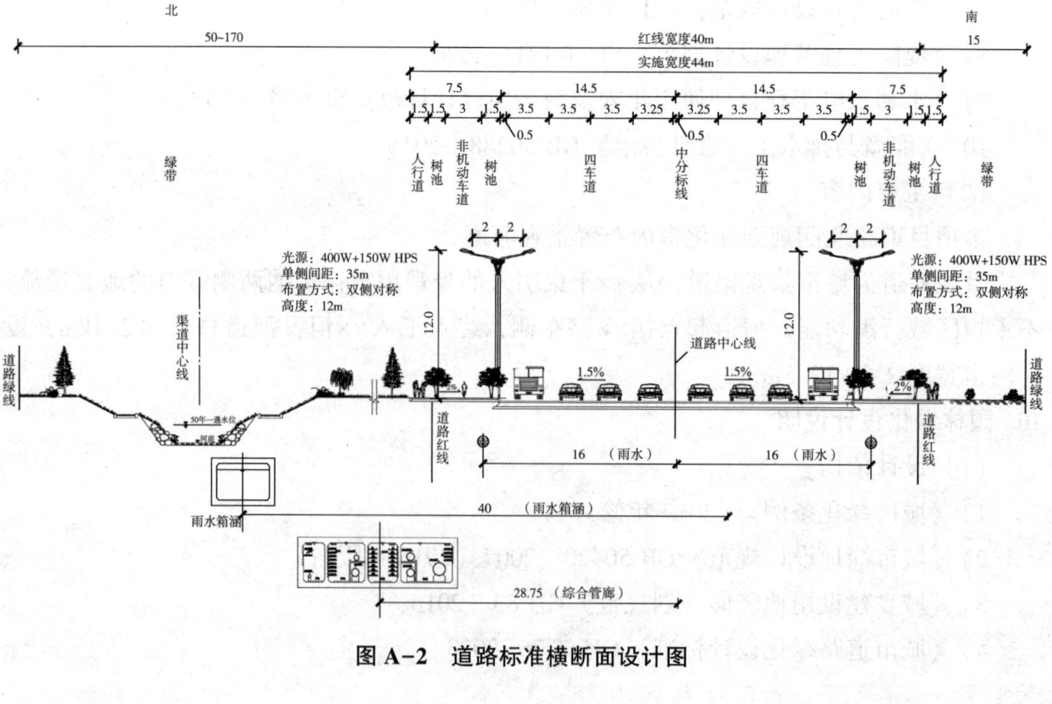

图 A-2　道路标准横断面设计图

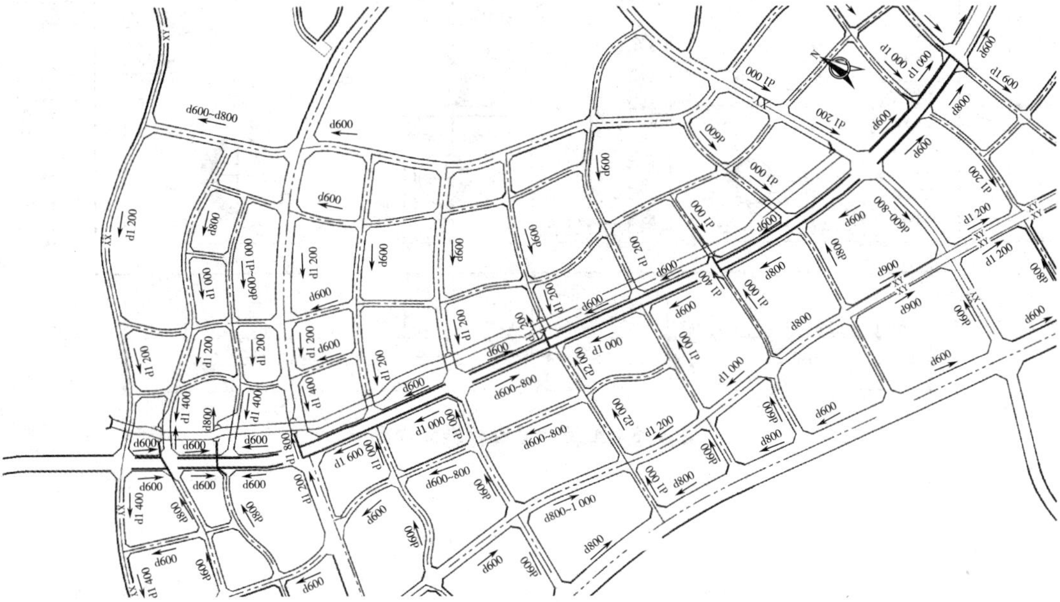

图 A-3 雨水总图

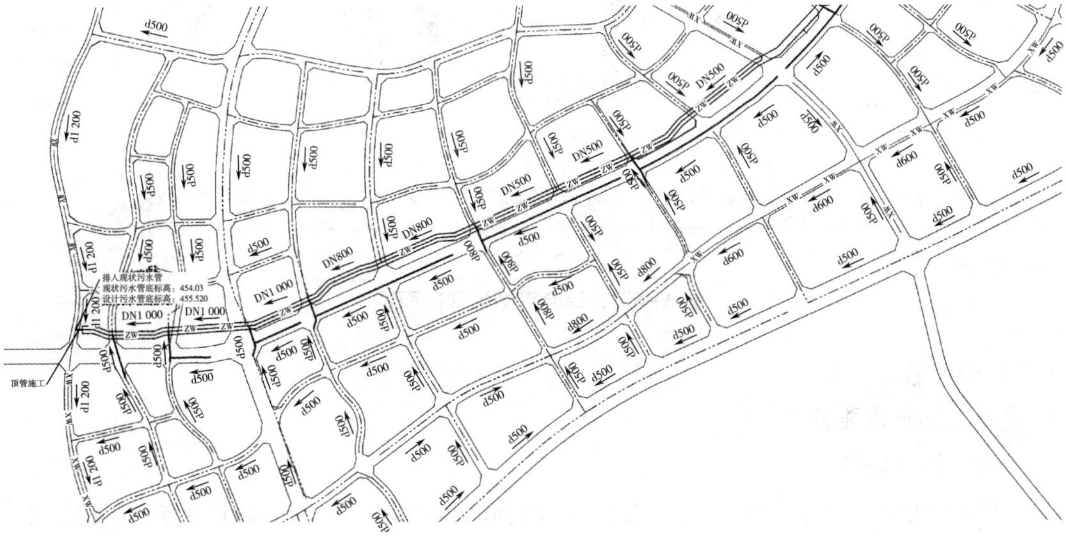

图 A-4 污水总图

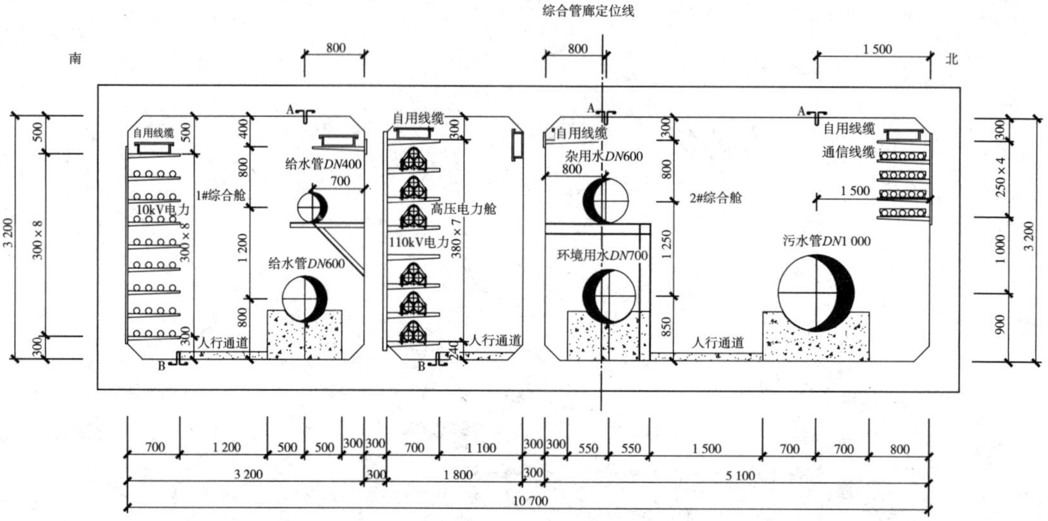

图 A-5　A 综合管廊标准断面图

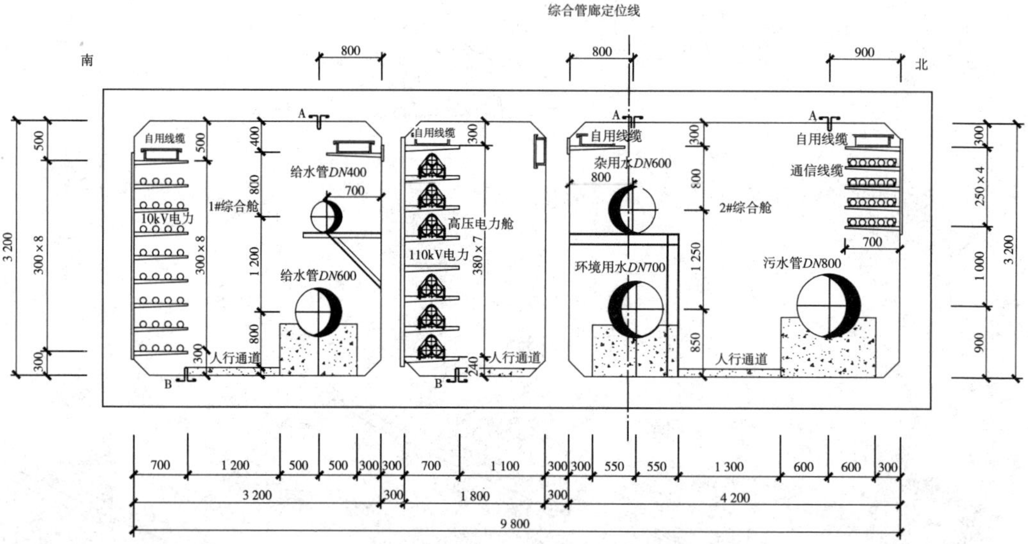

图 A-6　B 综合管廊标准断面图

（二）设计技术要求

1. 道路工程技术要求

（1）设计原则。

贯彻“以人为本，循环经济，节约型社会和可持续发展”的设计思路，在满足相关规定和规范的前提下，在满足一般性需求的基础上，正确理解规划意图，充分结合本项目的现状建设条件，充分抓住本项目的重点、难点和关键性问题，采取有效的解决措施，做好项目的总体综合协调，提高对项目的理解和驾驭能力，将本工程建设成为“安全舒适、快速通达、经济美观、生态环保”的精品工程。

（2）设计依据。（略）

（3）设计技术标准和要求。

1）路基设计。

优先选用级配好的砾类土、砂类土等粗粒土作填料，填料最大粒径应小于100~150mm。泥炭、淤泥、膨胀性岩土、易溶性岩石、崩解性岩石和盐化岩石、有机质土、有机垃圾、不满足强度和粒径要求的建筑垃圾不能用作路基填料。液限大于50%，塑性指数大于26的细粒土，不得用作填料。路基应分层填筑、分层压实。路基压实采用重型击实标准，路基压实度和路基填料最小强度满足相关规范要求。回弹模量：道路车行道要求土基回弹模量≥40MPa。

2）路基处理。

基底处理。一般地段：路堤基底为耕地、草地时，必须先清除地表种植土后方可填筑，清表平均厚度为0.3~0.5m，采用挖方合格填料回填和压实，清除的表土应集中堆放，用作绿化用土。填方地段：当地面横坡（或纵坡）为1∶5~1∶2.5时，将原地面挖成宽度不小于2.0m的台阶，并设置向内倾4%的横坡。填前基底均需夯压，基底压实度不得小于90%。

填挖交界处理。当地面横坡（或纵坡）陡于1∶5时，需将原地面挖成宽度不小于2m的台阶，并设向内倾4%的横坡，并夯实。填筑应由最低一层台阶填起，然后逐层向上填筑，分层夯实，所有台阶填完之后，可按一般填土进行。对于横向半填半挖路基，挖方一侧应对路床深度范围内的土体进行超挖回填碾压，压实度不小于96%；并沿横断面方向铺设双向土工格栅作加筋处理。对于纵向填挖交界处，纵向填挖交界处的挖方部分在路面结构层以下沿路线方向10m范围内超挖，最大超挖深度2m。碾压夯实后沿路线方向铺设双向土工格栅作加筋处理。填挖交界部分填料由挖方部分的岩土性质确定，一般挖方为土质及软质岩时，填方部分采用水稳定性较好的砂砾石填料。

低填浅挖路基设计。受地形、地貌等条件的制约，部分路段路基填土高度较低，甚至有部分路段为零填挖。为保证路床强度，对低填浅挖路段，路基填筑时采用换填措施。

涵背路基处理。为减轻涵洞处的跳车现象，本设计对涵洞连接处的过渡段路基需采用如下处理方案：路基与涵洞连接处设置过渡段，过渡段内回填砂砾石。过渡段路基压实度不得小于96%，重型压路机压不到的地方要求用小型机具薄层夯实。

路床加固处理设计。受地形、地貌等条件的制约，路床范围的岩土性质差异较大。为保证路床强度，对填方路段以及路床范围岩土性质较差的挖方路段的路床，路基填筑时采用换填措施。

2. 交通工程技术要求（略）

3. 涵洞工程技术要求（略）

4. 路灯及照明工程技术要求

（1）设计原则。

安全可靠、技术先进、经济合理、节能环保、维护方便。

（2）设计依据。

主车道：平均照度 30 lx；总均匀度：0.4；眩光限制：≤10%。

人行道及非机动车道：平均照度 15 lx。

路口交会区照明标准：平均照度 50 lx。

深夜节能运行照明标准：平均照度不得低于 8 lx，具体路灯控制由路灯管理部门统一实施。

（3）设计技术标准和要求。

1）电源。道路照明负荷等级为三级负荷，本道路的路灯电源就近提供，控制配线距离与路灯末端线路压降不超过 5% 电压。路灯每一回路须三相间隔供电。

2）照明设置。设置双臂式道路灯，光源为功率 400W+150W 的高压钠灯，灯杆高度为 12.0m，挑臂 1.5m，双侧布置，单侧间距约 35m，部分路段加宽段布置间距 30m。光源采用高压钠灯，采用半截光型灯具，灯具防护等级 IP65，色温不低于 2 000K，400W 高压钠灯光通量不低于 53 000 lm，150W 高压钠灯光通量不低于 17 500 lm，100W 高压钠灯光通量不低于 10 700 lm，灯杆中心距离路缘石 0.5m。照明灯杆、箱体统一采用标准深灰色（CD-001）。每盏灯具安装可变功率镇流器。每套路灯配套设置漏电断路器（150W 及以下为 4A，250W 为 6A，400W 为 10A）等元器件。在较大路口设置投光灯，光源为功率 3×400W/4×400W 的高压钠灯，灯杆高度为 16m。

3）控制。路灯由安装于照明配电箱内的远程控制模块、时控器和照度控制器进行控制。道路照明采用时控器自动控制，纳入城市统一管理，接入当地路灯远程集中控制系统，可实现光控、时控、远控及手动控制功能。

4）电能计量。采用低压计量方式，路灯照明在路灯控制柜内设置计量装置，计量用互感器。

5）无功补偿。为提高用电负荷的功率因数，无功补偿采用集中补偿方式。在箱变低压母线侧设置功率因数自动补偿装置，补偿后的功率因数不小于 0.9。

6）节能。采用高光效光源、高效灯具及灯具附件（节能型电源模块）；配置变功率整流器，深夜自动降低照明功率，节约能耗；单相照明负荷尽可能均匀平衡到三相负荷中，减少损耗；配电系统三相负荷的不平衡度不宜大于 15%。

7）线路敷设。照明电缆敷设采用直埋敷设方式，敷设于绿化带或人行道下，埋深距地面以下 0.7m，电缆需铺设砂垫层并用砂覆盖后再盖页岩砖。电缆在穿越道路处采用穿 SC100 镀锌钢管保护（SC100 镀锌钢管壁厚 4mm）并采用 C20 混凝土包封，埋设深度距路面不小于 1m，两端伸出道路边 0.5m，并在道路两侧设置电缆手孔井。电缆直埋或在保护管中不得有接头。与本工程道路相交的道路上的路灯应做好电缆连通设计，保证所有路灯回路能连通，暂不做电器连接。

8）电气装置抗震设计。电缆保护管、电缆井结构抗震设防烈度为 7 度；采用硬度、拉伸强度较好的管材。

9）防雷接地。照明配电箱设置浪涌保护器，用于防雷保护。本工程接地形式采用

TN-S 系统，照明配电箱处设置接地网，接地电阻不大于 4Ω；沿道路照明回路通长埋设一根接地干线，接地干线与照明配电箱接地网可靠焊接并与路灯基础地脚螺栓焊接接地；要求接地干线综合接地电阻不大于 4Ω，否则须采取相应措施（如补打接地极、降阻剂等）直至满足要求。照明配电箱金属外壳、金属底座以及预埋钢管、铠装电缆的金属保护层、接地干线均应与接地网可靠焊接接地。

10）防盗。照明供电线路的电缆井井盖及人孔井井盖、照明灯杆的检修门、箱变及路灯户外配电箱，均应设置路灯专用防盗锁，防盗装置的形式及规格需与主管部门协调，以便今后维护管理。

5. 综合管廊工程技术要求（略）

6. 排水管网工程技术要求（略）

7. 河道整治工程技术要求（略）

8. 景观绿化工程技术要求（略）

（三）施工技术要求（略）

（四）竣工验收（略）

（五）主要材料、设备、构配件技术要求

主要材料、设备、构配件技术要求见表 A-1。

表 A-1 主要材料、设备、构配件技术要求

序号	名称	品质要求	技术参数
1	水泥		1. 普通硅酸盐水泥； 2. 符合 GB 175—2007/XG1—2009《通用硅酸盐水泥》国家标准第 1 号修改单
2	商品混凝土		满足国家和行业相关规范要求，满足施工图设计及行业行政主管部门要求
3	钢材、钢筋		满足国家和行业相关规范要求，满足施工图设计及行业行政主管部门要求
4	交通信号灯、信号机		满足××公安交管局的控制系统接入要求
5	球墨铸铁井盖井座、雨水井篦（座）		满足国家和行业相关规范要求，满足施工图设计及行业行政主管部门要求
6	复合高分子井圈井盖、雨水井篦（座）		满足国家和行业相关规范要求，满足施工图设计及行业行政主管部门要求
7	钢筋混凝土管道		满足国家和行业相关规范要求，满足施工图设计及行业行政主管部门要求
8	沥青混凝土基质沥青		满足国家和行业相关规范要求，满足施工图设计及行业行政主管部门要求

表A-1(续)

序号	名称	品质要求	技术参数
9	电线、电缆		满足国家和行业相关规范要求，满足施工图设计及行业行政主管部门要求
10	路灯灯杆		满足国家和行业相关规范要求，满足施工图设计及行业行政主管部门要求
11	路灯灯具		满足国家和行业相关规范要求，满足施工图设计及行业行政主管部门要求
12	路灯光源及配套电器		满足国家和行业相关规范要求，满足施工图设计及行业行政主管部门要求
13	防水卷材		满足国家和行业相关规范要求，满足施工图设计及行业行政主管部门要求
……			

注：投标人应在投标文件中列出拟采用品牌及供应商。

（六）发包范围

1. 勘察设计内容及范围界面

（1）勘察内容包括详细勘察和施工勘察，提交符合勘察规范的勘察文件。

（2）设计内容包括初步设计、施工图设计及专项设计等全部内容，提交符合设计规范和设计深度规定的设计文件并取得相关部门的审批。

2. 施工内容及范围界面

（1）承包人通过踏勘现场自行决定临时工程的修建，负责施工现场通水、通电、通信及排水等工作。

（2）施工内容包括竖向土石方工程、道路工程、交通工程、涵洞工程、路灯及照明工程、综合管廊工程、排水管网工程、河道整治工程、园林绿化工程，范围界面与设计范围一致。

3. 技术服务内容及范围界面

（1）采用新材料、新技术、新工艺、新设备等的研究试验由承包人负责。

（2）除建筑安装工程费用的检测费之外的检验检测费由发包人负责，若经检验检测的项目未达到本项目合同约定的标准和国家强制性标准，检验检测费由承包人承担。

4. 代办服务内容及范围界面

在项目建设期内代办工程报建报批以及与建设、供电、规划、消防、水务、城管等部门相关的技术与审批工作等由承包人负责。

5. 采购内容及范围界面

（1）本项目范围内需要的原材料、构配件、设备等由承包人负责采购。

（2）需要定制的材料、构配件、非标准设备的设计、加工由承包人负责。

（七）合同价款结算与支付

1. 预付款

（1）预付款支付比例：按签约合同价的20%。

（2）预付款支付时间：发包人在收到支付申请的7天内进行核实，并在核实后的7天内向承包人支付预付款。

（3）预付款支付担保：承包人在发包人支付预付款7天前提供银行保函。

（4）预付款的扣回：工程预付款从应支付给承包人的进度款中扣回（按每次应支付给承包人进度款的40%进行扣回），直到扣回的金额达到发包人支付的预付款金额为止。

2. 进度款

（1）进度款支付方式：按合同价款支付分解表完成的里程碑节点支付，支付分解表见表A-2~表A-4。

（2）进度款支付比例：按签约合同价的85%。

表A-2 建筑工程费支付分解表

工程名称：某市政道路建设项目

序号	项目名称	支付					
		里程碑节点	金额占比（%）	里程碑节点	金额占比（%）	里程碑节点	金额占比（%）
	K0+000~K0+880						
B02	竖向土石方工程						
B020100	竖向土石方工程	竖向土石方完成	1.40				
B02	道路工程						
B020201	道路工程	土路床完成	4.00	结构基层及下面层	4.50	上面层	2.50
B021502	交通工程	交通管网敷设	0.20	交通设施	0.15	标志、标牌及标线	0.25
B021603	路灯及照明工程	照明管网敷设	0.25	路灯及设施	0.25		
B06	桥涵工程						
B060201	箱涵工程	主体结构	0.55	涵洞附属	0.15		

表A-2(续)

序号	项目名称	支付					
		里程碑节点	金额占比(%)	里程碑节点	金额占比(%)	里程碑节点	金额占比(%)
B060202	圆管涵工程	主体结构	0.40	涵洞附属	0.15		
B17	城市综合管廊工程						
B170201	A综合管廊主体结构及附属工程	基坑支护	0.20	管廊土石方完成	1.50	地基处理	0.1
		管廊结构(含预埋)	3.40	管廊防水	0.40	管网敷设	1.85
		机电工程安装完成	1.05	机电工程调试完成	0.75		
B170202	B综合管廊主体结构及附属工程	基坑支护	0.20	管廊土石方完成	1.50	地基处理	0.1
		管廊结构(含预埋)	3.40	管廊防水	0.40	管网敷设	1.85
		机电工程安装完成	1.05	机电工程调试完成	0.75		
B21	管网工程						
B210301	雨水管网工程	管网敷设	0.80	检查井及附属	0.50	回填完成	0.15
B210302	污水管网工程	管网敷设	0.80	检查井及附属	0.50	回填完成	0.15
B23	防洪工程						
B230201	河道整治工程	地基处理	0.05	土体结构	0.15	防洪附属	0.05
B28	园林绿化工程						
B281701	绿化工程	初验合格	0.15				
	K0+880~K1+720						
B02	竖向土石方工程						
B020100	竖向土石方工程	竖向土石方完成	1.40				

表A-2(续)

序号	项目名称	支付					
		里程碑节点	金额占比(%)	里程碑节点	金额占比(%)	里程碑节点	金额占比(%)
B02	道路工程						
B020201	道路工程	土路床完成	4.75	结构基层及下面层	3.35	上面层	2.05
B021502	交通工程	交通管网敷设	0.25	交通设施	0.15	标志、标牌及标线	0.20
B021603	路灯及照明工程	照明管网敷设	0.25	路灯及设施	0.25		
B06	桥涵工程						
B060201	箱涵工程	主体结构	0.50	涵洞附属	0.20		
B060202	圆管涵工程	主体结构	0.40	涵洞附属	0.10		
B17	城市综合管廊工程						
B170201	A综合管廊主体结构及附属工程	基坑支护	0.35	管廊土石方完成	2.95	地基处理	0.15
		管廊结构(含预埋)	6.55	管廊防水	0.75	管网敷设	3.55
		机电工程安装完成	1.95	机电工程调试完成	1.50		
B21	管网工程						
B210301	雨水管网工程	管网敷设	0.70	检查井及附属	0.50	回填完成	0.10
B210302	污水管网工程	管网敷设	0.70	检查井及附属	0.50	回填完成	0.10
B23	防洪工程						
B230201	河道整治工程	地基处理	0.05	土体结构	0.15	防洪附属	0.05
B28	园林绿化工程						
B281701	绿化工程	初验合格	0.15				

表A-2(续)

序号	项目名称	支付					
		里程碑节点	金额占比(%)	里程碑节点	金额占比(%)	里程碑节点	金额占比(%)
	K1+720~K2+530						
B02	竖向土石方工程						
B020100	竖向土石方工程	竖向土石方完成	1.50				
B02	道路工程						
B020201	道路工程	土路床完成	0.25	结构基层及下面层	3.35	上面层	2.05
B021502	交通工程	交通管网敷设	0.40	交通设施	0.15	标志、标牌及标线	0.25
B021603	路灯及照明工程	照明管网敷设	0.40	路灯及设施	0.20		
B06	桥涵工程						
B060201	箱涵工程	主体结构	0.20	涵洞附属	0.15		
B060202	圆管涵工程	主体结构	1.80	涵洞附属	0.15		
B17	城市综合管廊工程						
B170201	A综合管廊主体结构及附属工程	基坑支护	1.80	管廊土石方完成	2.95	地基处理	0.20
		管廊结构(含预埋)	3.35	管廊防水	0.75	管网敷设	3.50
		机电工程安装完成	0.25	机电工程调试完成	1.45		
B21	管网工程						
B210301	雨水管网工程	管网敷设	0.50	检查井及附属	0.50	回填完成	0.10%
B210302	污水管网工程	管网敷设	0.50	检查井及附属	0.50	回填完成	0.10
B23	防洪工程						
B230201	河道整治工程	地基处理	0.15	土体结构	0.15	防洪附属	0.05

表A-2(续)

序号	项目名称	支付					
		里程碑节点	金额占比（%）	里程碑节点	金额占比（%）	里程碑节点	金额占比（%）
B28	园林绿化工程						
B281701	绿化工程	初验合格	1.20				
合计							

注：金额占比（%）指里程碑节点应支付金额占建筑工程费合同金额的比例。

表 A-3　工程总承包其他费支付分解表

工程名称：某市政道路建设项目

序号	项目名称	支付					
		里程碑节点	金额占比（%）	里程碑节点	金额占比（%）	里程碑节点	金额占比（%）
1	勘察费	提交勘察报告	12.23				
2	设计费	通过初步设计审查	7.83	通过施工图设计审查	18.80	提交专项设计成果	3.13
3	工程总承包管理费	施工许可证取得后	13.27				
4	临时用地及占道使用补偿费	占道手续完成后	2.03				
5	场地准备及临时设施费	施工勘验完毕	7.94				
6	工程保险费	提供相应发票					
7	其他专项费	专项方案审批完成后	4.77	实施完成后	10.62		
8	代办服务费	代办工作完成后	6.27				
9	环境影响咨询服务费	提交环评报告	1.89				

表A-3(续)

序号	项目名称	支付					
		里程碑节点	金额占比（%）	里程碑节点	金额占比（%）	里程碑节点	金额占比（%）
10	迁改及保护费	提交迁改及保护方案	0.14	实施完成后	9.10		
合计							

注：金额占比（%）指里程碑节点应支付金额占工程总承包其他费对应合同金额的比例。

表 A-4　预备费支付分解表

工程名称：某市政道路建设项目

序号	项目名称	支付					
		里程碑节点	金额占比（%）	里程碑节点	金额占比（%）	里程碑节点	金额占比（%）
1	预备费	竖向土石方完成	20	桥涵工程完工	15	管廊工程完工	30
		管网及防洪工程完工	15	交安、路灯等附属工程完工	5	路面上面层完工	10
		绿化工程初验完成	5				
合计							

3. 竣工结算

（1）竣工验收合格后办理竣工结算。

（2）质量缺陷期满后办理最终结清。

（八）工期要求

（1）本项目计划总工期为540个日历天。

（2）计划的开工、竣工时间见本项目合同条件。

（3）承包人在投标文件中应列出本项目总进度计划，并附横道图/网络图。对（七）合同价款支付分解表中的里程碑节点作出确认或修改。

（九）风险提示

（1）本项目采用固定总价合同。承包人各项目的报价均包括成本和利润，成本中的税金不因国家税率的变化而调整。

承包人应确信固定总价合同约定金额的正确性和充分性，应被认为已取得对承包工程可能产生影响或作用的有关风险、意外事件和其他情况的全部必要资料，接受为完成工程预见到的所有困难和费用的全部职责。除提示由发包人承担的风险并在专用合同条件中约定外，合同价款不予调整。

（2）勘察中除发现古墓、化石、溶洞、暗河外，风险由承包人承担。

（3）项目清单中土石方的土石类别、土与石方的比例、土石方的数量、土石方开挖方法、运输方式、运输距离等均由承包人通过勘察自行确定、自主报价，合同价款不予调整。

（4）发包人要求或可行性研究变更引起的费用变化在签约合同价款5%以内时，合同价款不予调整。

（5）人工、材料、机械在工期内受市场范围波动不予调整合同价款。但若由于发包人原因或承包人原因导致工期延误半年以上的，其工期是否顺延、合同价款是否调整按《建设项目工程总承包计价规范》T/CCEAS 001—2022 第 6. 2. 2 条执行。

（6）除上述风险提示外，未尽内容参考《建设项目工程总承包计价规范》T/CCEAS 001—2022 关于 EPC 的规定。

二、项目清单

总说明、总费用汇总表、工程费用汇总表、建筑工程费项目清单、工程总承包其他费项目清单、预备费见表 A-5～表 A-10。

表 A-5 总说明

工程名称：某市政道路建设项目

一、工程概况：详见发包人要求 二、工程发包范围：详见发包人要求 三、项目清单编制依据 （1）发包人要求及相关技术标准。 （2）经批复的可行性研究报告及相关文件。 （3）《市政工程总承包工程量计算规范》T/CCEAS 003—2022。 （4）《建设项目工程总承包计价规范》T/CCEAS 001—2022。 （5）现场踏勘情况。 （略） 四、投标报价要求 （1）中标人应按照合同约定的品牌、规格提供材料和设备，并应满足合同约定的质量标准。若需更换时，应报招标人核准；若中标人擅自更换时，中标人应进行改正，并应承担由此造成的返工损失，延误的工期应不予顺延。招标人发现后予以核准时，因更换而导致的费用增加，招标人不应另行支付；因更换而导致的费用减少，招标人应核减相应费用。 （2）价格清单列出的建筑安装工程量仅为估算的数量，不得将其视为要求承包人实施工程的实际或准确的数量。

表 A-5(续)

（3）投标人应依据招标文件、发包人要求、项目清单、补充通知、招标答疑、可行性研究、本企业积累的同类或类似工程的价格自主确定工程费用和工程总承包其他费用的投标报价，但不得低于成本。 （略） 五、其他需要说明的问题 （1）本项目为设计、采购、施工工程总承包（EPC），采用固定总价合同。 （略）

表 A-6　总费用汇总表

工程名称：某市政道路建设项目　　　　单位：元

序号	项目名称	金额
1	工程费用	
2	工程总承包其他费	
3	预备费	
合计		

表 A-7　工程费用汇总表

工程名称：某市政道路建设项目　　　　单位：元

序号	项目名称	建筑工程费	设备购置费	安装工程费	合计
1	竖向土石方工程				
2	道路工程				
3	桥涵工程				
4	城市综合管廊工程				
5	管网工程				
6	防洪工程				
7	园林绿化工程				
合计					

表 A-8　建筑工程费项目清单

工程名称：某市政道路建设项目　　　　单位：元

序号	项目编码	项目名称	工程内容	计量单位	数量	单价	合价
1		竖向土石方工程					
1.1	B020100	竖向土石方工程	包括竖向土石方（含障碍物）开挖、余方处置等全部工程内容	m^3	298 532		

表A-8(续)

序号	项目编码	项目名称	工程内容	计量单位	数量	单价	合价
2		道路工程					
2.1	B020201	道路工程	包括地基处理、基坑（边坡）支护、基层、面层、桩基工程、钢筋混凝土工程、装配式混凝土工程、钢结构工程、砌筑工程、装饰工程等全部工程内容	m	2 531		
2.2	B021502	交通工程	包括交通安全设施全部工程内容	m	2 531		
2.3	B021603	路灯及照明工程	包括照明灯具、供配电系统等全部工程内容	m	2 531		
3		桥涵工程					
3.1	B060201	箱涵工程	包括地基处理、基坑（边坡）支护、基层、面层、桩基工程、钢筋混凝土工程、装配式混凝土工程、钢结构工程、砌筑工程、装饰工程等全部工程内容	m	2 140		
3.2	B060202	圆管涵工程	包括地基处理、基坑（边坡）支护、基层、面层、桩基工程、钢筋混凝土工程、装配式混凝土工程、钢结构工程、砌筑工程、装饰工程等全部工程内容	m	240		
4		城市综合管廊工程					
4.1	B170201	A综合管廊主体结构及附属工程	包括地基处理、基坑（边坡）支护、基层、面层、桩基工程、钢筋混凝土工程、装配式混凝土工程、钢结构工程、砌筑工程、装饰工程等全部工程内容	m	2 782		
4.2	B170902	A综合管廊给排水工程	包括为管廊服务的给排水工程等全部工程内容	m	2 782		

表A-8(续)

序号	项目编码	项目名称	工程内容	计量单位	数量	单价	合价
4.3	B171003	A综合管廊消防工程	包括为管廊服务的消防工程等全部工程内容	m	2 782		
4.4	B171104	A综合管廊通风与空调工程	包括为管廊服务的通风与空调工程等全部工程内容	m	2 782		
4.5	B171205	A综合管廊电气工程	包括为管廊服务的电气工程等全部工程内容	m	2 782		
4.6	B171306	A综合管廊智能化工程	包括为管廊服务的智能化工程等全部工程内容	m	2 782		
4.7	B170207	B综合管廊主体结构及附属工程	包括地基处理、基坑（边坡）支护、基层、面层、桩基工程、钢筋混凝土工程、装配式混凝土工程、钢结构工程、砌筑工程、装饰工程等全部工程内容	m	145		
4.8	B170908	B综合管廊给排水工程	包括为管廊服务的给排水工程等全部工程内容	m	145		
4.9	B171009	B综合管廊消防工程	包括为管廊服务的消防工程等全部工程内容	m	145		
4.10	B171110	B综合管廊通风与空调工程	包括为管廊服务的通风与空调工程等全部工程内容	m	145		
4.11	B171211	B综合管廊电气工程	包括为管廊服务的电气工程等全部工程内容	m	145		
4.12	B171312	B综合管廊智能化工程	包括为管廊服务的智能化工程等全部工程内容	m	145		
5		管网工程					
5.1	B210301	雨水管网工程	包括管网工程、附属工程、地基处理、基坑支护工程等全部工程内容	m	6 774		
5.2	B210302	污水管网工程	包括管网工程、附属工程、地基处理、基坑支护工程等全部工程内容	m	3 060		

表A-8(续)

序号	项目编码	项目名称	工程内容	计量单位	数量	单价	合价
6		防洪工程					
6.1	B230201	河道整治工程	包括地基处理、基坑（边坡）支护、基层、面层、桩基工程、钢筋混凝土工程、装配式混凝土工程、钢结构工程、砌筑工程、装饰工程等全部工程内容	m	2 400		
7		园林绿化工程					
7.1	B281701	绿化工程	包括绿地整理、种植土、绿化栽（移）植等全部工程内容	m^2	247 035		
		合计					

表 A-9 工程总承包其他费项目清单

工程名称：某市政道路建设项目　　　　单位：元

序号	项目名称	金额	备注
1	勘察费		
1.1	详细勘察费		
1.2	施工勘察费		
2	设计费		
2.1	初步设计费		
2.2	施工图设计费		
2.3	专项设计费		
3	工程总承包管理费		
4	临时用地及占道使用补偿费		
5	场地准备及临时设施费		
6	工程保险费		
7	其他专项费		
8	代办服务费		
9	环境影响咨询服务费		
10	迁改及保护费		
合计			

注：承包人认为需要增加的有关项目，请在“其他专项费”下面列明该项目的名称及金额。

表 A-10　预备费

工程名称：某市政道路建设项目　　　　单位：元

序号	项目名称	金额	备注
1	基本预备费	40 002 442.18	
2	涨价预备费	82 356 527.93	
合计		122 358 970.11	

注：发包人应将预备费列入项目清单中。投标人对上述预备费可增加或减少计入投标总价中，包干使用。

三、标底/最高投标限价

总说明、标底/最高投标限价汇总表、工程费用汇总表、建筑工程费、工程总承包其他费、预备费见表 A-11～表 A-16。

表 A-11　总说明

工程名称：某市政道路建设项目

一、工程概况：详见发包人要求

二、工程发包范围：详见发包人要求

三、标底/最高投标限价编制依据

（1）发包人要求及相关技术标准。

（2）经批复的可行性研究报告及相关文件。

（3）《市政工程总承包工程量计算规范》T/CCEAS 003—2022。

（4）《建设项目工程总承包计价规范》T/CCEAS 001—2022。

（5）现场踏勘情况。

（6）项目投资估算。

（略）

四、标底/最高投标限价编制

（1）建筑工程费按本项目可行性研究报告中对应的建筑工程费进行计列。

（2）勘察费按本项目可行性研究报告中对应的勘察费扣除可行性研究勘察费、初步勘察费计列。

（3）设计费按本项目可行性研究报告中对应的初步设计费、施工图设计费、专项设计费进行计列。

（4）工程总承包管理费根据可行性研究报告投资估算中建设单位管理费的 70% 计列。

（5）场地准备及临时设施费根据可行性研究报告投资估算中对应的场地准备及临时设施费计列。

（6）工程保险费根据可行性研究报告投资估算中对应的工程保险费计列。

（7）其他专项费根据可行性研究报告投资估算中对应的地铁专项费计列。

（8）代办服务费根据可行性研究报告投资估算中建设单位管理费的 10% 计列。

（9）环境影响咨询服务费根据可行性研究报告投资估算中对应的金额计列。

（10）迁改及保护费根据可行性研究报告投资估算中对应的金额计列。

（11）临时用地及占道使用补偿费根据可行性研究报告投资估算中对应的金额计列。

表 A-11(续)

(12) 本项目不涉及研究试验费、系统集成费。 (13) 预备费按本项目可行性研究报告投资估算预备费中的基本预备费、涨价预备费计列。 (略) 五、其他需要说明的问题 (1) 本项目为设计、采购、施工工程总承包(EPC),采用固定总价合同。 (略)

表 A-12 标底/最高投标限价汇总表

工程名称:某市政道路建设项目　　单位:元

序号	项目名称	金额
1	工程费用	752 678 828.60
2	工程总承包其他费	47 370 015.00
3	预备费	122 358 970.11
合计		922 407 813.71

表 A-13 工程费用汇总表

工程名称:某市政道路建设项目　　单位:元

序号	项目名称	建筑工程费	设备购置费	安装工程费	合计
1	道路工程	752 678 828.60			752 678 828.60
合计		752 678 828.60			752 678 828.60

表 A-14 建筑工程费

工程名称:某市政道路建设项目　　单位:元

序号	项目编码	项目名称	计量单位	数量	单价	合价
1		竖向土石方工程				38 137 463.00
1.1	B020100	竖向土石方工程	m^3	298 532	127.75	38 137 463.00
2		道路工程				118 806 785.15
2.1	B020201	道路工程	m	2 531	41 222.00	104 332 882.00
2.2	B021502	交通工程	m	2 531	2 174.20	5 502 900.20
2.3	B021603	路灯及照明工程	m	2 531	3 544.45	8 971 002.95
3		桥涵工程				38 553 697.00

表A-14(续)

序号	项目编码	项目名称	计量单位	数量	单价	合价
3. 1	B060201	箱涵工程	m	2 140	17 118. 55	36 633 697. 00
3. 2	B060202	圆管涵工程	m	240	8 000. 00	1 920 000. 00
4		城市综合管廊工程				441 547 593. 63
4. 1	B170201	A综合管廊主体结构及附属工程	m	2 782	135 437. 69	376 787 653. 58
4. 2	B170902	A综合管廊给排水工程	m	2 782	220. 00	612 040. 00
4. 3	B171003	A综合管廊消防工程	m	2 782	7 200. 00	20 030 400. 00
4. 4	B171104	A综合管廊通风与空调工程	m	2 782	750. 00	2 086 500. 00
4. 5	B171205	A综合管廊电气工程	m	2 782	5 300. 00	14 744 600. 00
4. 6	B171306	A综合管廊智能化工程	m	2 782	2 800. 00	7 789 600. 00
4. 7	B170207	B综合管廊主体结构及附属工程	m	145	120 880. 69	17 527 700. 05
4. 8	B170908	B综合管廊给排水工程	m	145	200. 00	29 000. 00
4. 9	B171009	B综合管廊消防工程	m	145	5 000. 00	725 000. 00
4. 10	B171110	B综合管廊通风与空调工程	m	145	680. 00	98 600. 00
4. 11	B171211	B综合管廊电气工程	m	145	5 100. 00	739 500. 00
4. 12	B171312	B综合管廊智能化工程	m	145	2 600. 00	377 000. 00
5		管网工程				15 729 076. 62
5. 1	B210301	雨水管网工程	m	6 774	1 582. 83	10 722 090. 42
5. 2	B210302	污水管网工程	m	3 060	1 636. 27	5 006 986. 20
6		防洪工程				35 101 992. 00
6. 1	B230201	河道整治工程	m	2 400	14 625. 83	35 101 992. 00
7		园林绿化工程				64 802 221. 20
7. 1	B281701	绿化工程	m^2	247 035	262. 32	64 802 221. 20
		合计				752 678 828. 60

表 A-15 工程总承包其他费

工程名称：某市政道路建设项目　　单位：元

序号	项目名称	金额	备注
1	勘察费	5 795 650.00	
1.1	详细勘察费	5 216 085.00	按投资估算中勘察费的 63% 计列
1.2	施工勘察费	579 565.00	按投资估算中勘察费的 7% 计列
2	设计费	14 096 765.00	
2.1	初步设计费	3 709 675.00	按投资估算设计费的 25% 计列
2.2	施工图设计费	8 903 220.00	按投资估算设计费的 60% 计列
2.3	专项设计费	1 483 870.00	按投资估算设计费的 10% 计列
3	工程总承包管理费	6 282 850.00	按投资估算中建设单位管理费的 70% 计列
4	临时用地及占道使用补偿费	960 000.00	按投资估算中临时用地及占道使用补偿费计列
5	场地准备及临时设施费	3 763 400.00	按投资估算中场地准备及临时设施费计列
6	工程保险费	2 258 000.00	按投资估算中工程保险费计列
7	其他专项费	8 000 000.00	按投资估算中对应的地铁专项费计列
8	代办服务费	897 550.00	按投资估算中建设单位管理费的 10% 计列
9	环境影响咨询服务费	68 300.00	按投资估算对应的费用计列
10	迁改及保护费	5 247 500.00	按投资估算对应的费用计列
合计		47 370 015.00	

注：承包人认为需要增加的有关项目，请在“其他专项费”下面列明该项目的名称及金额。

表 A-16 预备费

工程名称：某市政道路建设项目　　单位：元

序号	项目名称	金额	备注
1	基本预备费	40 002 442.18	扣除投资估算中非工程总承包的基本预备费后计列
2	涨价预备费	82 356 527.93	按投资估算中涨价预备费计列
合计		122 358 970.11	

注：发包人应将预备费列入项目清单中。投标人对上述预备费可增加或减少计入投标总价中，包干使用。

四、价格清单

总说明、投标报价汇总表、工程费用汇总表、建筑工程费价格清单、工程总承包其他费价格清单、预备费见表 A-17~表 A-22。

表 A-17 总说明

工程名称：某市政道路建设项目

一、工程概况：详见发包人要求

二、工程发包范围：详见发包人要求

三、投标报价编制依据

（1）发包人要求及相关技术标准。

（2）《市政工程总承包工程量计算规范》T/CCEAS 003—2022。

（3）《建设项目工程总承包计价规范》T/CCEAS 001—2022。

（4）项目清单。

（5）经批复的可行性研究报告及相关文件。

（6）承包人建议书。

（7）现场踏勘情况。

（略）

四、其他说明

本项目投标报价为根据发包人要求、可行性研究报告、承包人建议书、企业成本及自身管理水平进行报价。

（略）

表 A-18 投标报价汇总表

工程名称：某市政道路建设项目　　单位：元

序号	项目名称	金额
1	工程费用	715 044 051.86
2	工程总承包其他费	43 571 438.82
3	预备费	116 022 179.01
合计		874 637 669.69

表 A-19 工程费用汇总表

工程名称：某市政道路建设项目　　单位：元

序号	项目名称	建筑工程费	设备购置费	安装工程费	合计
1	道路工程	715 044 051.86			715 044 051.86
合计		715 044 051.86			715 044 051.86

表 A-20 建筑工程费价格清单

工程名称：某市政道路建设项目　　　　　　　　　　　　单位：元

序号	项目编码	项目名称	工程内容	计量单位	数量	单价	合价
1		竖向土石方工程					36 229 843.52
1.1	B020100	竖向土石方工程	包括竖向土石方（含障碍物）开挖、余方处置等全部工程内容	m^3	298 532	121.36	36 229 843.52
2		道路工程					112 867 312.76
2.1	B020201	道路工程	包括地基处理、基坑（边坡）支护、基层、面层、桩基工程、钢筋混凝土工程、装配式混凝土工程、钢结构工程、砌筑工程、装饰工程等全部工程内容	m	2 531	39 161.24	99 117 098.44
2.2	B021502	交通工程	包括交通安全设施全部工程内容	m	2 531	2 065.49	5 227 755.19
2.3	B021603	路灯及照明工程	包括照明灯具、供配电系统等全部工程内容	m	2 531	3 367.23	8 522 459.13
3		桥涵工程					36 626 006.80
3.1	B060201	箱涵工程	包括地基处理、基坑（边坡）支护、基层、面层、桩基工程、钢筋混凝土工程、装配式混凝土工程、钢结构工程、砌筑工程、装饰工程等全部工程内容	m	2 140	16 262.62	34 802 006.80
3.2	B060202	圆管涵工程	包括地基处理、基坑（边坡）支护、基层、面层、桩基工程、钢筋混凝土工程、装配式混凝土工程、钢结构工程、砌筑工程、装饰工程等全部工程内容	m	240	7 600.00	1 824 000.00

表A-20(续)

序号	项目编码	项目名称	工程内容	计量单位	数量	单价	合价
4		城市综合管廊工程					419 470 227.12
4.1	B170201	A综合管廊主体结构及附属工程	包括地基处理、基坑（边坡）支护、基层、面层、桩基工程、钢筋混凝土工程、装配式混凝土工程、钢结构工程、砌筑工程、装饰工程等全部工程内容	m	2 782	128 665.81	357 948 283.42
4.2	B170902	A综合管廊给排水工程	包括为管廊服务的给排水工程等全部工程内容	m	2 782	209.00	581 438.00
4.3	B171003	A综合管廊消防工程	包括为管廊服务的消防工程等全部工程内容	m	2 782	6 840.00	19 028 880.00
4.4	B171104	A综合管廊通风与空调工程	包括为管廊服务的通风与空调工程等全部工程内容	m	2 782	712.50	1 982 175.00
4.5	B171205	A综合管廊电气工程	包括为管廊服务的电气工程等全部工程内容	m	2 782	5 035.00	14 007 370.00
4.6	B171306	A综合管廊智能化工程	包括为管廊服务的智能化工程等全部工程内容	m	2 782	2 660.00	7 400 120.00
4.7	B170202	B综合管廊主体结构及附属工程	包括地基处理、基坑（边坡）支护、基层、面层、桩基工程、钢筋混凝土工程、装配式混凝土工程、钢结构工程、砌筑工程、装饰工程等全部工程内容	m	145	114 836.66	16 651 315.70

表A-20(续)

序号	项目编码	项目名称	工程内容	计量单位	数量	单价	合价
4.8	B170908	B综合管廊给排水工程	包括为管廊服务的给排水工程等全部工程内容	m	145	190.00	27 550.00
4.9	B171009	B综合管廊消防工程	包括为管廊服务的消防工程等全部工程内容	m	145	4 750.00	688 750.00
4.10	B171110	B综合管廊通风与空调工程	包括为管廊服务的通风与空调工程等全部工程内容	m	145	646.00	93 670.00
4.11	B171211	B综合管廊电气工程	包括为管廊服务的电气工程等全部工程内容	m	145	4 845.00	702 525.00
4.12	B171312	B综合管廊智能化工程	包括为管廊服务的智能化工程等全部工程内容	m	145	2 470.00	358 150.00
5		管网工程					14 942 643.66
5.1	B210301	雨水管网工程	包括管网工程、附属工程、地基处理、基坑支护工程等全部工程内容	m	6 774	1 503.69	10 185 996.06
5.2	B210302	污水管网工程	包括管网工程、附属工程、地基处理、基坑支护工程等全部工程内容	m	3 060	1 554.46	4 756 647.60
6		防洪工程					33 346 896.00
6.1	B230201	河道整治工程	包括地基处理、基坑（边坡）支护、基层、面层、桩基工程、钢筋混凝土工程、装配式混凝土工程、钢结构工程、砌筑工程、装饰工程等全部工程内容	m	2 400	13 894.54	33 346 896.00

表A-20(续)

序号	项目编码	项目名称	工程内容	计量单位	数量	单价	合价
7		园林绿化工程					61 561 122.00
7.1	B281701	绿化工程	包括绿地整理、种植土、绿化栽（移）植等全部工程内容	m^2	247 035	249.20	61 561 122.00
		合计					715 044 051.86

表 A-21 工程总承包其他费价格清单

工程名称：某市政道路建设项目　　　　单位：元

序号	项目名称	金额	备注
1	勘察费	5 505 867.50	
1.1	详细勘察费	4 955 280.75	
1.2	施工勘察费	550 586.75	
2	设计费	13 391 926.75	
2.1	初步设计费	3 524 191.25	
2.2	施工图设计费	8 458 059.00	
2.3	专项设计费	1 409 676.50	
3	工程总承包管理费	5 968 707.50	
4	临时用地及占道使用补偿费	912 000.00	
5	场地准备及临时设施费	3 575 220.26	
6	工程保险费	2 145 132.16	
7	其他专项费	7 600 000.00	
8	代办服务费	852 672.50	
9	环境影响咨询服务费	64 885.00	
10	迁改及保护费	3 555 027.16	
合计		43 571 438.82	

注：承包人认为需要增加的有关项目，请在“其他专项费”下面列明该项目的名称及金额。

表 A-22 预备费

工程名称：某市政道路建设项目　　　　单位：元

序号	项目名称	金额	备注
1	基本预备费	37 930 774.53	
2	涨价预备费	78 091 404.48	
合计		116 022 179.01	

注：发包人应将预备费列入项目清单中。投标人对上述预备费可增加或减少计入投标总价中，包干使用。

五、工程结算与支付

预付款、合同价款支付分解表明调整、进度款支付、竣工结算、最终结清见表 A-23~表 A-30。

表 A-23 预付款支付申请/核准表

工程名称：某市政道路建设项目

致：___×××___（发包人全称）

根据合同___×××___条约定，现申请支付预付款金额为（小写）174 927 533.94（大写）壹亿柒仟肆佰玖拾贰万柒仟伍佰叁拾叁元玖角肆分，请予核准。

序号	名称	申请金额（元）	核准金额（元）	备注
1	签约合同价款金额	874 637 669.69	874 637 669.69	
2	合计应支付的预付款	174 927 533.94	174 927 533.94	签约合同价款金额×20%

造价人员签名： 承包人代表签名：

承包人签章：

咨询人审核意见： 日期：

一级造价工程师签名： 咨询人签章：

日期：

发包人审批意见： 发包人签章：

发包人代表签名： 日期：

注：咨询人指发包人委托参与其授权范围内的工程总承包计价活动的造价咨询、监理等中介机构（下同）。

表 A-24 建筑工程费支付分解表

工程名称：某市政道路建设项目

序号	项目名称	支付					
		里程碑节点	金额占比（%）	里程碑节点	金额占比（%）	里程碑节点	金额占比（%）
	K0+000~K0+880						
B02	竖向土石方工程						
B020100	竖向土石方工程	竖向土石方完成	1.43				

表A-24(续)

序号	项目名称	支付					
		里程碑节点	金额占比(%)	里程碑节点	金额占比(%)	里程碑节点	金额占比(%)
B02	道路工程						
B020201	道路工程	土路床完成	4.98	结构基层及下面层	3.44	上面层	2.11
B021502	交通工程	交通管网敷设	0.27	交通设施	0.15	标志、标牌及标线	0.28
B021603	路灯及照明工程	照明管网敷设	0.27	路灯及设施	0.26		
B06	桥涵工程						
B060201	箱涵工程	主体结构	0.53	涵洞附属	0.18		
B060202	圆管涵工程	主体结构	0.41	涵洞附属	0.16		
B17	城市综合管廊工程						
B170201	A综合管廊主体结构及附属工程	基坑支护	0.18	管廊土石方完成	1.52	地基处理	0.09
		管廊结构(含预埋)	3.42	管廊防水	0.38	管网敷设	1.85
		机电工程安装完成	1.04	机电工程调试完成	0.74		
B170202	B综合管廊主体结构及附属工程	基坑支护	0.18	管廊土石方完成	1.52	地基处理	0.09
		管廊结构(含预埋)	3.42	管廊防水	0.38	管网敷设	1.85
		机电工程安装完成	1.04	机电工程调试完成	0.74		
B21	管网工程						
B210301	雨水管网工程	管网敷设	0.80	检查井及附属	0.53	回填完成	0.15
B210302	污水管网工程	管网敷设	0.80	检查井及附属	0.53	回填完成	0.15

表A-24(续)

序号	项目名称	支付					
		里程碑节点	金额占比(%)	里程碑节点	金额占比(%)	里程碑节点	金额占比(%)
B23	防洪工程						
B230201	河道整治工程	地基处理	0.09	土体结构	0.12	防洪附属	0.06
B28	园林绿化工程						
B281701	绿化工程	初验合格	0.15				
	K0+880~K1+720						
B02	竖向土石方工程						
B020100	竖向土石方工程	竖向土石方完成	1.34				
B02	道路工程						
B020201	道路工程	土路床完成	4.75	结构基层及下面层	3.33	上面层	2.07
B021502	交通工程	交通管网敷设	0.26	交通设施	0.15	标志、标牌及标线	0.28
B021603	路灯及照明工程	照明管网敷设	0.26	路灯及设施	0.24		
B06	桥涵工程						
B060201	箱涵工程	主体结构	0.49	涵洞附属	0.18		
B060202	圆管涵工程	主体结构	0.41	涵洞附属	0.12		
B17	城市综合管廊工程						
B170201	A综合管廊主体结构及附属工程	基坑支护	0.34	管廊土石方完成	2.94	地基处理	0.18
		管廊结构(含预埋)	6.53	管廊防水	0.73	管网敷设	3.54
		机电工程安装完成	1.96	机电工程调试完成	1.48		
B21	管网工程						
B210301	雨水管网工程	管网敷设	0.69	检查井及附属	0.49	回填完成	0.12

表A-24(续)

序号	项目名称	支付					
		里程碑节点	金额占比(%)	里程碑节点	金额占比(%)	里程碑节点	金额占比(%)
B210302	污水管网工程	管网敷设	0.69	检查井及附属	0.49	回填完成	0.12
B23	防洪工程						
B230201	河道整治工程	地基处理	0.09	土体结构	0.12	防洪附属	0.05
B28	园林绿化工程						
B281701	绿化工程	初验合格	0.15				
	K1+720~K2+530						
B02	竖向土石方工程						
B020100	竖向土石方工程	竖向土石方完成	1.49				
B02	道路工程						
B020201	道路工程	土路床完成	0.27	结构基层及下面层	3.33	上面层	2.07
B021502	交通工程	交通管网敷设	0.53	交通设施	0.14	标志、标牌及标线	0.27
B021603	路灯及照明工程	照明管网敷设	0.41	路灯及设施	0.24		
B06	桥涵工程						
B060201	箱涵工程	主体结构	0.18	涵洞附属	0.16		
B060202	圆管涵工程	主体结构	1.80	涵洞附属	0.12		
B17	城市综合管廊工程						
B170201	A综合管廊主体结构及附属工程	基坑支护	4.98	管廊土石方完成	2.94	地基处理	0.18
		管廊结构(含预埋)	0.27	管廊防水	0.73	管网敷设	3.54
		机电工程安装完成	0.27	机电工程调试完成	1.48		

表A-24(续)

序号	项目名称	支付					
		里程碑节点	金额占比（%）	里程碑节点	金额占比（%）	里程碑节点	金额占比（%）
B21	管网工程						
B210301	雨水管网工程	管网敷设	0.53	检查井及附属	0.49	回填完成	0.12
B210302	污水管网工程	管网敷设	0.41	检查井及附属	0.49	回填完成	0.12
B23	防洪工程						
B230201	河道整治工程	地基处理	0.18	土体结构	0.12	防洪附属	0.05
B28	园林绿化工程						
B281701	绿化工程	初验合格	1.21				
合计							

注：金额占比（%）指里程碑节点应支付金额占建筑工程费合同金额的比例。

表A-25　工程总承包其他费支付分解表

工程名称：某市政道路建设项目

序号	项目名称	支付					
		里程碑节点	金额占比（%）	里程碑节点	金额占比（%）	里程碑节点	金额占比（%）
1	勘察费	提交勘察报告	12.64				
2	设计费	通过初步设计审查	8.09	通过施工图审查	19.41	提交专项设计成果	3.24
3	工程总承包管理费	施工许可证取得后	13.70				
4	临时用地及占道使用补偿费	占道手续完成后	2.09				
5	场地准备及临时设施费	施工勘验完毕	8.21				

表A-25(续)

序号	项目名称	支付					
		里程碑节点	金额占比（%）	里程碑节点	金额占比（%）	里程碑节点	金额占比（%）
6	工程保险费	提供相应发票					
7	其他专项费	专项方案审批完成后	4.92	实施完成后	10.00		
8	代办服务费	代办工作完成后	7.43				
9	环境影响咨询服务费	提交环评报告	1.96				
10	迁改及保护费	提交迁改及保护方案	0.15	实施完成后	6.00		
合计							

注：金额占比（%）指里程碑节点应支付金额占工程总承包其他费对应合同金额的比例。

表 A-26 进度款支付申请/核准表（第1次）

工程名称：某市政道路建设项目（第××期）

致：____________（发包人全称）

本期完成了提交勘察报告等里程碑工作，根据合同×××条的约定，现申请支付本周期的进度款金额为（小写）2 478 343.44（大写）贰佰肆拾柒万捌仟叁佰肆拾叁元肆角肆分，请予核准。结算文件附后。

单位：元

序号	名称	合同金额	里程碑节点	金额占比（%）	本期支付金额	上期累计支付金额	本期累计支付金额	备注
1	工程费用	715 044 051.86	/	/	/	/	/	
2	工程总承包其他费	43 571 438.82	提交勘察报告	12.64	4 681 315.39	0.00	4 681 315.39	支付比例按85%

表 A-26(续)

表(续)

序号	名称	合同金额	里程碑节点	金额占比(%)	本期支付金额	上期累计支付金额	本期累计支付金额	备注
3	预备费	116 022 179.01	/	/	/	/	/	
4	按合同约定调整的费用							
5	应扣减的预付款				-2 202 971.95	0.00	-2 202 971.95	
6	按合同约定扣减的费用							
7	合计	874 637 669.69			2 478 343.44	0.00	2 478 343.44	

造价人员签名：

承包人代表签名：
承包人签章：
日期：

咨询人审核意见：
一级造价工程师签名：

咨询人签章：
日期：

发包人审批意见：
发包人代表签名：

发包人签章：
日期：

表 A-27 进度款支付申请/核准表（第 2 次）

工程名称：某市政道路建设项目（第××期）

致：__________（发包人全称）

本期完成了 K0+000~K2+530 段竖向土石方完成等里程碑工作，根据合同________条的约定，现申请支付本周期的进度款金额为（小写）38 659 467.41（大写）叁仟捌佰陆拾伍万玖仟肆佰陆拾柒元肆角壹分，请予核准。结算文件附后。

表 A-27(续)

单位：元

序号	名称	合同金额	里程碑节点	金额占比（%）	本期支付金额	上期累计支付金额	本期累计支付金额	备注
1	工程费用	715 044 051. 86	K0+000~K2+530段竖向土石方完成	4. 26	25 891 745. 12	0. 00	25 891 745. 12	支付比例按 85%
2	工程总承包其他费	43 571 438. 82		60. 69	22 476 980. 28	4 681 315. 39	27 158 295. 67	
3	预备费	116 022 179. 01	/	25. 00	24 654 713. 04	0. 00	24 654 713. 04	支付比例按 85%
4	按合同约定调整的费用							
5	应扣减的预付款				-34 363 971. 03	0. 00	-34 363 971. 03	
6	按合同约定扣减的费用							
7	合计	874 637 669. 69			38 659 467. 41	4 681 315. 39	43 340 782. 80	

造价人员签名：　　　　承包人代表签名：

承包人签章：

日期：

咨询人审核意见：

一级造价工程师签名：　　　　咨询人签章：

日期：

发包人审批意见：

发包人代表签名：

发包人签章：

日期：

注：工程量清单计价的项目进度款支付计入“按合同约定调整的费用”。

表 A-28 进度款支付申请/核准表（第 3 次）

工程名称：某市政道路建设项目（第××期）

致：__________（发包人全称）

本期完成了 K1+720~K2+530 段 A 综合管廊工程基坑支护及土石方完成等里程碑工作，根据合同__________条的约定，现申请支付本周期的进度款金额为（小写）48 136 765. 57（大写）肆仟捌佰壹拾叁万陆仟柒佰陆拾伍元伍角柒分，请予核准。结算文件附后。

单位：元

序号	名称	合同金额	里程碑节点	金额占比（%）	本期支付金额	上期累计支付金额	本期累计支付金额	备注
1	工程费用	715 044 051. 86	K1+720~K2+530 段 A 综合管廊工程基坑支护及土石方完成	7. 92	48 136 765. 57	383 027 647. 26	431 164 412. 83	支付比例按 85%
2	工程总承包其他费	43 571 438. 82		/	/	27 158 295. 67	27 158 295. 67	
3	预备费	116 022 179. 01	/	/	/	49 309 426. 08	49 309 426. 08	
4	按合同约定调整的费用							
5	应扣减的预付款				0. 00	-174 927 533. 94	-174 927 533. 94	
6	按合同约定扣减的费用							
7	合计	874 637 669. 69			48 136 765. 57	284 567 835. 07	332 704 600. 64	

造价人员签名：　　　　承包人代表签名：

承包人签章：

日期：

咨询人审核意见：

一级造价工程师签名：　　　　咨询人签章：

日期：

发包人审批意见：

发包人代表签名：　　　　发包人签章：

日期：

注：工程量清单计价的项目进度款支付计入“按合同约定调整的费用”。

表 A-29 竣工结算、支付申请/核准表

工程名称：某市政道路建设项目

致：__________（发包人全称）

我方已完成了________项目工作，根据合同________条约定，现申请支付竣工结算款金额（小写）104 956 520.36（大写）壹亿零肆佰玖拾伍万陆仟伍佰贰拾元叁角陆分，请予核准。

序号	名称	申请金额（元）	核准金额（元）	备注
1	竣工结算总金额	874 637 669.69	874 637 669.69	
1.1	签约合同价	874 637 669.69	874 637 669.69	
1.2	按合同约定调增的金额	/	/	
1.3	按合同约定调减的金额	/	/	
2	已支付的合同价款	743 442 019.24	743 442 019.24	
2.1	已支付的工程费用	607 787 444.08	607 787 444.08	
2.2	已支付的工程总承包其他费	37 035 723.00	37 035 723.00	
2.3	已支付预备费	98 618 852.16	98 618 852.16	
3	应扣留的质量保证金	26 239 130.09	26 239 130.09	
4	应支付的竣工付款金额	104 956 520.36	104 956 520.36	

造价人员签名：

承包人代表签名：
承包人签章：
日期：

咨询人审核意见：
一级造价工程师签名：

咨询人签章：
日期：

发包人审批意见：
发包人代表签名：

发包人签章：
日期：

表 A-30 最终结清支付申请/核准表

工程名称：某市政道路建设项目

致：____________（发包人全称）

根据合同__________条约定，现申请支付最终结清金额（小写）26 239 130.09（大写）贰仟陆佰贰拾叁万玖仟壹佰叁拾元零玖分，请予核准。

序号	名称	申请金额（元）	复核金额（元）	备注
1	已预留的质量保证金	26 239 130.09	26 239 130.09	
2	应增加的发包人原因造成的缺陷修复金额	0	0	
3	应扣减承包人未修复缺陷，发包人组织修复的金额	0	0	
4	最终应支付的合同价款	26 239 130.09	26 239 130.09	

造价人员签名：

承包人代表签名：

承包人签章：

日期：

发包人审批意见：

发包人代表签名：

发包人签章：

日期：

案例 B　初步设计后工程总承包（DB）案例

一、发包人要求

（一）项目概况、初步设计说明及初步设计图纸详见初步设计文件（附件 2）

初步设计文件从附件 2 中节选如下。

1. 项目概况

项目名称：×××市政项目。

建设地点：×××。

建设单位：×××。

建设规模：本项目全线采用城市主干路设计标准，主线全长 2.531km，设置涵洞 3 道，设计速度 60km/h，双向八车道，道路红线宽 44m，停车视距 70m，共设 7 处变坡点，其中最大纵坡 2.608%，最小纵坡 0.3%，最大坡长 462.403m，最小坡长 238.792m，最小凸形竖曲线半径 10 000m，最小凹形竖曲线半径 3 500m，竖曲线最小长度 108.776m。道路标准段红线宽度为 44m，断面组成为 3m 人行道+4.5m 非机动车道+14.5m 机动车道+14.5m 机动车道+4.5m 非机动车道+3m 人行道。机动车道横坡为双向坡，坡度为 1.5%，人行道及非机动车道横坡为内单向坡，坡度为 2.0%。

建设性质：新建。

资金来源：财政资金。

2. 总体设计

（1）地质条件。

1）本区域内的黏土具有弱膨胀性，胀缩等级为Ⅰ级，不易直接作为路基填料使用，需改良处理后方可使用。路堤填料采用不具有膨胀性的强风化和中风化岩石，或选用碎石土及砂类土等粗颗粒材料作为填料，并分层碾压、夯实路床至设计标高，检测相关指标必须满足设计要求。

2）本场地综合管廊埋深较深，对拟建的综合管廊进行抗浮措施验算，抗浮设计水位高程以拟建道路的路面标高以下-2.50～-4.0m 取值。抗浮锚杆应进行专门的岩土工程设计。

3）对场地内特殊路段区的鱼塘进行围堰疏排积水，清除淤泥及软土，可采用素土进行换填处理。

（2）交通设施现状与规划。（略）

（3）沿线环境敏感区分布及对项目建设的影响。（略）

（4）项目区域内铁路、水运、航空、管道等运输方式对项目的影响。（略）

（5）沿线市政管线的现状及规划。（略）

（6）设计原则。（略）

（7）设计依据。（略）

（8）技术标准与设计技术指标。

全线采用城市主干路设计标准，设计速度60km/h，双向八车道，道路红线宽44m，局部拓宽段红线宽度50m。本项目所采用的主要技术指标见表B-1。

表B-1 平纵面主要技术指标表

序号	技术指标名称		单位	规范值	采用值	备注
1	设计速度		km/h	60	60	
2	一般最小圆曲线半径		m	300	/	
3	极限最小圆曲线半径		m	150		
4	不设超高最小圆曲线半径		m	600		
5	最大纵坡		%	5	3	
	最短坡长		m	150	238.792	
6	凸形竖曲线	一般值	m	1 800	10 000	
		极限值	m	1 200		
7	凹形竖曲线	一般值	m	1 500	3 500	
		极限值	m	1 000		
8	路基宽度		m	44	44	不含绿化带
9	行车道宽度		m	3.5	3.5；3.25	
10	净空要求		m	4.5	车行道4.5，人行道2.5	

（9）总体设计。

××项目起点与已建××平面交叉，路线从北向南行进，终点止于××市政道路，全长2 530.76m。全线与地铁××号线共线，路段范围内地铁设有××1站、××2站、××3站，目前地铁主体部分已施工完成。

综合管廊位于地铁××号线东侧，与之平行。

（10）平面和纵断面设计。

1）平面设计。

a. 设计原则：①道路平面符合规划红线范围并满足规划路网中道路系统规划要求，注重交通分析与组织，解决好各主要交通节点的方案设计；②道路平面红线宽度44m，平面线形符合相应道路等级的技术指标要求；③根据道路等级结合不同使用要求，合理地设置交叉口、沿线建筑物出入口及公交停靠站位置等。

b. 平面设计：平面红线宽度44m，项目起点与已建××平面交叉，路线从北向南行进，终点止于××道路节点，路线全长2 530.76m；设计范围内有两段平曲线，平曲线半径分别为500m和1 500m，因此全线不设置超高；本项目平曲线半径均大于250m，不设置曲线加宽。

2）纵断面设计。

a. 设计原则。根据××市及××区城市总体规划，结合控规、地形、地貌、工程特点、功能定位，在设计中主要考虑以下原则：①满足规范对道路各项线形技术指标，确保行车安全；合理确定路线设计标高，使道路标高符合区域竖向规划；②结合地形，减少土石方工程，最大程度降低对环境的破坏；③应综合考虑周围现状地面标高，与沿线地块标高保持顺畅衔接和良好排水；④纵断面设计在下穿既有道路跨线桥处应保证建筑限界的要求；⑤满足市政管线覆土深度的要求；⑥重视安全设计，交叉口范围采用较小的纵坡值；⑦平纵的合理结合与搭配，并满足相关规范的技术要求；⑧满足地铁结构覆土标高。

b. 纵断面设计：根据区域竖向规划、相交道路规划、设计资料，本项目共设7处变坡点，其中最大纵坡2.608%，最小纵坡0.3%，最大坡长462.403m，最小坡长238.792m，最小凸形竖曲线半径10 000m，最小凹形竖曲线半径3 500m，竖曲线最小长度108.776m。

（11）横断面设计。

横断面宽度与规划断面完全一致，根据规划资料道路横断面组成如下：道路标准段红线宽度为44m，断面组成为3m人行道+4.5m非机动车道+14.5m机动车道+14.5m机动车道+4.5m非机动车道+3m人行道。机动车道横坡为双向坡，坡度为1.5%，人行道及非机动车道横坡为内单向坡，坡度为2.0%。

3. 图纸（节选）

本指南初步设计文件所节选图纸见图B-1~图B-20。

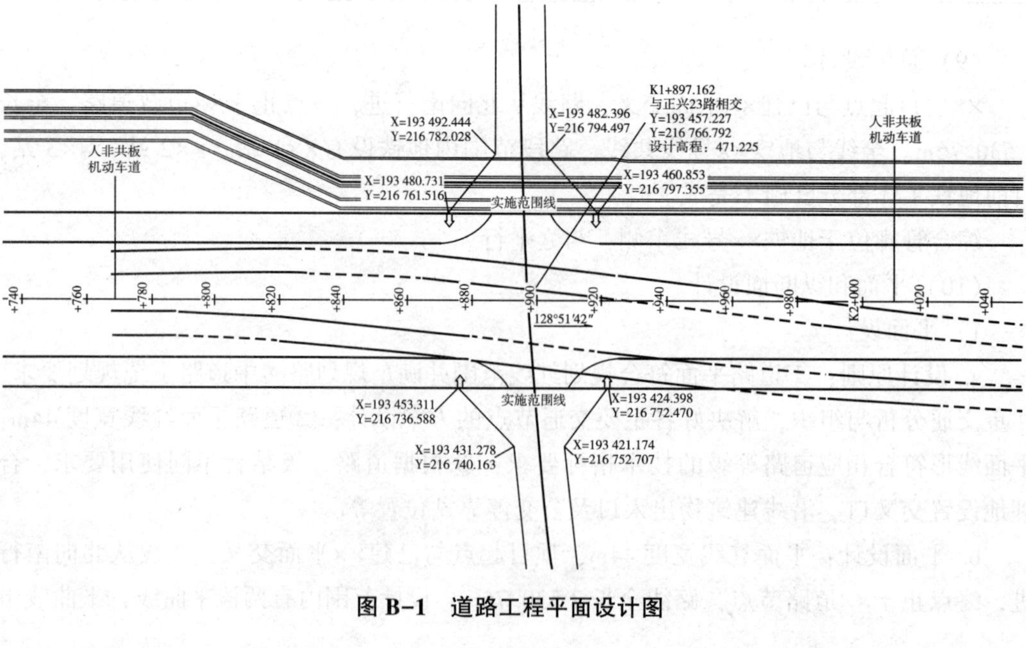

图B-1　道路工程平面设计图

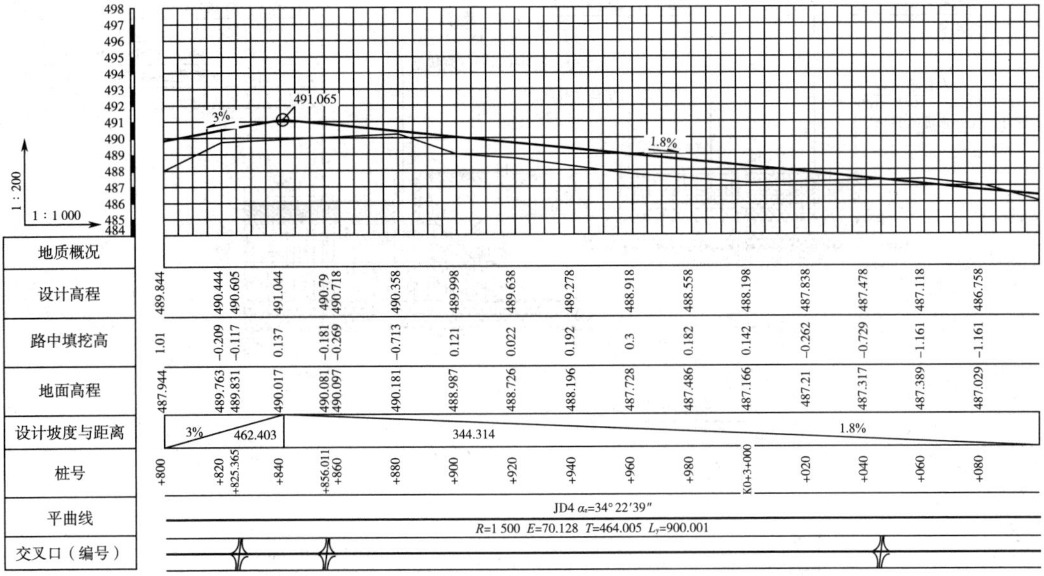

图 B-2　道路工程纵断面设计图

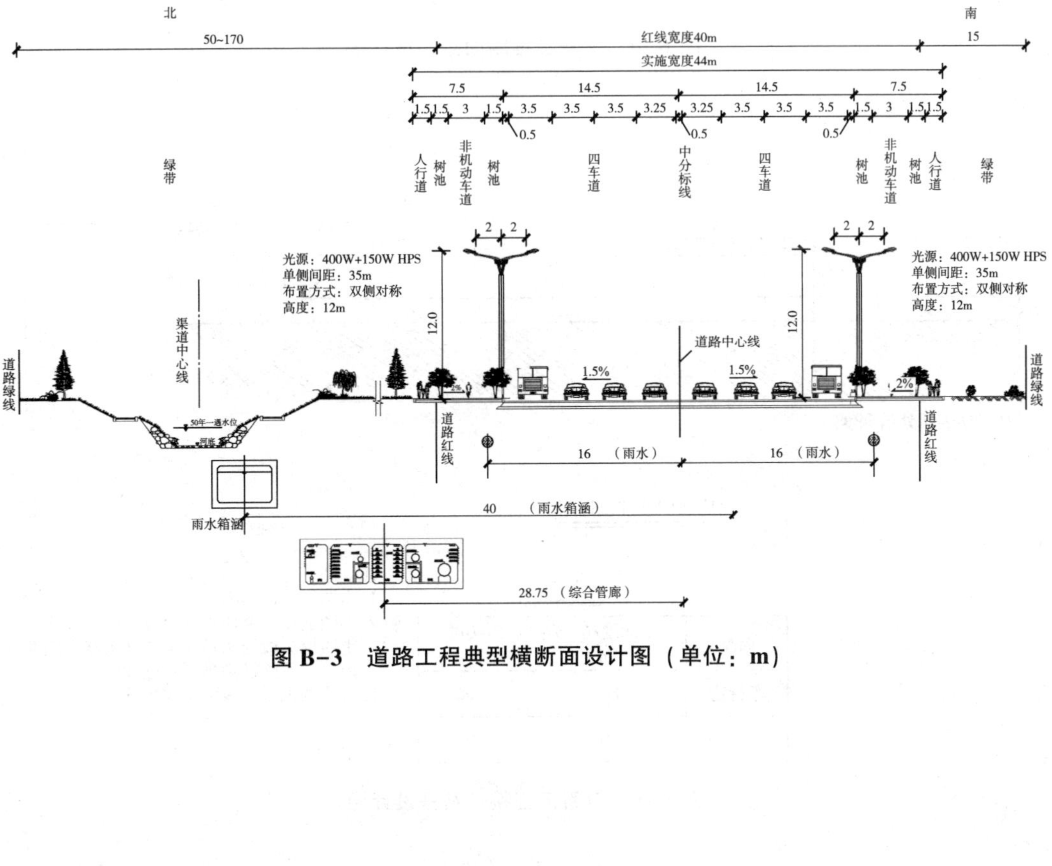

图 B-3　道路工程典型横断面设计图（单位：m）

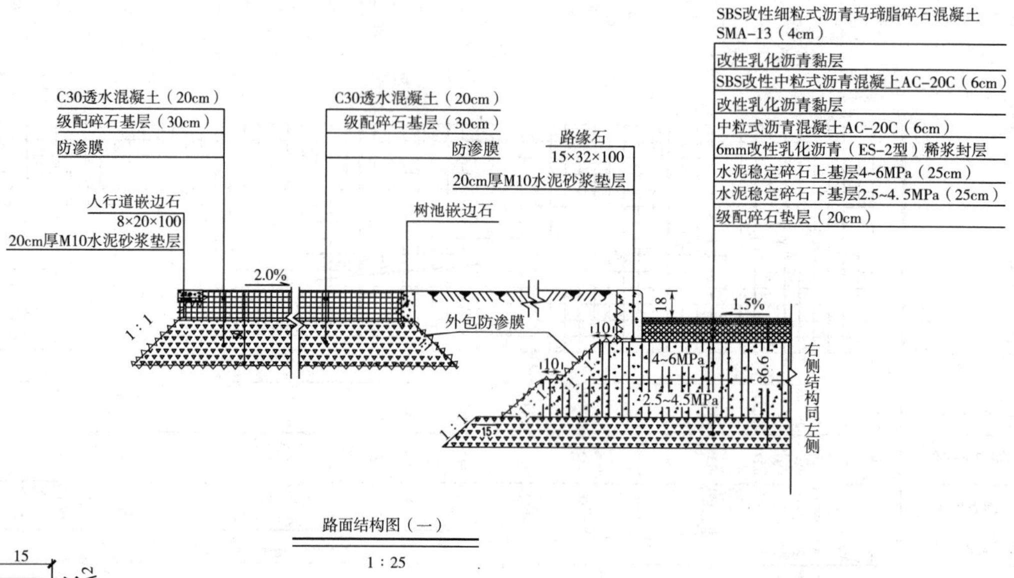

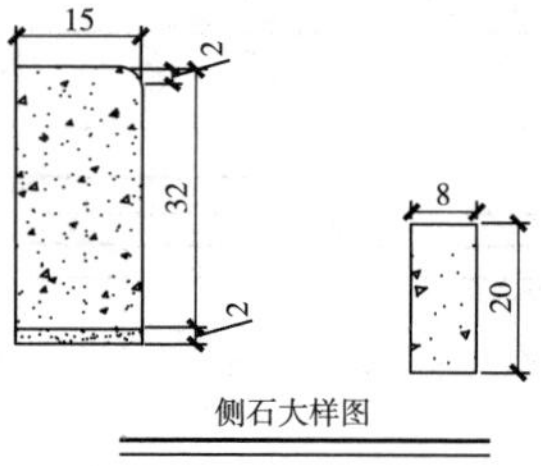

注：
1. 本图尺寸均以cm计。
2. 路缘石为C40预制混凝土路缘石与路面边缘的缝用沥青灌注。
3. 人行道与非机动车道、非机动车道与机动车道间分别设置单排行道树，具体以景观最终确定的为准。
4. 未尽事宜按有关施工规范、规定办理。

图 B-4　道路工程路面结构设计图

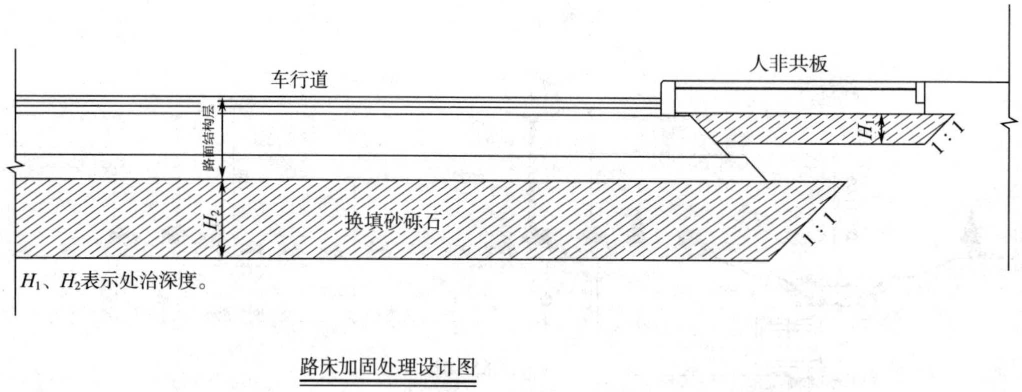

处治要求

类型	换填深度H_1、H_2（cm）	压实度（%）
车行道	80	≥96
人非共板	30	≥90

注：
1. 本图尺寸以cm计。
2. 本图适用于路床加固处理，填方路段和土质挖方段行车道及人非共板路床范围内采用挖除换填砂砾石处理。
3. 人非共板采用重型击实标准。

图 B-5　道路工程特殊路基设计图

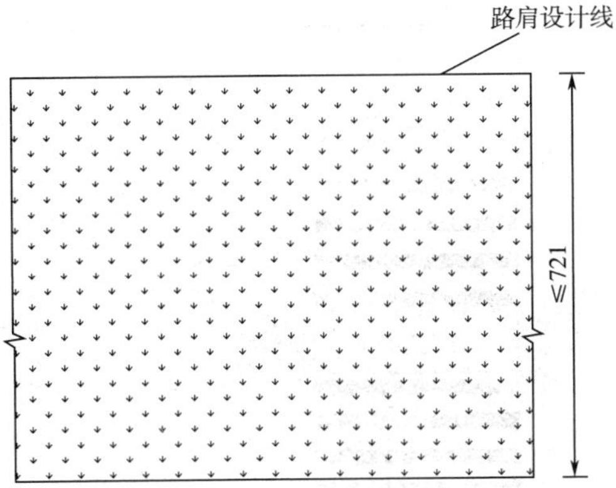

路堤湿法喷播植草护坡展视图

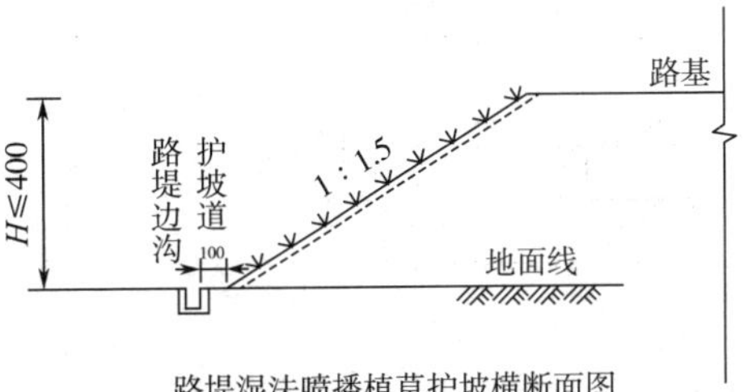

路堤湿法喷播植草护坡横断面图

路堤湿法喷播植草（面积100m²）工程数量表

坡率	1 : 1.5
湿法喷播植草（m²）	100
塑料薄膜（m²）	110

注:
1. 本图尺寸除注明外，均以cm计。
2. 湿法喷播植草防护适用于填方边坡高度H≤4m的边坡。
3. 湿法喷播植草是一种以水为载体的机械化植被建植技术。采用专门的设备施工，种子在较短时间内覆盖坡面，达到迅速绿化、稳固边坡的目的。喷射中加入混合草种，草种应为适宜本地环境的草本、灌木、藤本混合种子，以达到接近自然的绿化效果。
4. 喷播植草护坡施工顺序：整平坡面→坡面浇湿→喷播植草→覆膜养护。
5. 未尽事宜详见路基设计说明及相关施工规范。

图 B–6 道路工程附属工程设计图

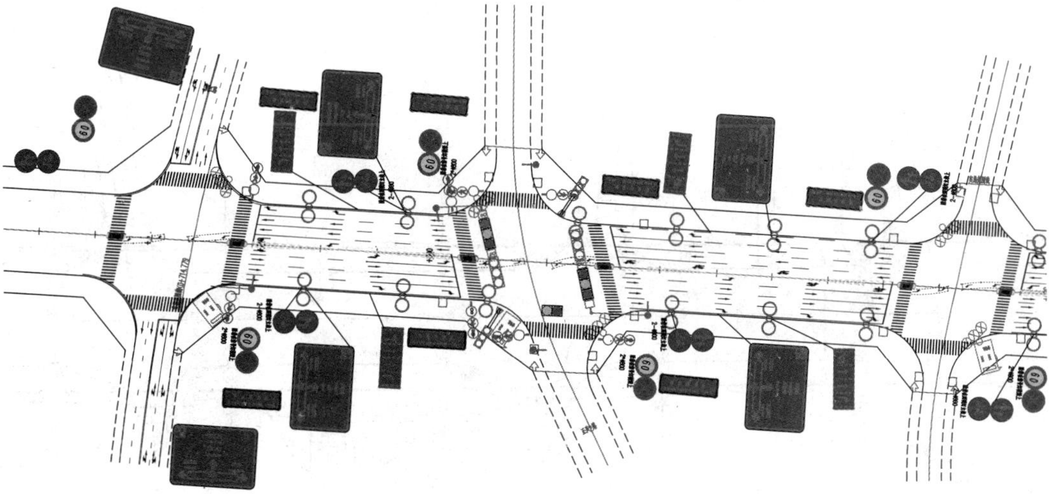

图 B–7 交通工程平面布置图

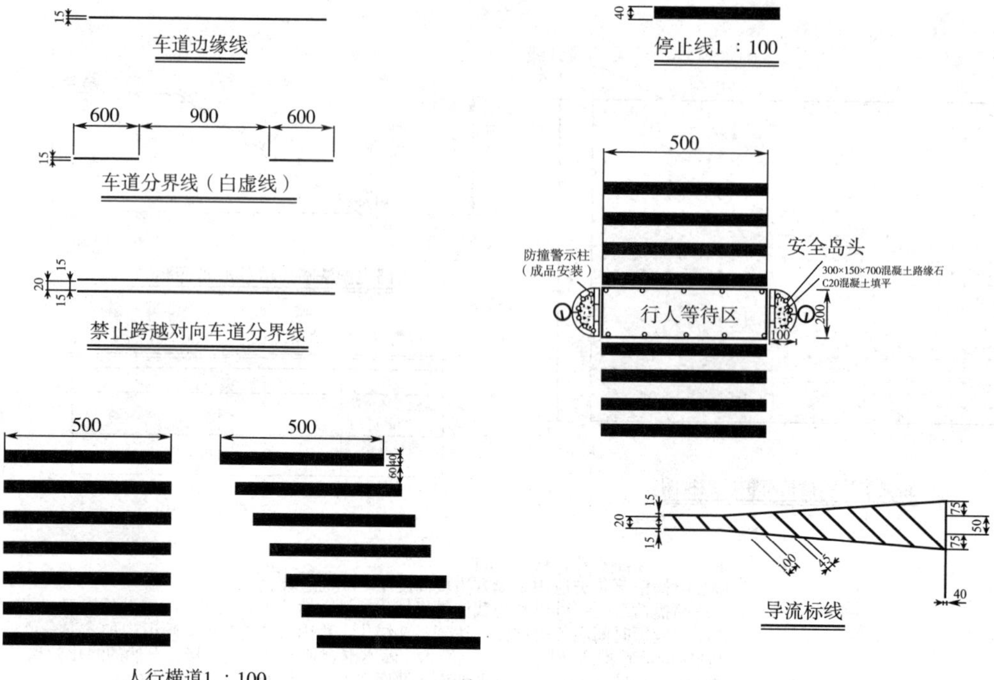

注：
1. 本图尺寸均以cm计。
2. 标线的尺寸和颜色按《城市道路交通标志和标线设置规范》GB 51038—2015、《道路交通标志和标线　第3部分：道路交通标线》GB 5768.3—2009制作。

图 B-8　交通工程交通标线大样图

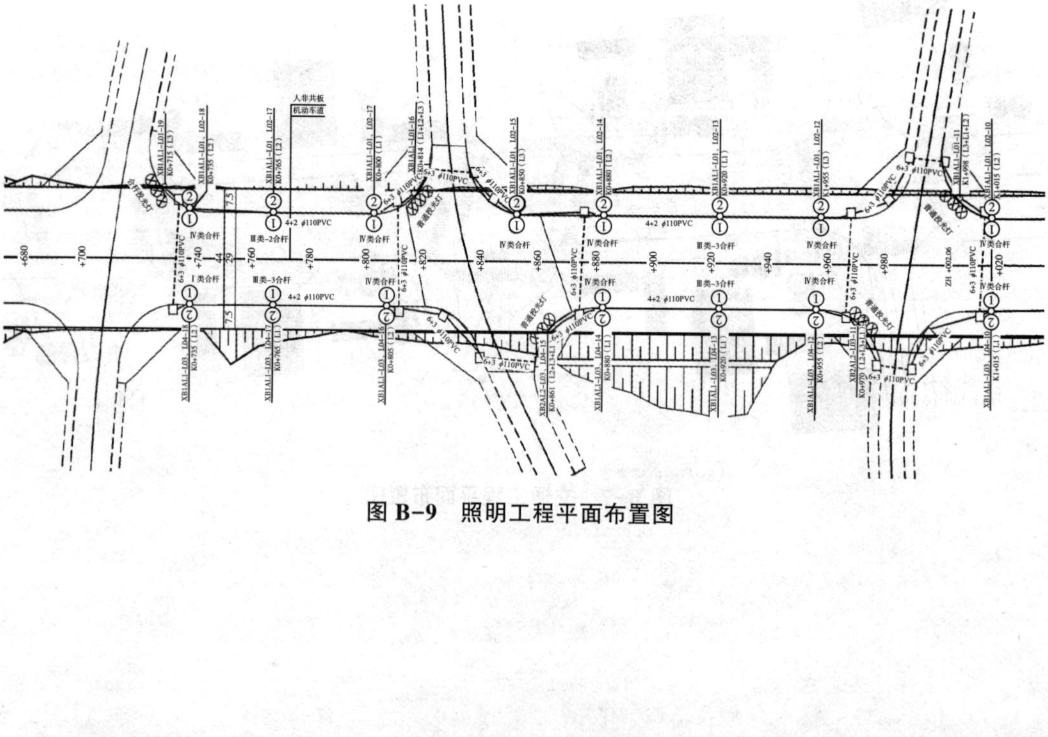

图 B-9　照明工程平面布置图

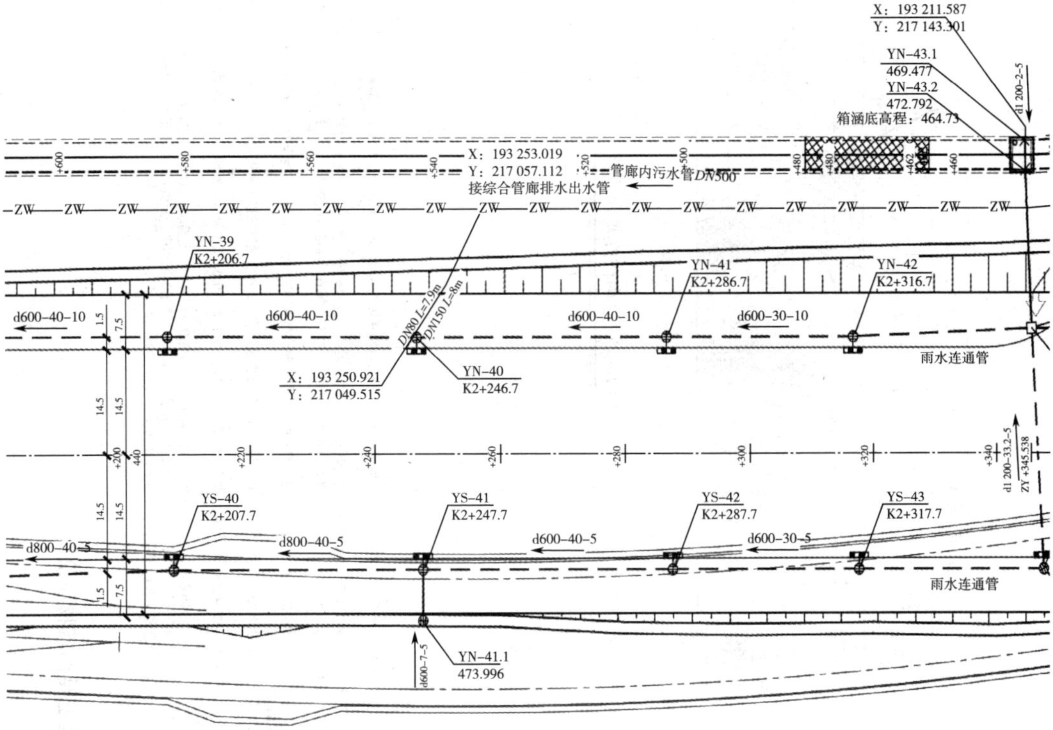

图 B-10 排水工程平面图

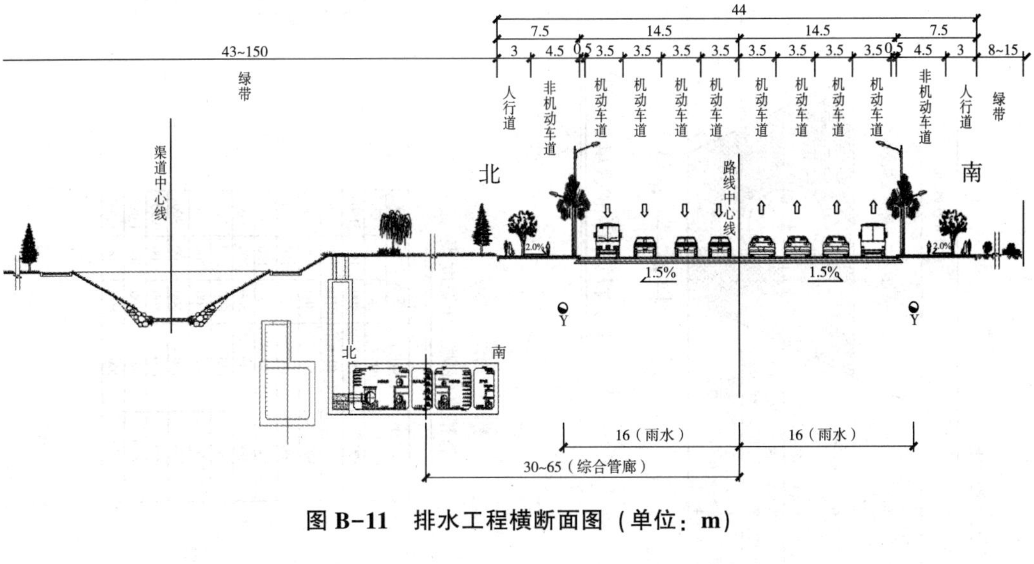

图 B-11 排水工程横断面图（单位：m）

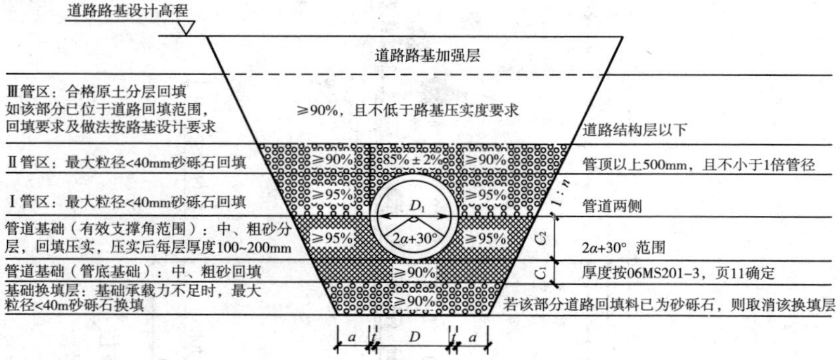

挖方段管道沟槽换填示意图

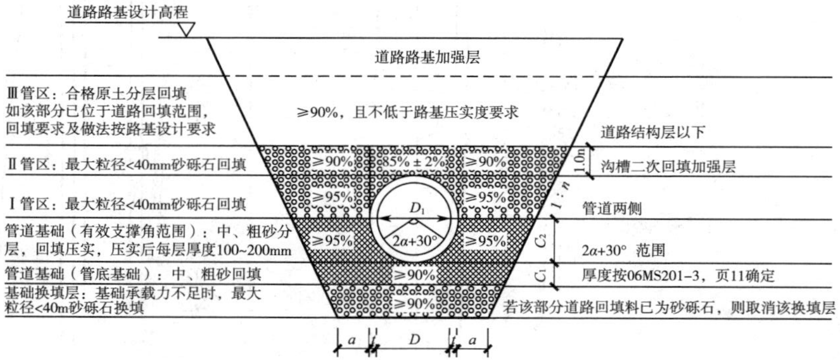

填方段管道沟槽换填示意图

管槽底每侧工作宽度表

管内径D（mm）	管壁厚t（mm）	管基尺寸（mm）		
		a	C_1	C_2
300	30	400	100	180
400	40	400	100	240
500	50	400	100	300
600	60	500	100	360
800	80	500	150	480
1 000	100	500	200	600
1 200	120	600	250	720
1 400	140	600	300	850
1 500	150	600	300	900
1 600	160	800	300	990
1 800	180	800	300	1 080
2 000	200	800	300	1 200

说明：

1. 沟槽基础换填初步处理意见：
   1）根据地勘报告中对各土层特征承载力的描述，各类黏土和各类泥岩均能满足雨污水管道沟槽基底承载力要求，素填土、杂填土不能满足管道沟槽承载力的要求，需全部清除。
   2）根据现场开挖情况，对于雨污水管道位于道路红线范围内的情况，管道基础承载力不足时，需进行换填处理，换填深度根据基础承载力确定。回填后应复核地基承载力，达到设计要求后方可进行下一步工序。所有的换填层均需分层夯实，铺管前需进行地基验槽，以现场实测承载力数据为准。
2. 沟槽回填方式初步处理意见：
   1）根据地勘报告及道路路基处理方式，施工开挖出的素填土不作为管道沟槽的回填材料，黏土具有弱膨胀性，不考虑直接作为沟槽的回填材料；开挖出的泥岩不作为管道沟槽的回填材料。
   2）对于沟槽位于回填区域的情况，应按道路密实度要求回填至管顶以上1m后，再开挖管槽施工管道，在管道基础以上至管顶1m的范围均采用粒径小于40mm的砂砾进行回填，分层夯实。
   3）对于位于红线范围以外（绿带）的管道沟槽，按照管道基础承载力要求做好管道基础后，对其管顶0. 5m以上部分沟槽回填无特殊要求，具体可结合绿化工程方案或道路永久放坡处理的方式执行。
   4）沟槽各区域回填需严格分层夯实，密实度要求参照06MS201-1中总说明5.12，同时还需参照道路回填密实度要求，以两者要求较高者为准。
   5）沟槽开挖及基础处理好后，应及时进行管道铺设等后续工作，避免沟槽长时间暴露。同时，沟槽施工过程中，要做好降排水措施，根据当地天气预报合理进行施工组织，严格按照《给水排水管道工程施工及验收规范》GB 50268—2008进行施工。

图B-12　排水工程主要构筑物建筑图

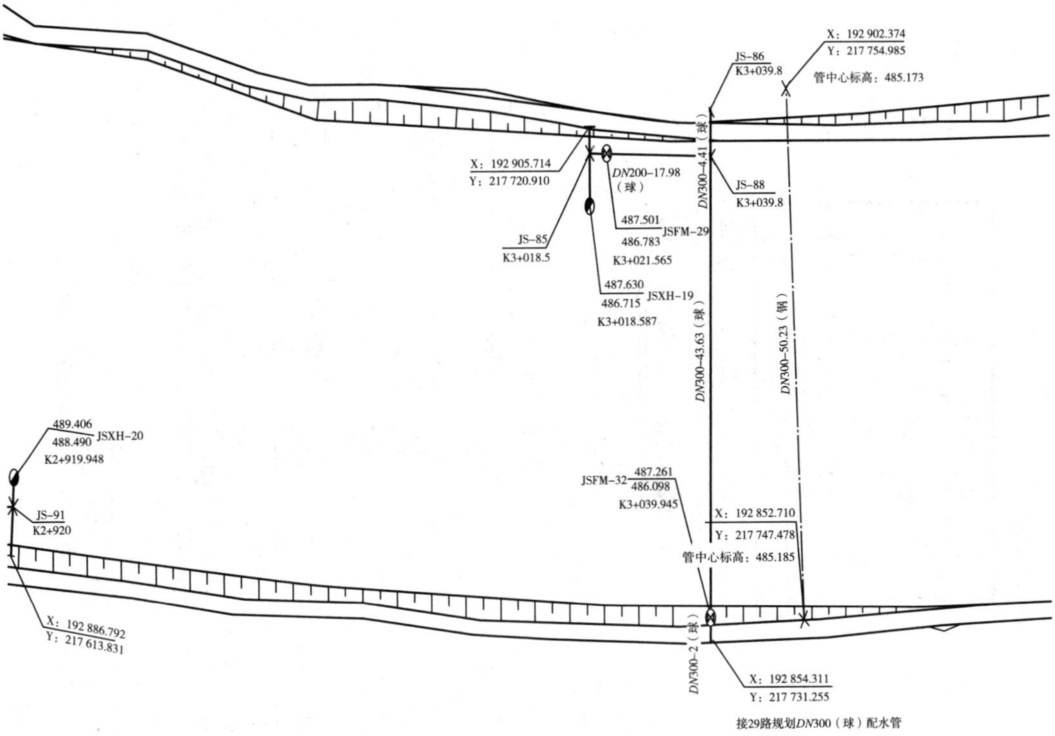

图 B-13 给水工程管道平面图

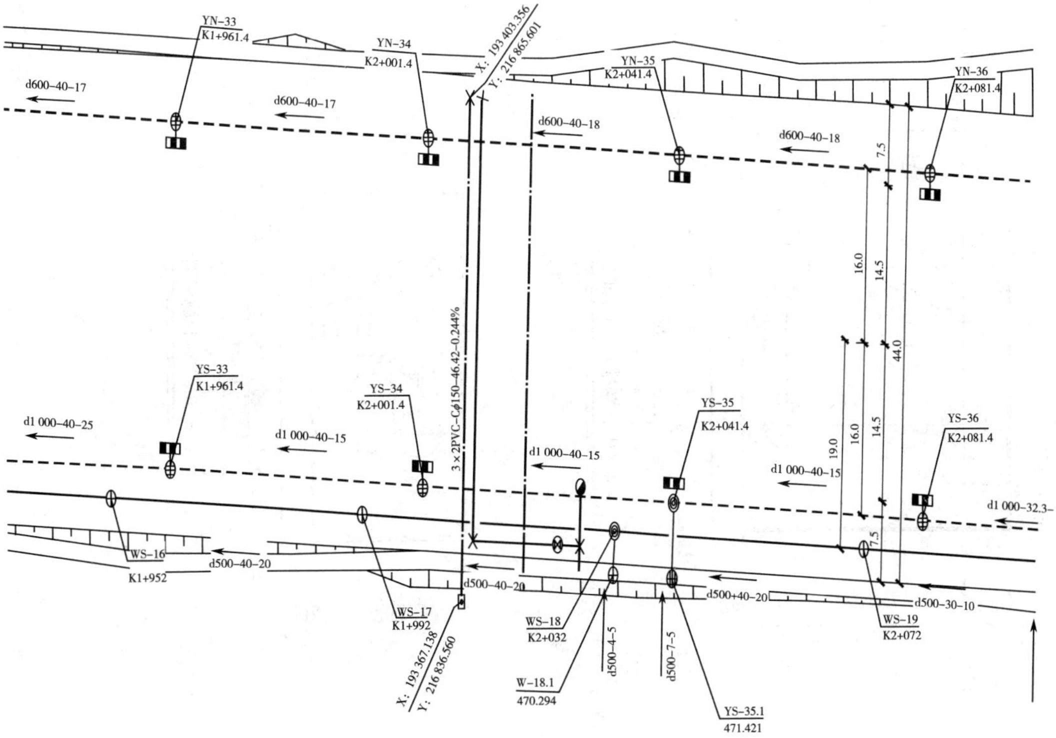

图 B-14 电力工程平面布置图

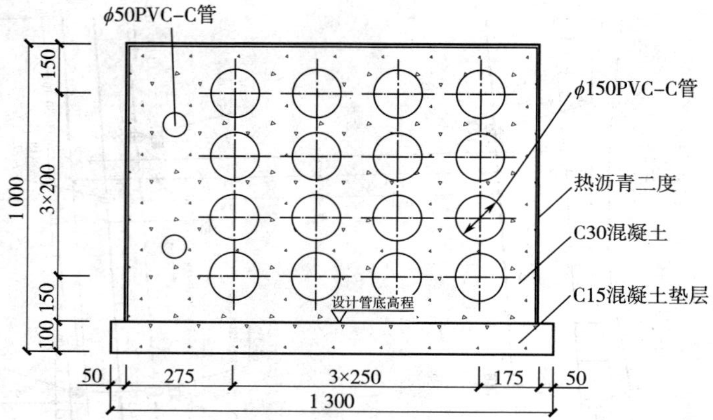

4×4孔 φ150排管+2孔φ50剖面图

1∶15

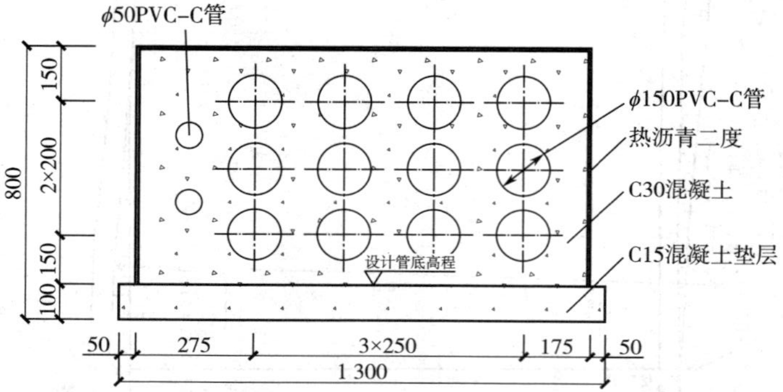

4×3孔 φ150排管+2孔φ50剖面图

1∶15

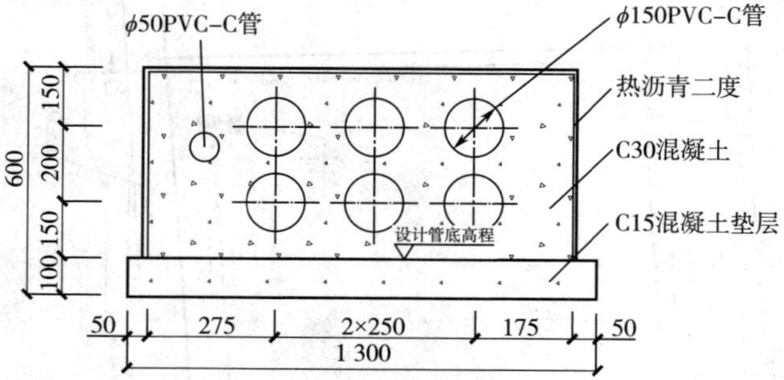

2×3孔 φ150排管+1孔φ50剖面图

1∶15

每米排管工程数量表

排管类型	钢筋（mm）	长度（m）	重量（kg）	混凝土标号	混凝土体积（m^3）	φ150PVC-C管长度（m）	热沥青二度（m^2）
4排16孔	φ10	37.0	22.6	C15 C30	0.120 0.63	16	2.7
3排12孔	φ10	35.0	21.6	C15 C20	0.120 0.53	12	2.5
2排6孔	φ10	27.0	15.5	C15 C30	0.120 0.41	6	1.9

说明：

1. 本图尺寸以mm计。
2. 在车行道下时，排管顶埋深≥0.7m，且在排管周边加φ10的构造钢筋，纵横间距取200mm，周边钢筋不能与底部钢筋连通形成环路，钢筋保护层厚度25mm。
3. 在绿化带、人行道下时，排管顶埋深≥0.7m，如0.5m≤埋深<0.7m，在排管周边加φ10的构造钢筋，纵横间距取200mm，周边钢筋不能与底部钢筋连通形成环路，钢筋保护层厚度25mm。
4. 人行道下φ150PVC-C管，壁厚5mm；车行道下壁厚8mm。

图B-15　电力工程标准横断面图

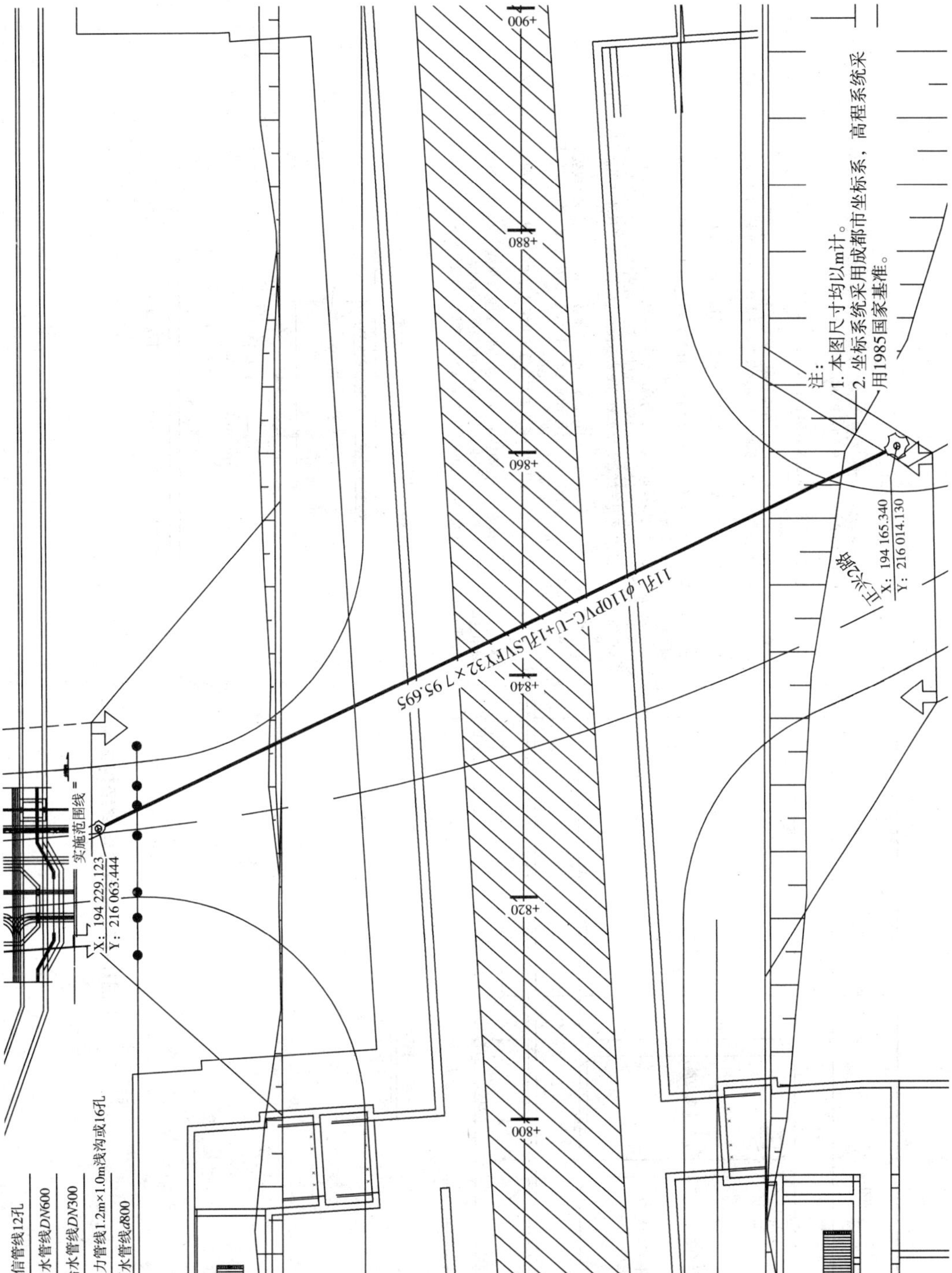

图B-16　通信工程平面布置图

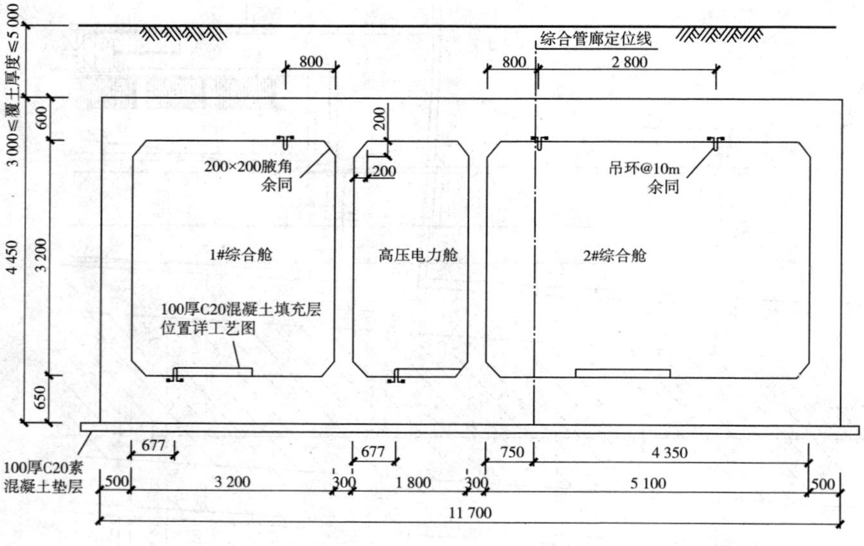

A综合管廊结构

1∶50

说明：

1. 图中尺寸以mm计，标高以m计。
2. 采用材料：
   混凝土：垫层及填充找坡层C20；底板、墙壁、盖板为C40防水混凝土，抗渗等级P8。
   钢　筋：图中ф为HPB300钢筋，Φ为HRB40CE钢筋。
   钢　材：Q235-B。
   焊　条：焊接HPB300钢筋和Q235-B钢材采用E43，其余用E50。
   砌　体：M5水泥砂浆砌MU10标砖。
3. 钢筋净保护层厚度：底板下层50mm；外墙外侧、盖板上层50mm；其余30mm。
4. 抗浮设计：地下水位为设计地面标高，车辆荷载为城—A级，地面堆载≤10kN/m，3 000mm≤覆土厚度≤5 000mm。
5. 本工程抗震设防类别为乙类，抗震设防烈度为7度，设计地震分组为第三组，按8度采取抗震措施。
6. 本工程设计使用年限为100年，结构构件的重要性系数采用γ_0=1.1。结构安全等级为一级，砌体砌筑质量等级为B级。
7. 定位坐标及放线桩号以给排水专业图纸为准，综合管沟外防水层构造详见建筑图。
8. 预埋件、预埋管、预留洞应配合给排水、电气以及其他专业图纸设置，不得事后剔槽凿洞。管道的支墩、支架及预埋件配合给排水施工图要求设置；电缆支架及预埋件配合电气施工图要求设置。
9. 钢筋遇边长或直径≤300mm的小孔洞时应绕过或孔边密放，不可切断，钢筋根数不减少；钢筋遇较大孔洞时应按相关详图要求进行加固处理。排水坑按给排水施工图确定位置，排水坑处墙壁、盖板配筋不变，底板配筋详见排水坑结构图。
10. 变形缝设置要求及构造、施工缝设置要求及构造详见综合管廊结构设计总说明和综合管沟变形缝施工大样图。
11. 钢筋表简图中所示钢筋尺寸为钢筋外边对外边尺寸；钢筋表供施工估料用，其实际下料长度及用量应放样确定。撑铁、拉筋供参考，施工时可根据经验调整。
12. 地基承载力要求及标准断面适用范围桩号详见综合管廊结构设计总说明。

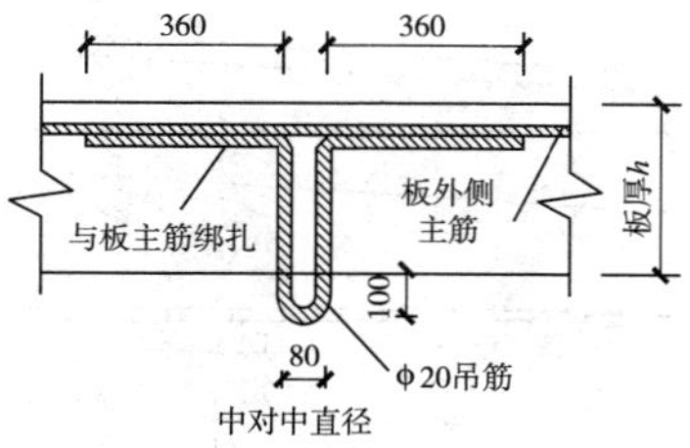

吊筋大样

底板位置同该做法，吊筋伸至底板下层筋内侧

图B-17　A综合管廊结构大样图

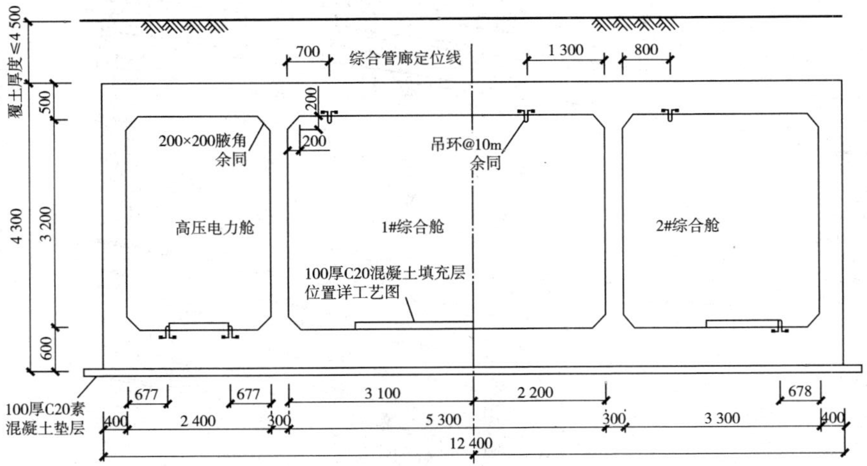

B综合管廊结构

1∶50

说明：

1. 图中尺寸以mm计，标高以m计。
2. 采用材料：
   混凝土：垫层及填充找坡层C20；底板、墙壁、盖板为C40防水混凝土，抗渗等级P8。
   钢　筋：图中φ为HPB300钢筋，ф为HRB40CE钢筋。
   钢　材：Q235–B。
   焊　条：焊接HPB300钢筋和Q235–B钢材采用E43，其余用E50。
   砌　体：M5水泥砂浆砌MU10标砖。
3. 钢筋净保护层厚度：底板下层50mm；外墙外侧、盖板上层50mm；其余30mm。
4. 抗浮设计：地下水位为设计地面标高，车辆荷载为城—A级，地面堆载≤10kN/m，覆土厚度≤4 500mm。
5. 本工程抗震设防类别为乙类，抗震设防烈度为7度，设计地震分组为第三组，按8度采取抗震措施。
6. 本工程设计使用年限为100年，结构构件的重要性系数采用γ_0=1.1。结构安全等级为一级，砌体砌筑质量等级为B级。
7. 定位坐标及放线桩号以给排水专业图纸为准，综合管沟外防水层构造详见建筑图。
8. 预埋件、预埋管、预留洞应配合给排水、电气以及其他专业图纸设置，不得事后剔槽凿洞。管道的支墩、支架及预埋件配合给排水施工图要求设置；电缆支架及预埋件配合电气施工图要求设置。
9. 钢筋遇边长或直径≤300mm的小孔洞时应绕过或孔边密放，不可切断，钢筋根数不减少；钢筋遇较大孔洞时应按相关详图要求进行加固处理。排水坑按给排水施工图确定位置，排水坑处墙壁、盖板配筋不变，底板配筋详见排水坑结构图。
10. 变形缝设置要求及构造、施工缝设置要求及构造详见综合管廊结构设计总说明和综合管沟变形缝施工大样图。
11. 钢筋表简图中所示钢筋尺寸为钢筋外边对外边尺寸；钢筋表供施工估料用，其实际下料长度及用量应放样确定。撑铁、拉筋供参考，施工时可根据经验调整。
12. 地基承载力要求及标准断面适用范围桩号详见综合管廊结构设计总说明。

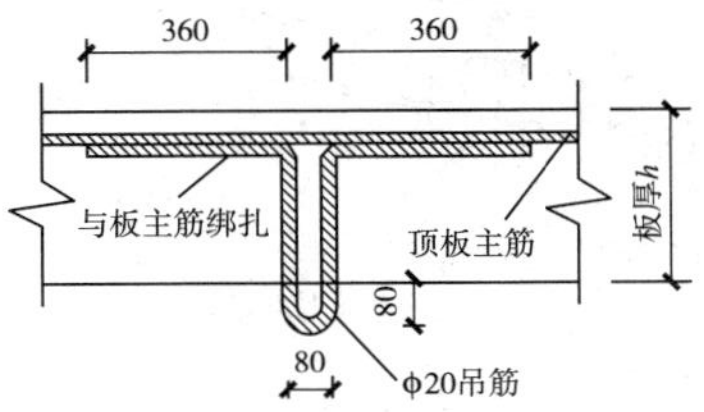

吊筋大样

图B–18　B综合管廊结构大样图

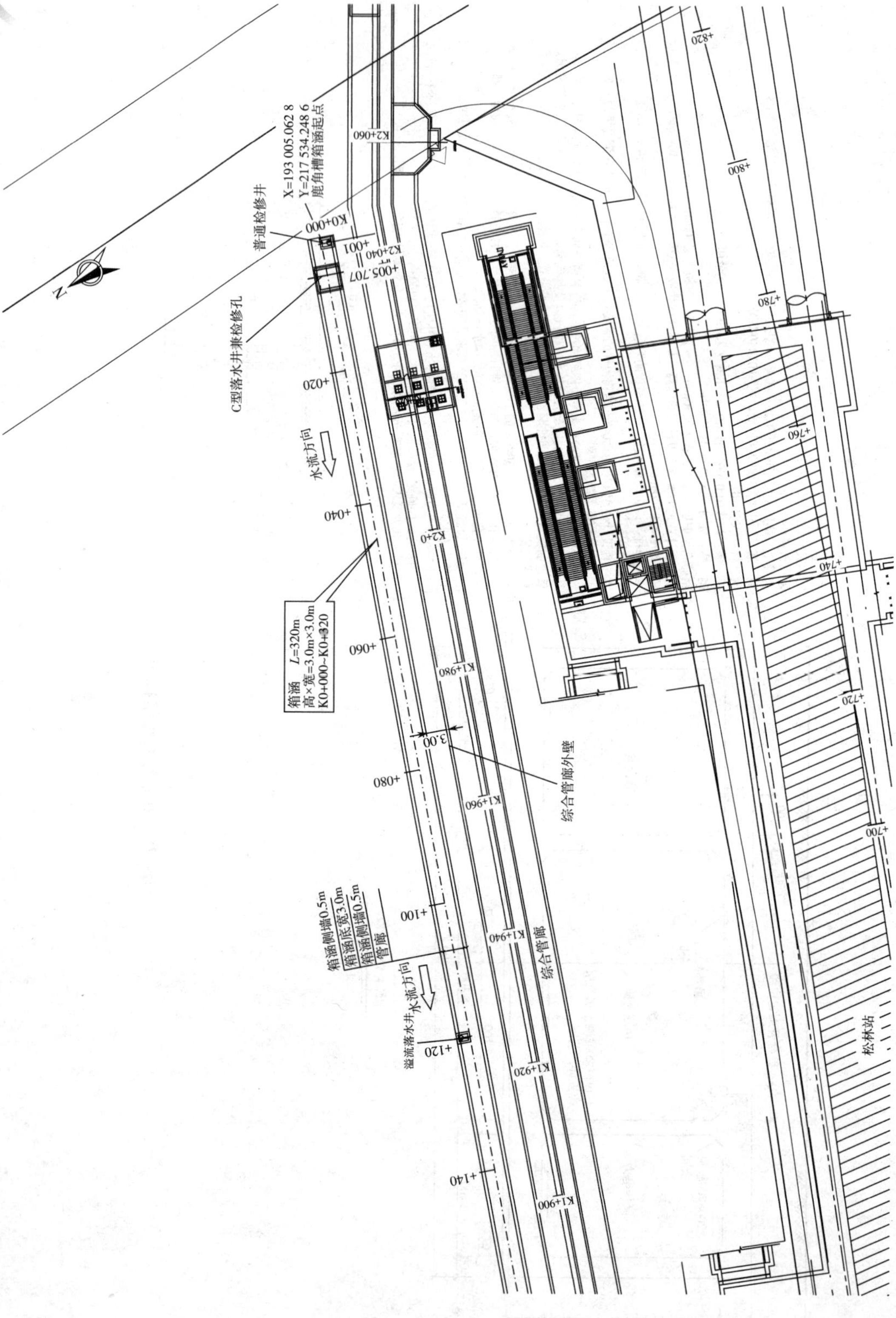

图B-19 涵洞工程平面图

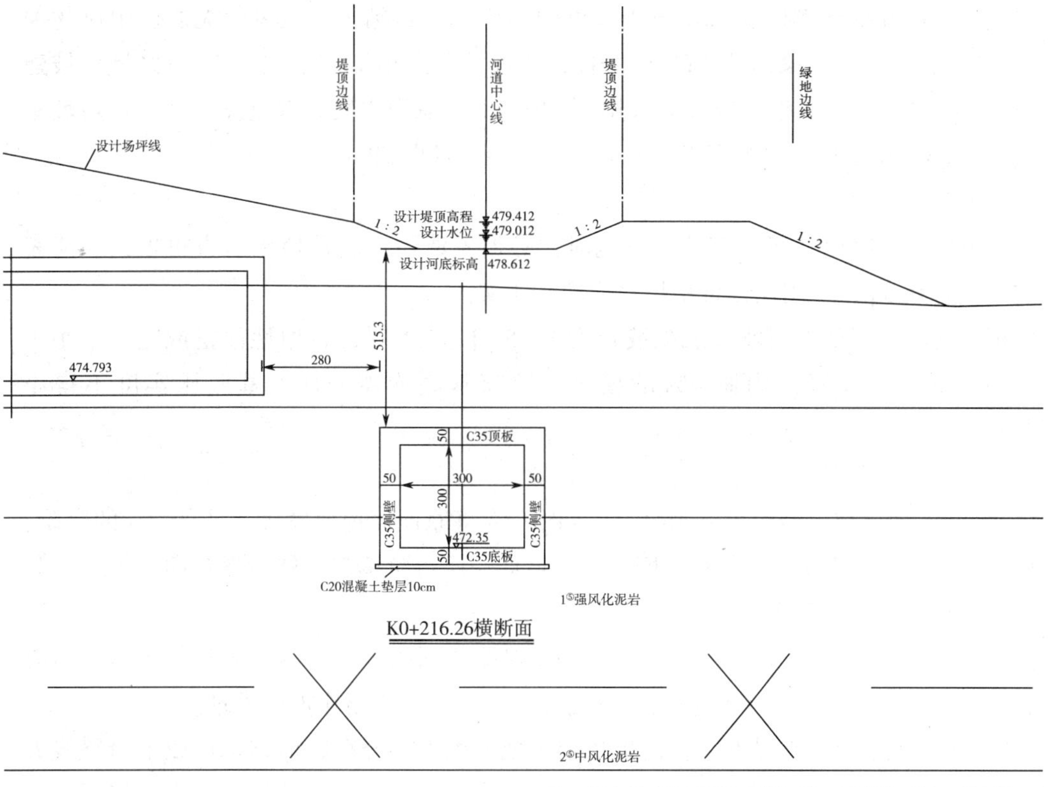

注：图中尺寸高程及桩号以m计，面积以m²计，其余以cm计。

图 B-20　涵洞工程剖面图

（二）设计技术要求

1. 路基路面工程

（1）路基填料及压实标准要求。

1）优先选用级配好的砾类土、砂类土等粗粒土作填料，填料最大粒径应小于100~150mm。

2）泥炭、淤泥、膨胀性岩土、易溶性岩石、崩解性岩石和盐化岩石、有机质土、有机垃圾、不满足强度和粒径要求的建筑垃圾不能用作路基填料。

3）液限大于50%，塑性指数大于26的细粒土，不得用作填料。

（2）路基边坡。

根据现场调查以及××建设资料，结合××市××建设生态园林城市的规划要求，路基边坡按稳定边坡坡率，进行绿化防护处理。

1）路堤边坡。

本项目填方边坡采用8m分级，一级边坡坡率1：1.5，高度大于8m时，二级边坡坡率采用1：1.75，平台宽度2m。

2）路堑边坡高度及坡率。

根据××建设和规划特点，以放缓边坡为主，尽量不采用圬工和加固防护措施。

挖方边坡开挖出露依次为填筑土、可塑黏土、硬塑黏土、强风化泥岩、中风化泥岩、中风化砂岩。其中黏土具有弱膨胀性，边坡坡率采用1∶2，考虑到××区域放坡建设习惯及景观需要，其他边坡坡率采用1∶1.25，考虑到边坡坡率过渡，部分边坡坡率采用1∶1.5。挖方边坡分级高度为6m；边坡平台宽度为2m。

（3）基底处理。

一般地段：路堤基底为耕地、草地时，必须先清除地表种植土后方可填筑，清表平均厚度为0.3m，采用挖方合格填料回填和压实。

填方地段：当地面横坡（或纵坡）为1∶5~1∶2.5时，将原地面挖成宽度不小于2.0m的台阶，并设置向内倾4%的横坡。填前基底均需夯压，基底压实度不得小于90%。

（4）填挖交界处理。

1）当地面横坡（或纵坡）陡于1∶5时，需将原地面挖成宽度不小于2m的台阶，并设向内倾4%的横坡，并夯实。填筑应由最低一层台阶填起，然后逐台向上填筑，分层夯实，所有台阶填完之后，可按一般填土进行。

2）对于横向半填半挖路基，挖方一侧应对路床深度范围内的土体进行超挖回填碾压，压实度不小于96%；并沿横断面方向铺设双向土工格栅作加筋处理。

3）对于纵向填挖交界处，纵向填挖交界处的挖方部分在路面结构层以下沿路线方向10m范围内超挖，最大超挖深度2m。碾压夯实后沿路线方向铺设双向土工格栅作加筋处理。

4）填挖交界部分填料由挖方部分的岩土性质确定，一般挖方为土质及软质岩时，填方部分采用水稳定性较好的砂砾石填料。

（5）路床加固处理设计。

根据现场踏勘、地勘资料及填料来源情况，结合周边项目开发的交通需要，对路床进行加固处理设计。土质路堑及填方地段，以及管廊开挖换填段设置路基加强层，处理措施为车行道路床厚度0.8m，人非共板路床厚度0.3m，采用砂砾石填筑，分层碾压。

（6）涵背路基处理。

为减轻涵背处的跳车现象，本项目对涵背连接处过渡段路基采用如下处理方案：路基与涵背连接处设置过渡段，过渡段内回填砂砾石。过渡段路基压实度不得小于96%，重型压路机压不到的地方要求用小型机具薄层夯实。

2. 交通工程

（1）通过合理布设标线、导向箭头，确保车流分道行驶，使交通标线与交通标志相配合，科学合理地引导交通流，达到交通有序、畅通的目的。

（2）按照《道路交通标志和标线　第1部分：总则》GB 5768.1—2009、《道路交通标志和标线　第2部分：道路交通标志》GB 5768.2—2022和《道路交通标志和标线　第3部分：道路交通标线》GB 5768.3—2009的布设原则，本工程设置道路中央单黄线、人行横道线、停止线、导向箭头等交通标线。可跨越对向车行道分界线采用单黄虚线，线宽 15cm，4m 实线，6m 间隔。人行横道线线宽 45cm，线间隔 60cm，停止线宽 30cm，车行道边缘线采白色实线，线宽 10cm，导向箭头长度采用 600cm，每组间距为 30m，路口标线及路段标线采用热熔标线，除特殊标线反光热熔涂料施划厚度取 3.0mm 外，其余厚度均为 1.8mm±0.2mm。

（3）标线涂料中应混合占总重量 18% 的玻璃微珠。玻璃微珠的质量要求如下：圆形颗粒含量不小于 70%，玻璃珠应满足《路面标线用玻璃珠》GB/T 24722—2020 要求，其中粒径为 0.60～0.85mm 的玻璃珠质量分数应为 25%～30%。

（4）路段标线施工中，路侧边缘线每隔 10～15m 留出 3cm 的缺口，以利于排水。

（5）交通标志平面布设按照《道路交通标志和标线　第 1 部分：总则》GB 5768.1—2009、《道路交通标志和标线　第 2 部分：道路交通标志》GB 5768.2—2022 和《道路交通标志和标线　第 3 部分：道路交通标线》GB 5768.3—2009 的要求，力求做到各类标志齐全、辨认清晰、功能完整。通过适时、准确地引导驾驶员，充分发挥道路快速、舒适、安全的效能。在标志布设中，以合理、高效地引导交通为设计要求，避免信息过载引起驾驶员眼花缭乱，影响标志功能的发挥，需注意版面注记及结构形式与道路线形、环境等其他沿线设施的协调配合以满足视觉及美观要求，标志的结构设计掌握“充分满足功能要求、尽量降低造价并考虑美观”的原则。

（6）禁令标志：禁止或限制车辆、行人交通行为的标志。圆形标志直径为 80cm，八角形标志外径为 80m。此类标志为白底、红圈、红杠、黑图案，图案压杠。

（7）指示标志：指示车辆、行人应遵循的标志。圆形指示标志直径 80cm，方形指示标志边长 80cm。此类标志颜色为蓝底、白图案。

（8）指路标志：传递道路方向、地点、距离信息的标志。本工程按照 20cm 或者 18cm 字高的要求控制指路标志的尺寸版面，为蓝底白图案。

（9）根据标志版面尺寸大小及设置位置的需要，本设计采用的标志支架结构形式有单柱式、单悬臂式以及附着式。标志底板采用牌号为 3003 的铝合金板材，版面面积 $2m^2$ 以下板厚取 2mm，$2m^2$ 以上板厚取 3mm，背面焊接滑动槽铝以加固，通过滑动螺栓、抱箍及抱箍底衬或横梁相连接。标志的立柱、横梁以及其他钢连接件均采用 Q235 钢，焊条全部采用 J42 级，所用钢材（包括立柱、横梁和标志板背面）均采用先热镀锌再喷塑的方式进行防腐处理，喷塑颜色采用标准深灰色（CD-001），钢构件镀锌层厚度 $600g/m^2$，紧固件镀锌层厚度 $350g/m^2$。

（10）单柱式标志基础采用混凝土基础，悬臂式标志基础采用钢筋混凝土基础，根据版面的大小决定其尺寸及埋置深度，水泥混凝土强度不小于 25MPa，并符合《公路钢筋混凝土及预应力混凝土桥涵设计规范》JTG 3362—2018 的有关规定。标志在装设时，应尽可能与道路中线垂直或成一定角度；指路标志版面与道路垂直夹角为 0°～10°。标志结构设计抗风速 28m/s。

（11）本次设计道路应预埋交通地下管道，实施窨井和信号灯、控制机基础等。

（12）交通信号控制器被安装在外场路口，既可独立按照预设方案控制机动车、行人信号灯以及可变交通标志等，也可通过通信设备与中心控制计算机相连接，接受并执行中心预设方案或通过中心计算机利用 UTC/SCOOT 系统实时优化生成的方案。信号控制器主要技术指标如下：

1）信号灯杆、灯具背面统一喷塑，颜色采用“CD-001”。机动车灯在标准机非分离路口采用 ϕ400LED（三灯三色）满盘灯和 LED 箭头灯（三灯三色），普通灯控路口采用 ϕ300LED（三灯三色）满盘灯和 LED 箭头灯（三灯三色），当进口停车线与对向信号灯的距离大于 70m 时，对向信号灯应选用 ϕ400LED 三灯三色信号灯，灯杆满足验收要求。

2）信号机一般设置在背对路口、离路缘石约 0.5m 的人行道上，并尽可能设置在阴凉处，注意不要影响行人、自行车通行，并考虑与附近的其他市政设施相协调。信号机基础至最近的窨井采用 3 根 ϕ100 钢丝管，如果是三个路口（或以上）联动控制则采用 4 根 ϕ100 钢丝管（或 2 根 ϕ100 钢丝管、1 根 ϕ150 钢丝管）。

3）设备有要求时应进行工作接地、所有配套的外露金属设施构件都应按照 IEC 的有关规定进行综合接地处理，整个路口信号设施形成等电位连接。信号机附近采用 3~5 根 2.5m 长的角钢，以 5m 以上的间距打入地下作为接地桩，接地电阻 $<4\Omega$。

4）信号灯接电考虑就近接入路灯配电箱。

3. 路灯及照明工程

（1）电源。道路照明负荷等级为三级负荷，本道路的路灯电源就近提供，控制配线距离与路灯末端线路压降不超过 5% 电压。路灯每一回路须三相间隔供电。

（2）照明设置。照明设置道路灯，光源为功率 400W 的高压钠灯，采用综合杆，灯杆高度为 10.0m，双侧布置，单侧间距约 35m，部分路段加宽段布置间距 30m。光源采用高压钠灯，采用半截光型灯具，灯具防护等级 IP65，色温不低于 2 000K，400W 高压钠灯光通量不低于 53 000 lm，灯杆中心距离路缘石 0.5m。照明灯杆、箱体统一采用标准深灰色（CD-001）。每盏灯具安装可变功率镇流器。每套路灯配套设置漏电断路器（150W 及以下为 4A，250W 为 6A，400W 为 10A）等元器件。在较大路口设置投光灯，光源为功率 3×400W/4×400W 的高压钠灯，灯杆高度为 16m。

（3）控制。路灯由安装于照明配电箱内的远程控制模块、时控器和照度控制器进行控制。道路照明采用时控器自动控制，纳入城市统一管理，接入当地路灯远程集中控制系统，可实现光控、时控、远控及手动控制功能。

（4）电能计量。采用低压计量方式，路灯照明在路灯控制柜内设置计量装置，计量用互感器。

（5）无功补偿。为提高用电负荷的功率因数，无功补偿采用集中补偿方式。在箱变低压母线侧设置功率因数自动补偿装置，补偿后的功率因数不小于 0.9。

（6）节能。采用高光效光源、高效灯具及灯具附件（节能型电源模块）；配置变功率整流器，深夜自动降低照明功率，节约能耗；单相照明负荷尽可能均匀平衡到三相负荷中，减少损耗；配电系统三相负荷的不平衡度不宜大于 15%。

（7）线路敷设。照明电缆敷设采用直埋敷设方式，敷设于绿化带或人行道下，埋深距地面以下 0.7m，电缆需铺设砂垫层并用砂覆盖后再盖页岩砖。电缆在穿越道路处采用穿 SC100 镀锌钢管保护（SC100 镀锌钢管壁厚 4mm）并采用 C20 混凝土包封，埋设深度距路面不小于 1m，两端伸出道路边 0.5m，并在道路两侧设置电缆手孔井。电缆直埋或在保护管中不得有接头。与本工程道路相交的道路上的路灯应做好电缆连通设计，保证所有路灯回路能连通，暂不做电器连接。

（8）电气装置抗震设计。电缆保护管、电缆井结构抗震设防烈度为 7 度；采用硬度、拉伸强度较好的管材。

（9）防雷接地。照明配电箱设置浪涌保护器，用于防雷保护。本工程接地形式采用 TN-S 系统，照明配电箱处设置接地网，接地电阻不大于 4Ω；沿道路照明回路通长埋设一根接地干线，接地干线与照明配电箱接地网可靠焊接并与路灯基础地脚螺栓焊接接地；要求接地干线综合接地电阻不大于 4Ω，否则须采取相应措施（如补打接地极、降阻剂等）直至满足要求。照明配电箱金属外壳、金属底座以及预埋钢管、铠装电缆的金属保护层、接地干线均应与接地网可靠焊接接地。

（10）防盗。照明供电线路的电缆井井盖及人孔井井盖、照明灯杆的检修门、箱变及路灯户外配电箱，均应设置路灯专用防盗锁，防盗装置的形式及规格需与主管部门协调，以便今后维护管理。

4. 排水工程（略）

5. 综合管廊工程

（1）综合管廊横断面布置及断面形式设计。

1）综合管廊横断面布置。

根据确定的入廊管线种类、规模、介质性质，确定管廊断面布置形式，并结合建设条件，选择合理的断面形式。根据《城市综合管廊工程技术规范》GB 50838—2015 及电力部门要求，高压电力（110kV）、燃气应设置独立舱室，其他管线可根据规模、线路走向合理组合或分舱布置。

A 综合管廊分为 4 个舱室，分别为燃气舱、1#综合舱、2#综合舱、高压电力舱。

B 综合管廊分为 3 个舱室，分别为 1#综合舱、2#综合舱、燃气舱。

2）综合管廊断面形式。

综合管廊断面形式为矩形断面。

A 综合管廊分为四种断面形式：A-1 断面尺寸为 $B\times H=12.7m\times3.2m$；A-2 断面尺寸为 $B\times H=11.8m\times3.2m$；A-3 断面尺寸为 $B\times H=11.4m\times3.2m$；A-4 断面尺寸为 $B\times H=10.9m\times3.2m$。

B 综合管廊断面尺寸为 $B\times H=11.0m\times3.2m$。

综合管廊拟采用明挖施工。

（2）平面布置。

1）总体平面布置。

a. A 综合管廊。

A 综合管廊起点位于××路西段与×××交叉口北侧，终点接××大道综合管廊预留接口，全长 2 781.63m，均为 4 舱断面布置（燃气舱+1#综合舱+高压电力舱+2#综合舱）。

A 综合管廊布置在道路北侧绿化带下，全线避让地铁××号线站点及区间段，与地铁特殊保护区的净距大于 7.5m。管廊中心线距离道路中线 30~65m。

A 综合管廊布置于北侧绿化带内，管廊在北侧道路交叉口处的范围超过道路设计范围线。在南侧道路交叉口处的划分范围同道路，具体划分范围详见平面布置图。

各舱室信息统计见表 B-2。

表 B-2　A 综合管廊信息统计表

序号	名称	管线种类及规模	舱室数量	宽度×高度（总尺寸）	长度
1	A 综合管廊	给水：DN600+DN400 电力：10kV × 32 + 110kV×6 通信：20 孔 燃气：DN200×1 污水：DN1 000（A-1 断面）、DN800（A-2 断面）、DN500（A-3 断面）	4 舱	A-1 断面：$B×H$=12.7m×3.2m A-2 断面：$B×H$=11.8m×3.2m A-3 断面：$B×H$=11.4m×3.2m A-4 断面：$B×H$=10.9m×3.2m	A-1 断面：674.01m A-2 断面：505.99m A-3 断面：938.33m A-4 断面：663.3m

b. B 综合管廊。

B 综合管廊起点位于××路西段相交道路××路西侧，终点止于××路西段与××路平交口南侧工程范围线，本工程范围内全长 145m。3 舱断面布置（燃气舱+1#综合舱+2#综合舱），综合管廊里程桩号单独设定。

2）防火分区布置。(略)

(3) 竖向设计。(略)

(4) 消防系统。

1）火灾自动报警。

a. 系统构成。

整个综合管廊火灾自动报警系统组成如下：

·在监控中心设置 1 台中心火灾报警控制柜，柜内设置 1 台火灾报警联动主机、防火门监控主机，不属于本次设计范围；

·在每个变电所内设置 1 台火灾报警控制柜，柜内设置 1 台防火门监控分机、1 台感温光缆主机；

·在每个进风口设备层设置 1 台火灾报警控制柜，柜内共设置 1 台区域火灾报警控制器、1 台气体灭火控制器；

·高压电力舱的火灾自动报警系统（除感温光缆）由电力公司自行实施。

通风口设备层的区域火灾报警控制器通过工业以太网交换机组成千兆冗余环网，

再通过变电所工业以太网交换机上传至监控中心。区域火灾报警控制柜完成所辖区域内的火灾监视。

火灾报警控制系统、防火门监控系统为双电源供电，双电源在末端配电箱处进行切换，火灾报警控制器自带满足规范和使用要求的直流备用电源，备用电源由设备承包商提供。

b. 系统配置。

·火灾报警系统：①火灾报警控制柜，设置于进风口设备层；②感烟探测器，在每个防火分区通风口设备层、变电所、防火分区间隔6m设置；③手动报警按钮、声光报警器，在每个防火分区进风口设备层、变电所内、每个防火分区的中部及左右相邻50m的位置分布设置1套手动报警按钮和声光报警器；④非消防负荷回路跳闸，跳闸回路设置于电气AP配电柜；⑤排风机，排风机强切、反馈控制回路设置于电气AP配电柜；⑥应急照明，应急照明开启、反馈控制回路设置于电气AP配电柜；⑦超细干粉灭火装置区控单元（消防专业），超细干粉灭火装置区控单元与区域火灾报警控制器连接，通信方式采用RS485通信总线，气体灭火控制器控制其开启；⑧电气火灾监控器（供电照明专业），电气火灾监控器与区域火灾报警控制器连接，通信方式采用RS485通信总线；⑨感温光缆，沿直线敷设于1#综合舱、高压电力舱顶部，用于火灾报警测温；⑩感温电缆，敷设于10kV电力电缆表层，后期由电力公司自行实施。

·防火门监控系统：①在每个防火门处设置防火门监控模块；②防火门监控主机通过专用总线或光纤连接各变电所内的防火门监控分机。

火灾自动报警系统由火灾报警主机、火灾报警区域控制器、气体灭火控制器、感烟探测器、感温光缆、手动报警按钮、声光报警器组成。

管廊内采用感温光缆作为火灾探测器，当任意一路感温光缆发生报警，开启相应防火分区内的声光报警器、应急疏散指示和该防火分区防火门外的声光报警器。当任意一路敷设于电缆层上的感温光缆与舱顶部敷设的感温光缆同时发生报警时，关闭相应防火分区正在运行的排风机、防火风阀及切断配电控制柜中的非消防回路，经过30s后启动气溶胶灭火装置实施灭火。喷放动作信号及故障报警信号反馈至监控中心及火灾报警控制器、气体灭火控制器，开启放气指示灯。

当发生火警或需紧急疏散时由火灾自动报警系统及其他紧急疏散系统自动联动门禁系统强行开门。

2）超细干粉自动灭火。

根据本项目初步设计，自动灭火系统采用超细干粉自动灭火系统时，由火灾报警控制系统（由监控专业设计）、区域控制单元、超细干粉自动灭火装置（总线型）、外控电源、放气指示灯、紧急启停按钮、其他满足功能需求的配套设施组成。

超细干粉自动灭火系统为成套设备系统，满足其功能所需的全部设备、附件均应由同一供货商成套提供。超细干粉自动灭火系统采用自动控制、手动控制和机械应急操作三种启动方式。超细干粉自动灭火装置启动方式为感温自启动、电引发启动和热引发启动。

3）手提式磷酸盐干粉灭火器。

根据《城市综合管廊工程技术规范》GB 50838—2015 的规定，综合管廊各舱室沿线、人员出入口、人员逃生口、变配电间均需设置灭火器。本次设计采用手提磷酸盐干粉灭火器，灭火器设置在灭火器箱内，每处灭火器箱内设置 2 具灭火器。每个灭火器箱配套设置 2 套自救式防毒面具。灭火器箱放置在综合管廊通道旁或节点夹层地面，铭牌朝外，并不得上锁。

4）防火分隔。

1#综合舱、高压电力舱、2#综合舱的防火分区长度均按不大于 200m 设置，防火分区处设置防火分隔墙及常闭式甲级防火门。本项目综合管廊共设 15 个防火分区。

（5）通风系统。

各舱室采用机械进排风方式，进风井与排风井相间布置，间距不大于 200m。通风具体设置桩号详见综合管廊纵断面设计图。1#综合舱、高压电力舱、2#综合舱进排风井合并设置。

通风井直通大气的送（排）风口处应上覆镀锌钢格栅板，并且格栅板底部必须装置不锈钢丝防护网，网孔净尺寸不大于 1cm×1cm，以防止虫鼠进入。

相邻通风井之间为一个通风区段，通风分区由防火门隔断。防火分区与通风区段保持一致，即相邻两个通风井之间为一个防火分区，两相邻防火分区用防火门（常闭）隔断。

通风区段的一端为进风井，另一端为排风井，井下设送排风机。排风机口装 280℃电动排烟防火阀（常开），当排风温度超过 280℃时能自动熔断关闭。送风机口装 70℃电动防烟防火阀（常开），当进风温度超过 70℃时能自动熔断关闭。每个风机口安装的电动防火风阀与风机联锁，并可现场和远程控制。送排风机采用高效、低噪、可靠性高的轴流风机，立式安装。

风机及电动风阀采用手动和远程控制方式，并能将设备信号反馈至监控中心。综合管廊通风分为平时运行、巡检和火灾通风三种情况。同一时间，只能开启一个舱室一个通风区段内的风机对该区段进行通风或排烟。为防止串风，一舱风机开启时，临近舱室及临近通风区段内风机口防火风阀均应关闭（远程控制关闭）。

通风系统风机的启停采用定时控制、温控探测器控制和天然气浓度探测器控制相结合的控制方式。定时控制为风机每相隔 3h 运行 1h。温控探测器（每个防火分区中部设置一个）控制为当通风区段内温度大于 40℃时，先确保中间可控制防火门（若有）为开启状态，再启动相应通风区段风机，进行机械通风，直到温度下降到 36℃以下风机停止。

为改善室内空气品质及满足各设备的工艺要求，地下变配电间设置机械送排风系统。地下变配电间送排风按 6 次/h 换气次数计算，由设置在壁面上的壁式送排风机（送风机、排风机各一台）进行通风换气，以消除室内预热，并兼作火灾后排烟。

地下变配电间通风风流路线为进风口→壁式送风机→地下变配电间→壁式排风

机→排风口。变电所送排风机安装在墙上距离地面 2.4m 高的预留空洞（60cm×60cm）上，进排风机均选用直径不大于 ϕ500mm，性能优良、耐高温性能良好、效率高的消防排烟专用风机，能在 280℃ 高温条件下连续运行 30min 以上、100℃ 温度条件下连续 20h/次不损坏。风机口设置电动百叶风阀，规格为 700mm×700mm 的方形风阀（电动不锈钢）。风机和风阀既可远程自动控制，也可就地手动控制。

地下变配电间通风系统风机的启停采用定时控制和温控探测器控制方式。定时控制为风机每相隔 3h 运行 1h。温控探测器控制为当地下变配电间内温度大于 40℃ 时，启动设置在墙壁上的风机，进行机械通风，直到温度下降到 36℃ 以下风机停止。

为了防止综合节点（送风）夹层中各配电箱产生的热量在密闭空间内聚集，于夹层墙上预留一个排气孔和一个进气孔，尺寸均为 35cm×35cm，排气孔上设排气扇和 280℃ 电动排烟防火阀，进气孔上设置 70℃ 电动防烟防火阀，风阀尺寸 40cm×40cm，用于夹层中的平时换气兼火灾后排烟。Ⅰ型综合节点夹层通风系统风机的启停采用温控探测器控制方式，温控探测器控制为当地下变配电间内温度大于 40℃ 时，启动设置在墙壁上的风机，进行机械通风，直到温度下降到 36℃ 以下风机停止。

当人员需进入综合管廊巡视或检修设备时，需提前启动、运行通风设备 1h，待换气充分后人员方可进入管廊。

考虑综合管廊的特殊性，除了检修及定期巡视外，无人员出入，综合管廊通风以加速灭火、减少设备损失为主要目的，采用密闭减氧方式灭火，通风为灾后排烟。当综合管廊一个防火分区发生火灾时，经确认发生火灾的舱内无人员后，关闭该防火分区内两端送、排风机（包括风机口电动防火风阀）和防火门以隔断氧气。待确认火灾熄灭后，开启该通风区段内风机进行通风排烟。控制系统以该工况运行 30min 或确保有害气体已经排除后方可返回平时运行工况。

根据室内外气候条件，选用适合工况运行、能效比高的通风设备。

通风系统均采用运行平稳的低噪声设备，安装减震垫，以控制噪声对室外环境的影响，使之符合国家规定的噪声控制标准。

（6）给排水系统。

综合管廊内设置集水泵站，主要是考虑收集结构渗漏水和管道维修时的放空水等。在综合管廊内检修通道两侧设置排水沟，排水沟纵向坡度随综合管廊纵向坡度，综合管廊内检修通道横坡为 1%，坡向排水沟一侧。排水沟大约 50m 两侧连通一次，连通通道宽 20cm，防火墙处排水沟严格隔断。管廊每个防火分区最低点必须设置排水沟连通，排入集水坑。每个集水泵站设两台潜水泵，一用一备。水泵设计流量：①12L/s，扬程为 15m，电机功率 1.1kW；②25L/s，扬程为 15m，电机功率 4.0kW；③10L/s，扬程为 10m，电机功率 0.75kW。集水坑的出水管接入邻近的雨水检查井（井筒段），出水管设单向止回阀。

6. 电力工程（略）

7. 通信工程（略）

8. 管线综合工程（略）

9. 涵洞工程（略）

10. 河道整治工程（略）

11. 园林绿化工程（略）

（三）施工技术要求

1. 道路工程（略）

2. 交通工程（略）

3. 路灯及照明工程（略）

4. 排水工程（略）

5. 综合管廊工程

（1）综合管廊主体结构施工应尽量避开雨季，并根据结构专业设计要求做好各项防洪、防水、抗浮等安全措施。

（2）综合管廊主体结构施工完成后至管线、盖板、智能安全装置安装前（能防雨水、防渗漏前），综合管廊对外预留的各种预留孔（洞），均应采取临时封堵、遮蔽措施，防止外部雨水进入综合管廊内，管线孔（洞）按设计临时封堵措施封堵，其他孔口应采取遮蔽措施，防止雨水进入，确保综合管廊本体及内部设备、设施安全。

（3）综合管廊内设备、设施对防水等有特殊要求的，应按其相关要求执行。

（4）施工及验收按《城市综合管廊工程技术规范》GB 50838—2015、《××省城市综合管廊工程技术规范》以及《综合管廊规划建设标准与导则》（2018 年试行版）、各专业现行施工及验收相关标准、规范执行。

6. 电力工程（略）

7. 通信工程

（1）各种管线必须根据各个单项专业管线施工图进行施工，施工前应认真核实各专业管线的设计高程，按照先下后上的顺序安排好施工工序。各个专业管线施工单位应该密切配合，施工过程中如遇到管线碰撞按如下原则进行调整：压力管让重力管，小管让大管。各种路面至管顶最小埋深不宜低于施工规范要求。

（2）管道埋深（管顶至路面）不宜小于 0.7m，进入人（手）孔的管道基础顶部距人孔基础顶部不小于 0.4m，管道顶部距人孔盖板底的净距不得小 0.3m。施工过程中如遇障碍，应及时与设计人员联系，共同处理。

（3）应做好人（手）孔的防水，具体做法参照国家建筑标准设计图集《地下通信线缆敷设》05X101-2。

（4）人（手）孔井建成后必须将井内清除干净，管道接口应保证光滑。

（5）起止点需注意与前后段管道的顺接，通信管道过路口时如有现状通信管道，应与其沟通。

（6）施工单位施工时，需实测管线放线路径处实际标高 B。当道路中线标高 A 与实际标高 B 的差值 C 为正值时，管线敷设标高为设计管底标高减去差值 C；当道路中

线标高 A 与实际标高 B 的差值 C 为负值时，管线敷设标高为设计管底标高加上差值 C。

（7）其他未尽事宜参照《通信管道工程施工及验收规范》GB/T 50374—2018 及其他相关规范实施，并及时与设计人员沟通解决。

8. 管线综合工程（略）

9. 涵洞工程（略）

10. 河道整治工程（略）

11. 园林绿化工程（略）

（四）竣工验收（略）

（五）主要材料、设备、构配件技术要求

主要材料、设备、构配件技术要求见表 B-3。

表 B-3　主要材料、设备、构配件技术要求

序号	材料名称	品质要求	技术参数
1	水泥		1. 普通硅酸盐水泥； 2. 符合 GB 175—2007/XG 1—2009《通用硅酸盐水泥》国家标准第 1 号修改单
2	商品混凝土		满足国家和行业相关规范要求，满足施工图设计及行业行政主管部门要求
3	钢材、钢筋		满足国家和行业相关规范要求，满足施工图设计及行业行政主管部门要求
4	交通信号灯、信号机		满足××公安交管局的控制系统接入要求
5	球墨铸铁井盖井座、雨水井篦（座）		满足国家和行业相关规范要求，满足施工图设计及行业行政主管部门要求
6	复合高分子井圈井盖、雨水井篦（座）		满足国家和行业相关规范要求，满足施工图设计及行业行政主管部门要求
7	钢筋混凝土管道		满足国家和行业相关规范要求，满足施工图设计及行业行政主管部门要求
8	沥青混凝土基质沥青		满足国家和行业相关规范要求，满足施工图设计及行业行政主管部门要求
9	电线、电缆		满足国家和行业相关规范要求，满足施工图设计及行业行政主管部门要求
10	路灯灯杆		满足国家和行业相关规范要求，满足施工图设计及行业行政主管部门要求

表B-3(续)

序号	材料名称	品质要求	技术参数
11	路灯灯具		满足国家和行业相关规范要求，满足施工图设计及行业行政主管部门要求
12	路灯光源及配套电器		满足国家和行业相关规范要求，满足施工图设计及行业行政主管部门要求
13	防水卷材		满足国家和行业相关规范要求，满足施工图设计及行业行政主管部门要求
……			

注：投标人应在投标文件中列出拟采用品牌及供应商。

（六）发包范围

1. 勘察设计内容及范围界面

（1）勘察内容包括施工勘察，提交符合勘察规范的勘察文件。

（2）设计内容包括施工图设计及专项设计等全部内容，提交符合设计规范和设计深度规定的设计文件并取得相关部门的审批。

2. 施工内容及范围界面

（1）承包人通过踏勘现场自行决定临时工程的修建，负责施工现场通水、通电、通信及排水等工作。

（2）施工内容包括竖向土石方工程、道路工程、交通工程、涵洞工程、路灯及照明工程、综合管廊工程、排水管网工程、河道整治工程、园林绿化工程，范围界面与设计范围一致。

3. 技术服务内容及范围界面

（1）采用新材料、新技术、新工艺、新设备等的研究试验由承包人负责。

（2）除建筑安装工程费用的检测费之外的检验检测费由发包人负责，若经检验检测的项目未达到本项目合同约定的标准和国家强制性标准，检验检测费由承包人承担。

（3）环境影响咨询服务费由发包人负责。

4. 代办服务内容及范围界面

在项目建设期内代办工程报建报批以及与建设、供电、规划、消防、水务、城管等部门相关的技术与审批工作等由承包人负责。

5. 采购内容及范围界面

（1）本项目范围内需要的原材料、构配件、设备等由承包人负责采购。

（2）需要定制的材料、构配件、非标准设备的设计、加工由承包人负责。

（七）合同价款结算与支付

1. 预付款

（1）预付款支付比例：按签约合同价的20%。

（2）预付款支付时间：发包人在收到支付申请的 7 天内进行核实，并在核实后的 7 天内向承包人支付预付款。

（3）预付款支付担保：承包人在发包人支付预付款 7 天前提供银行保函。

（4）预付款的扣回：工程预付款从应支付给承包人的进度款中扣回（按每次应支付给承包人进度款的 40% 进行扣回），直到扣回的金额达到发包人支付的预付款金额为止。

2. 进度款

（1）进度款支付方式：按合同价款支付分解表完成的里程碑节点支付，支付分解表见表 B-4、表 B-5。

（2）进度款支付比例：按签约合同价的 85%。

表 B-4 建筑工程费支付分解表

工程名称：某市政道路建设项目

序号	项目名称	支付					
		里程碑节点	金额占比（%）	里程碑节点	金额占比（%）	里程碑节点	金额占比（%）
	K0+000～K0+880						
B02	竖向土石方工程						
B020100	竖向土石方工程	竖向土石方完成	1.72				
B02	道路工程						
B020201	道路工程	土路床完成	5.12	结构基层及下面层	2.32	上面层	0.96
B021502	交通工程	交通管网敷设	0.40	交通设施	0.15	标志、标牌及标线	0.33
B021603	路灯及照明工程	照明管网敷设	0.25	路灯及设施	0.26		
B06	桥涵工程						
B060201	箱涵工程	主体结构	0.68	涵洞附属	0.24		
B060202	圆管涵工程	主体结构	0.41	涵洞附属	0.16		
B17	城市综合管廊工程						

表B-4(续)

序号	项目名称	支付					
		里程碑节点	金额占比(%)	里程碑节点	金额占比(%)	里程碑节点	金额占比(%)
B170201	A综合管廊主体结构及附属工程	基坑支护	0.35	管廊土石方完成	2.44	地基处理	0.18
		管廊结构(含预埋)	6.85	管廊防水	0.73	管网敷设	3.55
		机电工程安装完成	1.98	机电工程调试完成	1.49		
B170202	B综合管廊主体结构及附属工程	基坑支护	0.05	管廊土石方完成	0.22	地基处理	0.05
		管廊结构(含预埋)	0.49	管廊防水	0.09	管网敷设	0.27
		机电工程安装完成	0.19	机电工程调试完成	0.15		
B21	管网工程						
B210301	雨水管网工程	管网敷设	0.84	检查井及附属	0.58	回填完成	0.17
B210302	污水管网工程	管网敷设	0.80	检查井及附属	0.53	回填完成	0.13
B23	防洪工程						
B230201	河道整治工程	地基处理	0.10	土体结构	0.13	防洪附属	0.08
B28	园林绿化工程						
B281701	绿化工程	初验合格	0.26				
	K0+880~K1+720						
B02	竖向土石方工程						
B020100	竖向土石方工程	竖向土石方完成	1.69				
B02	道路工程						
B020201	道路工程	土路床完成	4.89	结构基层及下面层	2.30	上面层	0.92
B021502	交通工程	交通管网敷设	0.32	交通设施	0.19	标志、标牌及标线	0.28

表B-4(续)

序号	项目名称	支付					
		里程碑节点	金额占比(%)	里程碑节点	金额占比(%)	里程碑节点	金额占比(%)
B021603	路灯及照明工程	照明管网敷设	0.25	路灯及设施	0.26		
B06	桥涵工程						
B060201	箱涵工程	主体结构	0.65	涵洞附属	0.23		
B060202	圆管涵工程	主体结构	0.39	涵洞附属	0.12		
B17	城市综合管廊工程						
B170201	A综合管廊主体结构及附属工程	基坑支护	0.35	管廊土石方完成	2.83	地基处理	0.21
		管廊结构(含预埋)	5.25	管廊防水	0.75	管网敷设	3.15
		机电工程安装完成	2.08	机电工程调试完成	1.59		
B21	管网工程						
B210301	雨水管网工程	管网敷设	0.57	检查井及附属	0.54	回填完成	0.12
B210302	污水管网工程	管网敷设	0.42	检查井及附属	0.47	回填完成	0.10
B23	防洪工程						
B230201	河道整治工程	地基处理	0.09	土体结构	0.12	防洪附属	0.07
B28	园林绿化工程						
B281701	绿化工程	初验合格	0.25				
	K1+720~K2+530						
B02	竖向土石方工程						
B020100	竖向土石方工程	竖向土石方完成	1.65				
B02	道路工程						
B020201	道路工程	土路床完成	4.29	结构基层及下面层	2.22	上面层	0.94

表B-4(续)

序号	项目名称	支付					
		里程碑节点	金额占比（%）	里程碑节点	金额占比（%）	里程碑节点	金额占比（%）
B021502	交通工程	交通管网敷设	0.51	交通设施	0.14	标志、标牌及标线	0.27
B021603	路灯及照明工程	照明管网敷设	0.41	路灯及设施	0.29		
B06	桥涵工程						
B060201	箱涵工程	主体结构	0.20	涵洞附属	0.16		
B060202	圆管涵工程	主体结构	0.82	涵洞附属	0.18		
B17	城市综合管廊工程						
B170201	A综合管廊主体结构及附属工程	基坑支护	0.37	管廊土石方完成	2.89	地基处理	0.18
		管廊结构（含预埋）	6.17	管廊防水	0.83	管网敷设	3.52
		机电工程安装完成	1.96	机电工程调试完成	1.49		
B21	管网工程						
B210301	雨水管网工程	管网敷设	0.85	检查井及附属	0.57	回填完成	0.16
B210302	污水管网工程	管网敷设	0.69	检查井及附属	0.45	回填完成	0.12
B23	防洪工程						
B230201	河道整治工程	地基处理	0.09	土体结构	0.12	防洪附属	0.07
B28	园林绿化工程						
B281701	绿化工程	初验合格	0.24				
合计						100	

注：金额占比（%）指里程碑节点应支付金额占建筑工程费合同金额的比例。

表 B-5　工程总承包其他费支付分解表

工程名称：某市政道路建设项目

序号	项目名称	支付					
		里程碑节点	金额占比（%）	里程碑节点	金额占比（%）	里程碑节点	金额占比（%）
1	勘察费	勘察报告出具完成	1.77				
2	设计费	通过施工图审查	18.63	提交专项设计成果	1.62		
3	工程总承包管理费	施工许可证取得后	16.73				
4	临时用地及占道使用补偿费	临时用地及占道手续办理完成	2.93				
5	场地准备及临时设施费	施工勘验完毕	13.57				
6	工程保险费	提供相应发票	8.14				
7	其他专项费	专项方案审批完成后	3.80	实施完成后	14.54		
8	代办服务费	代办工作完成后	2.39				
9	迁改及保护费	提交迁改及保护方案	2.07	实施完成后	13.81		
合计							

注：金额占比（%）指里程碑节点应支付金额占工程总承包其他费对应合同金额的比例。

3. 竣工结算

（1）竣工验收合格后办理竣工结算。

（2）质量缺陷期满后办理最终结清。

（八）工期要求

（1）本项目计划总工期为500个日历天。

（2）计划的开工、竣工时间见本项目合同条件。

（3）承包人在投标文件中应列出本项目总进度计划，并附横道图/网络图。对（七）合同价款支付分解表中的里程碑节点作出确认或修改。

（九）风险提示

（1）本项目采用总价合同。承包人各项目的报价均包括成本和利润，成本中的税金不因国家税率的变化而调整。

承包人应确信合同约定金额的正确性和充分性，应被认为包括承包人按照合同约定为正确施工所需的全部有关事项的费用。除提示由发包人承担的风险并在专用合同条件中约定外，合同价款不予调整。

（2）勘察中除发现古墓、化石、溶洞、暗河外，风险由承包人承担。

（3）项目清单中土石方的土石类别、土与石方的比例、土石方的数量、土石方开挖方法、运输方式、运输距离等均由承包人通过勘察自行确定、自主报价，合同价款不予调整。

（4）除发包人要求、初步设计变更以及合同约定的人工费、材料设备价格调整外，合同价款不做调整。

（5）人工、主要材料价格采用指数法、调整法调整，价格指数权重见表B-6，投标人可在投标文件中对权重表提出修改建议，双方协商后做调整。

表B-6 价格指数权重表（发包人提出，承包人确认）

工程名称：某市政道路建设项目

序号	名称		变值权重 B			基本价格指数		现行价格指数	
			代号	建议	确认	代号	指数	代号	指数
1	变值部分	人工费	B_1	0.095	0.095	F_{01}	1	F_{t1}	
2		连砂石	B_2	0.054	0.054	F_{02}	1	F_{t2}	
3		钢筋	B_3	0.111	0.111	F_{03}	1	F_{t3}	
4		柴油	B_4	0.029	0.029	F_{04}	1	F_{t4}	
5		商品混凝土	B_5	0.136	0.136	F_{05}	1	F_{t5}	
6		电缆	B_6	0.060	0.060	F_{06}	1	F_{t6}	
定值部分权重 A			0.515			—	—	—	—
合计			1			—		—	

注：1. “名称”“基本价格指数”栏由发包人填写，没有“价格指数”时，可采用价格计算。

2. “变值权重”由发包人根据该项目人工、主要材料等价值在预估总价中所占的比例提出建议权重填写，由发承包双方在合同签订阶段确认最终权重。1减去变值权重为定值权重。

3. “现行价格指数”按约定的付款周期最后一天的前42天的各项价格指数填写，没有时，可采用价格代替计算。

（6）除上述风险提示外，未尽内容参考《建设项目工程总承包计价规范》T/CCEAS 001—2022 关于 DB 的规定。

二、项目清单

总说明、总费用汇总表、工程费用汇总表、建筑工程费项目清单、工程总承包其他费项目清单、预备费见表 B-7～表 B-21。

表 B-7 总说明

工程名称：某市政道路建设项目

一、工程概况：详见发包人要求

二、工程发包范围：详见发包人要求

三、项目清单编制依据

（1）发包人要求及相关技术标准。

（2）初步设计图纸。

（3）《市政工程总承包工程量计算规范》T/CCEAS 003—2022。

（4）《建设项目工程总承包计价规范》T/CCEAS 001—2022。

（5）现场踏勘情况。

（6）初勘报告。

（7）详勘报告。

（略）

四、投标报价要求

（1）中标人应按照合同约定的品牌、规格提供材料和设备，并应满足合同约定的质量标准。若需更换时，应报招标人核准；若中标人擅自更换时，中标人应进行改正，并应承担由此造成的返工损失，延误的工期应不予顺延。招标人发现后予以核准时，因更换而导致的费用增加，招标人不应另行支付；因更换而导致的费用减少，招标人应核减相应费用。

（2）价格清单列出的建筑安装工程量仅为估算的数量，不得将其视为要求承包人实施工程的实际或准确的数量。

（3）投标人应依据招标文件、发包人要求、项目清单、补充通知、招标答疑、可行性研究、初步设计文件、本企业积累的同类或类似工程的价格自主确定工程费用和工程总承包其他费用的投标报价，但不得低于成本。

（略）

五、其他需要说明的问题

本项目为设计、施工工程总承包（DB），采用可调总价合同。

（略）

表 B-8 总费用汇总表

工程名称：某市政道路建设项目　　单位：元

序号	项目名称	金额
1	工程费用	
2	工程总承包其他费	
3	预备费	118 890 996.00
合计		

表 B-9 工程费用汇总表

工程名称：某市政道路建设项目　　单位：元

序号	项目名称	建筑工程费	设备购置费	安装工程费	合计
1	竖向土石方工程				
2	道路工程				
3	交通工程				
4	涵洞工程				
5	园林绿化工程				
6	排水工程				
7	路灯及照明工程				
8	防洪工程				
9	综合管廊土建工程				
10	综合管廊安装工程				
合计					

表 B-10 建筑工程费项目清单—竖向土石方工程

工程名称：某市政道路建设项目—竖向土石方工程　　单位：元

序号	项目编码	项目名称	工程内容	计量单位	数量	单价	合价
1	竖向土石方工程						
1.1	B020101010101	竖向土石方开挖	包括竖向土石方（含障碍物）开挖、运输、余方处置等全部工程内容	m^3	156 765		
1.2	B020101010201	回填砂砾石	包括取土、运输、回填、压实、土工合成材料等全部工程内容	m^3	137 038		
	其他						

表B-10(续)

序号	项目编码	项目名称	工程内容	计量单位	数量	单价	合价
2		措施项目					
2.1	B020101350101	安全文明施工费	包括环境保护、安全施工、文明施工、临时设施等全部工程内容	项	1		
	其他						
	合计						

注：承包人认为需要增加的项目，请在“其他”下面列明该项目的名称、单位、数量、单价和合价。

表 B-11 建筑工程费项目清单—道路工程

工程名称：某市政道路建设项目—道路工程 单位：元

序号	项目编码	项目名称	工程内容	计量单位	数量	单价	合价
1		地基处理及基坑支护工程					
1.1	B020101030101	地基处理	包括地基强夯、预压、振冲挤密、换填、抛石挤淤、注浆等处理方式以及余方弃置等全部工程内容	项	1		
	其他						
2		基层工程					
2.1	B020201040101	20cm 厚级配碎石底基层	包括路床整形、基层等全部工程内容	m^2	93 128		
2.2	B020201040102	25cm 厚水泥稳定碎石下基层	包括路床整形、基层等全部工程内容	m^2	90 989		
	其他						
3		面层工程					
3.1	B020201050201	6cm 厚中粒式沥青混凝土 AC - 20C (下面层)	包括面层、表面处理、侧（平、缘）石及嵌边石、树池围牙及盖板、模板、钢筋等全部工程内容	m^2	80 869		

表B-11(续)

序号	项目编码	项目名称	工程内容	计量单位	数量	单价	合价
3.2	B020201050101	20cm 厚 C30 透水混凝土面层	包括面层、表面处理、侧（平、缘）石及嵌边石、树池围牙及盖板、模板、钢筋等全部工程内容	m^2	43 159		
	其他						
4		附属工程					
4.1	B020201200701	播种植草护坡	包括修整边坡、混凝土、钢筋、砌体、模板、脚手架、锚杆（索）、种植土、植草、养护等全部工程内容	m^2	9 520		
	其他						
5		措施项目					
5.1	B020101350101	安全文明施工费	包括环境保护、安全施工、文明施工、临时设施等全部工程内容	项	1		
	其他						
	合计						

注：承包人认为需要增加的项目，请在“其他”下面列明该项目的名称、单位、数量、单价和合价。

表 B-12　建筑工程费项目清单—交通工程

工程名称：某市政道路建设项目—交通工程　　　　单位：元

序号	项目编码	项目名称	工程内容	计量单位	数量	单价	合价
1		交通工程					
1.1	B021501180101	标线（热熔）	包括标志、标线、标牌、防护、基础及模板等全部工程内容	m	2 531		
1.2	B021501180102	交通标志板外径 800×2	包括标志、标线、标牌、防护、基础及模板等全部工程内容	套	52		

表B-12(续)

序号	项目编码	项目名称	工程内容	计量单位	数量	单价	合价
1.3	B021501180103	交通标志板 3 500×1 800×3	包括标志、标线、标牌、防护、基础及模板等全部工程内容	套	20		
1.4	B021501180104	交通标志板 4 250×1 800×3	包括标志、标线、标牌、防护、基础及模板等全部工程内容	套	4		
1.5	B021501180105	交通标志板 5 000×3 500×3	包括标志、标线、标牌、防护、基础及模板等全部工程内容	套	27		
1.6	B021501180201	交通信号控制机 8 相位（含相位板）	包括监控、通信、信号灯、智能交通等；管线；调试；基础及模板等全部工程内容	台	13		
1.7	B021501180201	行人信号灯杆 ϕ114×5×4 005（含灯）	包括监控、通信、信号灯、智能交通等；管线；调试；基础及模板等全部工程内容	套	104		
1.8	B021501180201	机动车灯倒计时器	包括监控、通信、信号灯、智能交通等；管线；调试；基础及模板等全部工程内容	套	186		
	其他						
2		措施项目					
2.1	B021501350101	安全文明施工费	包括环境保护、安全施工、文明施工、临时设施等全部工程内容	项	1		
	其他						
	合计						

注：承包人认为需要增加的项目，请在“其他”下面列明该项目的名称、单位、数量、单价和合价。

表 B-13　建筑工程费项目清单—涵洞工程

工程名称：某市政道路建设项目—涵洞工程　　　　单位：元

序号	项目编码	项目名称	工程内容	计量单位	数量	单价	合价
1		地基处理及基坑支护工程					
1.1	B020101030201	地基处理	包括用于地下结构施工及基坑周边环境安全的全部支挡、加固及保护措施等全部工程内容	项	1		
2		涵洞工程					
2.1	B060201070301	C35 现浇混凝土箱涵底板	包括混凝土、钢筋、模板、脚手架或支架（含基础）等全部工程内容	m^3	4 868		
2.2	B060201070401	C35 现浇混凝土箱涵侧墙	包括混凝土、钢筋、模板、脚手架或支架（含基础）等全部工程内容	m^3	4 103		
	其他						
3		措施项目					
3.1	B060201350101	安全文明施工费	包括环境保护、安全施工、文明施工、临时设施等全部工程内容	项	1		
	其他						
	合计						

注：承包人认为需要增加的项目，请在“其他”下面列明该项目的名称、单位、数量、单价和合价。

表 B-14　建筑工程费项目清单—园林绿化工程

工程名称：某市政道路建设项目—园林绿化工程　　　　单位：元

序号	项目编码	项目名称	工程内容	计量单位	数量	单价	合价
1		园林绿化工程					
1.1	B281801310701	绿带垃圾箱	包括成品构件、基础、模板及脚手架、基层、结合层、面层、其他装饰等全部工程内容	个	121		

表B-14(续)

序号	项目编码	项目名称	工程内容	计量单位	数量	单价	合价
1.2	B281801310702	景观小品	包括成品构件、基础、模板及脚手架、基层、结合层、面层、其他装饰等全部工程内容	组	20		
	其他						
2		措施项目					
2.1	B020101350101	安全文明施工费	包括环境保护、安全施工、文明施工、临时设施等全部工程内容	项	1		
	其他						
	合计						

注：承包人认为需要增加的项目，请在“其他”下面列明该项目的名称、单位、数量、单价和合价。

表 B-15　建筑工程费项目清单—排水工程

工程名称：某市政道路建设项目—排水工程　　　　单位：元

序号	项目编码	项目名称	工程内容	计量单位	数量	单价	合价
1		其他土石方工程					
1.1	B210301020101	沟槽土石方开挖	包括土石方（含障碍物）开挖、基底钎探、运输、余方处置等全部工程内容	m^3	23 766		
1.2	B210301020301	沟槽回填土方	包括取土、运输、回填、压实、土工合成材料等全部工程内容	m^3	12 768		
1.3	B210301020302	沟槽回填砂砾石	包括取土、运输、回填、压实、土工合成材料等全部工程内容	m^3	6 586		
	其他						

表B-15(续)

序号	项目编码	项目名称	工程内容	计量单位	数量	单价	合价
2		管网工程					
2.1	B210301190101	*D*600（Ⅱ级）钢筋混凝土承插式雨水管道铺设（180°砂石基础）	包括垫层、支架支墩、基础、管道、模板、新旧管连接、警示带、绝热等全部工程内容	m	3 404		
2.2	B210301190102	*D*800（Ⅱ级）钢筋混凝土承插式雨水管道铺设（180°砂石基础）	包括垫层、支架支墩、基础、管道、模板、新旧管连接、警示带、绝热等全部工程内容	m	582		
	其他						
3		附属工程					
3.1	B210301200601	现浇混凝土雨水检查井 ϕ1 000	包括砌体、混凝土、钢筋、盖板、模板、脚手架、土石方开挖、运输、回填、余方处置等全部工程内容	座	81		
3.2	B210301200602	现浇混凝土雨水检查井 ϕ1 250	包括砌体、混凝土、钢筋、盖板、模板、脚手架、土石方开挖、运输、回填、余方处置等全部工程内容	座	25		
	其他						
4		措施项目					
4.1	B210301350101	安全文明施工费	包括环境保护、安全施工、文明施工、临时设施等全部工程内容	项	1		

表B-15(续)

序号	项目编码	项目名称	工程内容	计量单位	数量	单价	合价
4.2	B210301350501	降、排水工程	包括施工场地的降水、排水等全部工程内容	项	1		
	其他						
	合计						

注：承包人认为需要增加的项目，请在“其他”下面列明该项目的名称、单位、数量、单价和合价。

表 B-16　建筑工程费项目清单—路灯及照明工程

工程名称：某市政道路建设项目—路灯及照明工程　　　　单位：元

序号	项目编码	项目名称	工程内容	计量单位	数量	单价	合价
1		照明工程					
1.1	B021601280101	户外箱变 100kV·A	包括设备、线缆、金属构件、防雷、接地及辅助项目等全部工程内容	台	2		
1.2	B021601280102	路灯照明配电箱带远程遥控器 KG3000	包括设备、线缆、金属构件、防雷、接地及辅助项目等全部工程内容	台	2		
1.3	B021601280303	投光灯（H=16m）3×400W	包括设备、线缆、金属构件、防雷、接地及辅助项目等全部工程内容	套	27		
1.4	B021601280304	投光灯（H=16m）4×400W	包括设备、线缆、金属构件、防雷、接地及辅助项目等全部工程内容	套	4		
1.5	B021601190205	综合排管 12 孔（8ϕ100PVC-C+4 孔 SVFY32×7）	包括垫层、预制或现浇通道、盖板、防雷、接地、模板、脚手架等全部工程内容	m	80		

表B-16(续)

序号	项目编码	项目名称	工程内容	计量单位	数量	单价	合价
1.6	B021601190206	综合排管 9 孔（6ϕ100PVC-C +3孔 SVFY32×7）	包括垫层、预制或现浇通道、盖板、防雷、接地、模板、脚手架等全部工程内容	m	4 077		
1.7	B021601190207	综合排管 6 孔（4ϕ100PVC-C +2孔 SVFY32×7）	包括垫层、预制或现浇通道、盖板、防雷、接地、模板、脚手架等全部工程内容	m	3 989		
	其他						
2		措施项目					
2.1	B021601350108	安全文明施工费	包括环境保护、安全施工、文明施工、临时设施等全部工程内容	项	1		
	其他						
	合计						

注：承包人认为需要增加的项目，请在“其他”下面列明该项目的名称、单位、数量、单价和合价。

表 B-17 建筑工程费项目清单—防洪工程

工程名称：某市政道路建设项目—防洪工程　　单位：元

序号	项目编码	项目名称	工程内容	计量单位	数量	单价	合价
1		防洪工程					
1.1	B230201071501	C30 混凝土挡墙	包括混凝土、钢筋、模板、脚手架或支架（含基础）等全部工程内容	m^3	676		
1.2	B230201200701	播种植草护坡	包括修整边坡、混凝土、钢筋、砌体、模板、脚手架、锚杆（索）、种植土、植草、养护等全部工程内容	m^2	9 369		
	其他						

表B-17(续)

序号	项目编码	项目名称	工程内容	计量单位	数量	单价	合价
2		措施项目					
2.1	B230201350101	安全文明施工费	包括环境保护、安全施工、文明施工、临时设施等全部工程内容	项	1		
	合计						

注：承包人认为需要增加的项目，请在“其他”下面列明该项目的名称、单位、数量、单价和合价。

表 B-18　建筑工程费项目清单—综合管廊土建工程

工程名称：某市政道路建设项目—综合管廊土建工程　　单位：元

序号	项目编码	项目名称	工程内容	计量单位	数量	单价	合价
1		其他土石方工程					
1.1	B170201020101	土石方开挖（明挖）	包括土石方（含障碍物）开挖、基底钎探、运输、余方处置等全部工程内容	m^3	223 600		
1.2	B170201020301	回填砂砾石	包括取土、运输、回填、压实、土工合成材料等全部工程内容	m^3	20 291		
	其他						
2		地基处理及基坑支护工程					
2.1	B170201030101	地基处理	包括地基强夯、预压、振冲挤密、换填、抛石挤淤、注浆等处理方式以及余方弃置等全部工程内容	项	1		
2.2	B170201030201	基坑支护	包括成孔、固壁、钢筋、混凝土、桩尖、截桩、场地清理等全部工程内容	项	1		
	基他						

表B-18(续)

序号	项目编码	项目名称	工程内容	计量单位	数量	单价	合价
3		综合管廊工程					
3.1	B170201070301	防水混凝土底板 C40P8	包括混凝土、钢筋、模板、脚手架或支架（含基础）等全部工程内容	m^3	26 660		
3.2	B170201110101	单面自粘聚合物改性沥青防水卷材（高分子膜基）1.5mm 厚（底板）	包括基层处理、防水层、保护层等全部工程内容	m^2	69 796		
	其他						
4		措施项目					
4.1	B170201350101	安全文明施工费	包括环境保护、安全施工、文明施工、临时设施等全部工程内容	项	1		
4.2	B170201350501	降、排水工程	包括施工场地的降水、排水等全部工程内容	项	1		
	其他						
	合计						

注：承包人认为需要增加的项目，请在“其他”下面列明该项目的名称、单位、数量、单价和合价。

表 B-19　建筑工程费项目清单—综合管廊安装工程

工程名称：某市政道路建设项目—综合管廊安装工程　　单位：元

序号	项目编码	项目名称	工程内容	计量单位	数量	单价	合价
1		管廊安装工程					
1.1	B171001230101	消火栓灭火系统	包括设备、管道、支架及其他、管道附件、消防组件等全部工程内容	m	2 927		

表B-19(续)

序号	项目编码	项目名称	工程内容	计量单位	数量	单价	合价
1.2	B171001230402	泡沫灭火系统	包括设备、管道、支架及其他、管道附件、消防组件等全部工程内容	m	2 927		
1.3	B171001230503	火灾自动报警系统	包括设备、管道、支架及其他、管道附件、消防组件等全部工程内容	m	2 927		
1.4	B171101240104	通风系统	包括设备、管道、支架及其他、管道附件、风管部件等全部工程内容	m	2 927		
1.5	B171101240205	防排烟系统	包括设备、管道、支架及其他、管道附件、风管部件等全部工程内容	m	2 927		
1.6	B170901210206	排水系统	包括设备、管道、支架及其他、管道附件、卫生器具等全部工程内容	m	2 927		
1.7	B171001201007	支架托臂	包括支架托臂及其附件等全部工程内容	m	2 927		
1.8	B171001201108	抗震支吊架	包括抗震支吊架及其附件等全部工程内容	m	2 927		
1.9	B171501180109	标志标牌	包括标志、标线、标牌、防护、基础及模板等全部工程内容	m	2 927		
1.10	B171201250110	高低压变配电系统	包括设备、线缆、金属构件及辅助项目等全部工程内容	m	2 927		
1.11	B171201250311	动力配电系统	包括设备、线缆、用电器具、金属构件及辅助项目等全部工程内容	m	2 927		

表B-19(续)

序号	项目编码	项目名称	工程内容	计量单位	数量	单价	合价
1.12	B171201250412	照明配电系统	包括设备、线缆、用电器具、金属构件及辅助项目等全部工程内容	m	2 927		
1.13	B171201250513	防雷接地系统	包括防雷接地材料、金属构件及辅助项目等全部工程内容	m	2 927		
1.14	B171301260214	环境与设备监控系统	包括设备、线缆、软件、金属构件及辅助项目等全部工程内容	m	2 927		
1.15	B171301261015	安防监控系统	包括设备、线缆、软件、金属构件及辅助项目等全部工程内容	m	2 927		
2		措施项目					
2.1	B171001350116	安全文明施工费	包括环境保护、安全施工、文明施工、临时设施等全部工程内容	项	1		
	其他						
	合计						

注：承包人认为需要增加的项目，请在“其他”下面列明该项目的名称、单位、数量、单价和合价。

表B-20 工程总承包其他费项目清单

工程名称：某市政道路建设项目 单位：元

序号	项目名称	金额	备注
1	勘察费		
1.1	施工勘察费		
2	设计费		
2.1	施工图设计费		
2.2	专项设计费		
3	工程总承包管理费		
4	临时用地及占道使用补偿费		
5	场地准备及临时设施费		
6	工程保险费		

表B-20(续)

序号	项目名称	金额	备注
7	其他专项费		
8	代办服务费		
9	迁改及保护费		
合计			

注：承包人认为需要增加的有关项目，请在“其他专项费”下面列明该项目的名称及金额。

表 B-21 预备费

工程名称：某市政道路建设项目 单位：元

序号	项目名称	金额	备注
1	基本预备费	38 596 408.00	
2	涨价预备费	80 294 588.00	
合计		118 890 996.00	

注：发包人应将预备费列入项目清单中，投标人应将上述预备费计入投标总价中。

三、标底/最高投标限价

总说明、标底/最高投标限价汇总表、工程费用汇总表、建筑工程费、工程总承包其他费、预备费见表 B-22~表 B-36。

表 B-22 总说明

工程名称：某市政道路建设项目

一、工程概况：详见发包人要求

二、工程发包范围：详见发包人要求

三、标底/最高投标限价编制依据

(1) 发包人要求及相关技术标准。

(2) 初步设计图纸。

(3)《市政工程总承包工程量计算规范》T/CCEAS 003—2022。

(4)《建设项目工程总承包计价规范》T/CCEAS 001—2022。

(5) 现场踏勘情况。

(6) 经批复的初步设计概算。

(略)

四、标底/最高投标限价编制

(1) 建筑工程费按本项目初步设计概算中对应的建筑工程费计列。

(2) 勘察费按本项目初步设计概算中对应的施工勘察费计列。

表 B-22(续)

(3) 设计费按本项目初步设计概算设计费中对应的施工图设计费、专项设计费计列。 (4) 工程保险费根据初步设计概算中对应的工程保险费计列。 (5) 临时用地及占道使用补偿费根据初步设计概算中对应的金额计列。 (6) 场地准备及临时设施费根据初步设计概算中对应的工程费的场地准备及临时设施费计列。 (7) 工程总承包管理费根据初步设计概算中建设单位管理费的 70% 计列。 (8) 代办服务费根据初步设计概算中建设单位管理费的 10% 计列。 (9) 其他专项费根据初步设计概算中对应的地铁专项费计列。 (10) 迁改及保护费根据初步设计概算中对应的金额计列。 (11) 本项目不涉及研究试验费、系统集成费。 (12) 预备费按本项目初步设计概算预备费中扣除非总承包的基本预备费、涨价预备费计列。 五、其他需要说明的问题 本项目为设计、施工工程总承包（DB），采用可调总价合同。 (略)

表 B-23 标底/最高投标限价汇总表

工程名称：某市政道路建设项目　　　　单位：元

序号	项目名称	金额
1	工程费用	739 786 602.00
2	工程总承包其他费	32 721 131.00
3	预备费	118 890 996.00
合计		891 398 729.00

表 B-24 工程费用汇总表

工程名称：某市政道路建设项目　　　　单位：元

序号	项目名称	建筑工程费	设备购置费	安装工程费	合计
1	竖向土石方工程	46 571 137.00			46 571 137.00
2	道路工程	75 106 860.00			75 106 860.00
3	交通工程	5 217 839.00			5 217 839.00
4	涵洞工程	36 535 618.00			36 535 618.00
5	园林绿化工程	61 758 750.00			61 758 750.00
6	排水工程	18 843 294.00			18 843 294.00
7	路灯及照明工程	6 846 053.00			6 846 053.00
8	防洪工程	7 146 956.00			7 146 956.00
9	综合管廊土建工程	380 581 985.00			380 581 985.00
10	综合管廊安装工程	101 178 110.00			101 178 110.00
合计		739 786 602.00			739 786 602.00

表 B-25　建筑工程费—竖向土石方工程

工程名称：某市政道路建设项目—竖向土石方工程　　　　单位：元

序号	项目编码	项目名称	计量单位	数量	单价	合价
1	竖向土石方工程					45 021 652. 00
1. 1	B020101010101	竖向土石方开挖	m^3	156 765	56. 00	8 778 840. 00
1. 2	B020101010201	回填砂砾石	m^3	137 038	224. 00	30 696 512. 00
	其他					
2	措施项目					1 549 485. 00
2. 1	B020101350101	安全文明施工费	项	1	881 595. 00	881 595. 00
	其他					
	合计					46 571 137. 00

注：承包人认为需要增加的项目，请在“其他”下面列明该项目的名称、单位、数量、单价和合价。

表 B-26　建筑工程费—道路工程

工程名称：某市政道路建设项目—道路工程　　　　单位：元

序号	项目编码	项目名称	计量单位	数量	单价	合价
1	地基处理及基坑支护工程					7 497 095
1. 1	B020101030101	地基处理	项	1	7 497 095	7 497 095
	其他					
2	基层工程					27 481 614. 00
2. 1	B020201040101	20cm 厚级配碎石底基层	m^2	93 128	63. 00	5 867 064. 00
2. 2	B020201040102	25cm 厚水泥稳定碎石下基层	m^2	90 989	90. 00	8 189 010. 00
	其他					
3						31 925 088. 00
3. 1	B020201050201	6cm 厚中粒式沥青混凝土 AC-20C（下面层）	m^2	80 869	62. 00	5 013 878. 00
3. 2	B020201050101	20cm 厚 C30 透水混凝土面层	m^2	43 159	260. 00	11 221 340. 00
	其他					

表B-26(续)

序号	项目编码	项目名称	计量单位	数量	单价	合价
4	附属工程					6 628 773.00
4.1	B020201200701	播种植草护坡	m^2	9 520	40.00	380 800.00
	其他					
5	措施项目					1 574 290.00
5.1	B020101350101	安全文明施工费	项	1	1 177 578.00	1 177 578.00
	其他					
	合计					75 106 860.00

注：承包人认为需要增加的项目，请在“其他”下面列明该项目的名称、单位、数量、单价和合价。

表 B-27 建筑工程费—交通工程

工程名称：某市政道路建设项目—交通工程　　单位：元

序号	项目编码	项目名称	计量单位	数量	单价	合价
1	交通工程					5 137 839.00
1.1	B021501180101	标线（热熔）	m	2 531	200.00	506 200.00
1.2	B021501180102	交通标志板 外径 800×2	套	52	800.00	41 600.00
1.3	B021501180103	交通标志板 3 500×1 800×3	套	20	4 500.00	90 000.00
1.4	B021501180104	交通标志板 4 250×1 800×3	套	4	5 500.00	22 000.00
1.5	B021501180105	交通标志板 5 000×3 500×3	套	27	11 000.00	297 000.00
1.6	B021501180201	交通信号控制机 8 相位（含相位板）	台	13	120 000.00	1 560 000.00
1.7	B021501180201	行人信号灯杆 $\phi114\times5\times$4 005（含灯）	套	104	2 800.00	291 200.00
1.8	B021501180201	机动车灯倒计时器	套	186	1 800.00	334 800.00
	其他					
2	措施项目					80 000.00
2.1	B021501350101	安全文明施工费	项	1	80 000.00	80 000.00
	其他					
	合计					5 217 839.00

注：承包人认为需要增加的项目，请在“其他”下面列明该项目的名称、单位、数量、单价和合价。

表 B-28 建筑工程费—涵洞工程

工程名称：某市政道路建设项目—涵洞工程　　　　单位：元

序号	项目编码	项目名称	计量单位	数量	单价	合价
1	地基处理及基坑支护工程					4 643 663. 00
1. 1	B020101030201	地基处理	项	1	4 643 663. 00	4 643 663. 00
2	涵洞工程					30 873 816. 00
2. 1	B060201070301	C35 现浇混凝土箱涵底板	m^3	4 868	650. 00	3 164 200. 00
2. 2	B060201070401	C35 现浇混凝土箱涵侧墙	m^3	4 103	557. 00	2 285 371. 00
	其他					
3	措施项目					1 018 139. 00
3. 1	B060201350101	安全文明施工费	项	1	1 018 139. 00	1 018 139. 00
	其他					
	合计					36 535 618. 00

注：承包人认为需要增加的项目，请在“其他”下面列明该项目的名称、单位、数量、单价和合价。

表 B-29 建筑工程费—园林绿化工程

工程名称：某市政道路建设项目—园林绿化工程　　　　单位：元

序号	项目编码	项目名称	计量单位	数量	单价	合价
1	园林绿化工程					60 424 761. 00
1. 1	B281801310701	绿带垃圾箱	个	121	1 218. 00	147 378. 00
1. 2	B281801310702	景观小品	组	20	28 000. 00	560 000. 00
	其他					
2	措施项目					1 333 989. 00
2. 1	B020101350101	安全文明施工费	项	1	1 333 989. 00	1 333 989. 00
	其他					
	合计					61 758 750. 00

注：承包人认为需要增加的项目，请在“其他”下面列明该项目的名称、单位、数量、单价和合价。

表 B-30 建筑工程费—排水工程

工程名称：某市政道路建设项目—排水工程　　　　　　　　　　　　单位：元

序号	项目编码	项目名称	计量单位	数量	单价	合价
1		其他土石方工程				4 266 944. 00
1. 1	B210301020101	沟槽土石方开挖	m^3	23 766	59. 00	1 402 194. 00
1. 2	B210301020301	沟槽回填土方	m^3	12 768	7. 00	89 376. 00
1. 3	B210301020302	沟槽回填砂砾石	m^3	6 586	224. 00	1 475 264. 00
	其他					
2		管网工程				9 896 991. 00
2. 1	B210301190101	*D*600（Ⅱ级）钢筋混凝土承插式雨水管道铺设（180°砂石基础）	m	3 404	245. 00	833 980 . 00
2. 2	B210301190102	*D*800（Ⅱ级）钢筋混凝土承插式雨水管道铺设（180°砂石基础）	m	582	454. 00	264 228. 00
	其他					
3		附属工程				4 386 326. 00
3. 1	B210301200601	现浇混凝土雨水检查井 ϕ1 000	座	81	8 447. 00	684 207 . 00
3. 2	B210301200602	现浇混凝土雨水检查井 ϕ1 250	座	25	9 188. 00	229 700 . 00
	其他					
4		措施项目				293 033. 00
4. 1	B210301350101	安全文明施工费	项	1	277 973. 00	277 973. 00
4. 2	B210301350501	降、排水工程	项	1	15 060. 00	15 060. 00
	其他					
	合计					18 843 294. 00

注：承包人认为需要增加的项目，请在“其他”下面列明该项目的名称、单位、数量、单价和合价。

表 B-31 建筑工程费—路灯及照明工程

工程名称：某市政道路建设项目—路灯及照明工程　　　　单位：元

序号	项目编码	项目名称	计量单位	数量	单价	合价
1		照明工程				6 706 053.00
1.1	B021601280101	户外箱变 100kV · A	台	2	100 000.00	200 000.00
1.2	B021601280102	路灯照明配电箱带远程遥控器 KG3000	台	2	55 000.00	110 000.00
1.3	B021601280303	投光灯（H=16m）3×400W	套	27	15 000.00	405 000.00
1.4	B021601280304	投光灯（H=16m）4×400W	套	4	18 000.00	72 000.00
1.5	B021601190205	综合排管 12 孔（8ϕ100 PVC-C+4 孔 SVFY32×7）	m	80	240.00	19 200.00
1.6	B021601190206	综合排管 9 孔（6ϕ100 PVC-C+3 孔 SVFY32×7）	m	4 077	210.00	856 170.00
1.7	B021601190207	综合排管 6 孔（4ϕ100 PVC-C+2 孔 SVFY32×7）	m	3 989	150.00	598 350.00
	其他					
2		措施项目				140 000.00
2.1	B021601350108	安全文明施工费	项	1	140 000.00	140 000.00
	其他					
	合计					6 846 053.00

注：承包人认为需要增加的项目，请在“其他”下面列明该项目的名称、单位、数量、单价和合价。

表 B-32 建筑工程费—防洪工程

工程名称：某市政道路建设项目—防洪工程　　　　单位：元

序号	项目编码	项目名称	计量单位	数量	单价	合价
1		防洪工程				6 879 730.00
1.1	B230201071501	C30 混凝土挡墙	m^3	676	655.00	442 780.00
1.2	B230201200701	播种植草护坡	m^2	9 369	40.00	374 760.00
	其他					

表B-32(续)

序号	项目编码	项目名称	计量单位	数量	单价	合价
2		措施项目				267 226.00
2.1	B230201350101	安全文明施工费	项	1	267 226.00	267 226.00
	合计					7 146 956.00

注：承包人认为需要增加的项目，请在“其他”下面列明该项目的名称、单位、数量、单价和合价。

表 B-33　建筑工程费—综合管廊土建工程

工程名称：某市政道路建设项目—综合管廊土建工程　　　　单位：元

序号	项目编码	项目名称	计量单位	数量	单价	合价
1		其他土石方工程				38 207 912.00
1.1	B170201020101	土石方开挖（明挖）	m^3	223 600	59.00	13 192 400.00
1.2	B170201020301	回填砂砾石	m^3	20 291	224.00	4 545 184.00
	其他					
2		地基处理及基坑支护工程				154 531 152.00
2.1	B170201030101	地基处理	项	1	12 592 700.00	12 592 700.00
2.2	B170201030201	基坑支护	项	1	141 938 452.00	141 938 452.00
	其他					
3		综合管廊工程				173 228 398.00
3.1	B170201070301	防水混凝土底板 C40P8	m^3	26 660	645.00	17 195 700.00
3.2	B170201110101	单面自粘聚合物改性沥青防水卷材（高分子膜基）1.5mm 厚（底板）	m^2	69 796	62.00	4 327 352.00
	其他					
4		措施项目				14 614 523.00
4.1	B170201350101	安全文明施工费	项	1	11 217 954.00	11 217 954.00
4.2	B170201350501	降、排水工程	项	1	929 032.00	929 032.00
	其他					
	合计					380 581 985.00

注：承包人认为需要增加的项目，请在“其他”下面列明该项目的名称、单位、数量、单价和合价。

表 B-34 建筑工程费—综合管廊安装工程

工程名称：某市政道路建设项目—综合管廊安装工程　　　　单位：元

序号	项目编码	项目名称	计量单位	数量	单价	合价
1	管廊安装工程					98 572 210.00
1.1	B171001230101	消火栓灭火系统	m	2 927	82.00	240 014.00
1.2	B171001230402	泡沫灭火系统	m	2 927	4 954.00	14 500 358.00
1.3	B171001230503	火灾自动报警系统	m	2 927	1 879.00	5 499 833.00
1.4	B171101240104	通风系统	m	2 927	222.00	649 794.00
1.5	B171101240205	防排烟系统	m	2 927	495.00	1 448 865.00
1.6	B170901210206	排水系统	m	2 927	188.00	550 276.00
1.7	B171001201007	支架托臂	m	2 927	2 545.00	7 449 215.00
1.8	B171001201108	抗震支吊架	m	2 927	85.00	248 795.00
1.9	B171501180109	标志标牌	m	2 927	1 845.00	5 400 315.00
1.10	B171201250110	高低压变配电系统	m	2 927	1 042.00	3 049 934.00
1.11	B171201250311	动力配电系统	m	2 927	3 246.00	9 501 042.00
1.12	B171201250412	照明配电系统	m	2 927	683.00	1 999 141.00
1.13	B171201250513	防雷接地系统	m	2 927	51.00	149 277.00
1.14	B171301260214	环境与设备监控系统	m	2 927	1 777.00	5 201 279.00
1.15	B171301261015	安防监控系统	m	2 927	820.00	2 400 140.00
2	措施项目					2 605 900.00
2.1	B171001350116	安全文明施工费	项	1	2 605 900.00	2 605 900.00
	其他					
	合计					101 178 110.00

注：承包人认为需要增加的项目，请在“其他”下面列明该项目的名称、单位、数量、单价和合价。

表 B-35 工程总承包其他费

工程名称：某市政道路建设项目　　　　单位：元

序号	项目名称	金额	备注
1	勘察费	579 565.00	
1.1	施工勘察费	579 565.00	按初步设计概算勘察费的 7% 计列

表B-35(续)

序号	项目名称	金额	备注
2	设计费	6 626 753.00	
2.1	施工图设计费	6 096 612.00	按初步设计概算设计费的60%计列
2.2	专项设计费	530 141.00	按初步设计概算设计费的10%计列
3	工程总承包管理费	5 475 173.00	按初步设计概算中建设单位管理费的70%计列
4	临时用地及占道使用补偿费	960 000.00	按初步设计概算中对应的临时用地及占道使用补偿费计列
5	场地准备及临时设施费	4 438 720.00	按初步设计概算中对应的场地准备及临时设施费计列
6	工程保险费	2 663 232.00	按初步设计概算中对应的工程保险费计列
7	其他专项费	6 000 000.00	按初步设计概算中对应的地铁专项费计列计列
8	代办服务费	782 168.00	按初步设计概算中建设单位管理费的10%计列
9	迁改及保护费	5 195 520.00	按初步设计概算中对应的迁改及保护费计列
合计		32 721 131.00	

注：承包人认为需要增加的有关项目，请在“其他专项费”下面列明该项目的名称及金额。

表 B-36　预备费

工程名称：某市政道路建设项目　　　　单位：元

序号	项目名称	金额	备注
1	基本预备费	38 596 408.00	扣除初步设计概算中非工程总承包的基本预备费后计列
2	涨价预备费	80 294 588.00	按初步设计概算中涨价预备费计列
合计		118 890 996.00	

注：发包人应将预备费列入项目清单中，投标人应将上述预备费计入投标总价中。

四、投标报价

总说明、投标报价汇总表、工程费用汇总表、建筑工程费价格清单、工程总承包其他费价格清单、预备费见表 B-37～表 B-51。

表 B-37 总说明

工程名称：某市政道路建设项目

一、工程概况：详见发包人要求 二、工程发包范围：详见发包人要求 三、投标报价编制依据 （1）发包人要求及相关技术标准。 （2）《市政工程总承包工程量计算规范》T/CCEAS 003—2022。 （3）《建设项目工程总承包计价规范》T/CCEAS 001—2022。 （4）项目清单。 （5）初步设计文件。 （6）承包人建议书。 （7）现场踏勘情况。 （略） 四、其他需要说明的问题 本项目投标报价为根据发包人要求、初步设计文件、承包人建议书、企业成本及自身管理水平进行报价。 （略）

表 B-38 投标报价汇总表

工程名称：某市政道路建设项目　　单位：元

序号	项目名称	金额
1	工程费用	693 262 971.00
2	工程总承包其他费	26 736 894.00
3	预备费	118 890 996.00
合计		838 890 861.00

表 B-39 工程费用汇总表

工程名称：某市政道路建设项目　　单位：元

序号	项目名称	建筑工程费	设备购置费	安装工程费	合计
1	竖向土石方工程	44 165 105.00			44 165 105.00
2	道路工程	70 523 093.00			70 523 093.00

表B-39(续)

序号	项目名称	建筑工程费	设备购置费	安装工程费	合计
3	交通工程	4 956 946.00			4 956 946.00
4	涵洞工程	34 425 746.00			34 425 746.00
5	园林绿化工程	58 604 113.00			58 604 113.00
6	排水工程	17 886 475.00			17 886 475.00
7	路灯及照明工程	6 496 750.00			6 496 750.00
8	防洪工程	7 120 233.00			7 120 233.00
9	综合管廊土建工程	353 095 600.00			353 095 600.00
10	综合管廊安装工程	95 988 910.00			95 988 910.00
合计		693 262 971.00			693 262 971.00

表 B-40 建筑工程费价格清单—竖向土石方工程

工程名称：某市政道路建设项目—竖向土石方工程　　　　单位：元

序号	项目编码	项目名称	工程内容	计量单位	数量	单价	合价
1		竖向土石方工程					42 770 569.00
1.1	B020101010101	竖向土石方开挖	包括竖向土石方（含障碍物）开挖、运输、余方处置等全部工程内容	m^3	156 765	35.00	5 486 775.00
	其中	机械开挖土石方		m^3	156 765	6.09	954 698.85
		运输 1km		m^3	156 765	5.21	816 745.65
		余方处置	25km	m^3	97 772	38.00	3 715 336.00
1.2	B020101010201	回填砂砾石	包括取土、运输、回填、压实、土工合成材料等全部工程内容	m^3	137 038	220.00	30 148 360.00
	其中	（略）					
	其他						

表B-40(续)

序号	项目编码	项目名称	工程内容	计量单位	数量	单价	合价
2		措施项目					1 394 536.00
2.1	B020101350101	安全文明施工费	包括环境保护、安全施工、文明施工、临时设施等全部工程内容	项	1	837 515.00	837 515.00
	其他						
	合计						44 165 105.00

注：承包人认为需要增加的项目，请在“其他”下面列明该项目的名称、单位、数量、单价和合价。

表 B-41　建筑工程费价格清单—道路工程

工程名称：某市政道路建设项目—道路工程　　　　单位：元

序号	项目编码	项目名称	工程内容	计量单位	数量	单价	合价
1		地基处理及基坑支护工程					6 372 531.00
1.1	B020101030101	地基处理	包括地基强夯、预压、振冲挤密、换填、抛石挤淤、注浆等处理方式以及余方弃置等全部工程内容	项	1	6 372 531.00	6 372 531.00
	其中	（略）					
	其他						
2		基层工程					26 107 533.00
投标人根据发包人要求、初步设计文件、《城市道路路基设计规范》CJJ 194—2013 进行施工设计，明确基层厚度及其工程量，据此形成“20cm 厚级配碎石底基层”项目价格清单明细							
2.1	B020201040101	20cm 厚级配碎石底基层	包括路床整形、基层等全部工程内容	m^2	93 128	60.00	5 587 680.00
	其中	路床整形		m^2	93 128	5.40	502 891.20
		基层铺筑	20cm 厚级配碎石	m^2	93 128	54.60	5 084 789.00

表B-41(续)

序号	项目编码	项目名称	工程内容	计量单位	数量	单价	合价
2.2	B020201040102	25cm 厚水泥稳定碎石下基层	包括路床整形、基层等全部工程内容	m^2	90 989	85.00	7 734 065.00
	其中	(略)					
	其他						
3		面层工程					30 328 834.00
3.1	B020201050201	6cm 厚中粒式沥青混凝土 AC - 20C (下面层)	包括面层、表面处理、侧(平、缘)石及嵌边石、树池围牙及盖板、模板、钢筋等全部工程内容	m^2	80 869	59.00	4 771 271.00
	其中	(略)					
3.2	B020201050101	20cm 厚 C30 透水混凝土面层	包括面层、表面处理、侧(平、缘)石及嵌边石、树池围牙及盖板、模板、钢筋等全部工程内容	m^2	43 159	247.00	10 660 273.00
	其中	(略)					
	其他						
4		附属工程					6 297 334.00
4.1	B020201200701	播种植草护坡	包括修整边坡、混凝土、钢筋、砌体、模板、脚手架、锚杆(索)、种植土、植草、养护等全部工程内容	m^2	9 520	38.00	361 760.00
	其中	(略)					
	其他						

表B-41(续)

序号	项目编码	项目名称	工程内容	计量单位	数量	单价	合价
5		措施项目					1 416 861.00
5.1	B020101350101	安全文明施工费	包括环境保护、安全施工、文明施工、临时设施等全部工程内容	项	1	1 059 820.00	1 059 820.00
	其他						
	合计						70 523 093.00

注：承包人认为需要增加的项目，请在“其他”下面列明该项目的名称、单位、数量、单价和合价。

表 B-42 建筑工程费价格清单—交通工程

工程名称：某市政道路建设项目—交通工程 单位：元

序号	项目编码	项目名称	工程内容	计量单位	数量	单价	合价
1		交通工程					4 880 946.00
1.1	B021501180101	标线（热熔）	包括标志、标线、标牌、防护、基础及模板等全部工程内容	m	2 531	190.00	480 890.00
	其中	（略）					
1.2	B021501180102	交通标志板 外径800×2	包括标志、标线、标牌、防护、基础及模板等全部工程内容	套	52	760.00	39 520.00
	其中	（略）					
1.3	B021501180103	交通标志板3 500×1 800×3	包括标志、标线、标牌、防护、基础及模板等全部工程内容	套	20	4 275.00	85 500.00
	其中	（略）					

表B-42（续）

序号	项目编码	项目名称	工程内容	计量单位	数量	单价	合价
1.4	B021501180104	交通标志板 4 250×1 800×3	包括标志、标线、标牌、防护、基础及模板等全部工程内容	套	4	5 225.00	20 900.00
	其中	（略）					
1.5	B021501180105	交通标志板 5 000×3 500×3	包括标志、标线、标牌、防护、基础及模板等全部工程内容	套	27	10 450.00	282 150.00
	其中	（略）					
1.6	B021501180201	交通信号控制机 8 相位（含相位板）	包括监控、通信、信号灯、智能交通等；管线；调试；基础及模板等全部工程内容	台	13	114 000.00	1 482 000.00
	其中	（略）					
1.7	B021501180201	行人信号灯杆 ϕ114×5×4 000（含灯）	包括监控、通信、信号灯、智能交通等；管线；调试；基础及模板等全部工程内容	套	104	2 660.00	276 640.00

投标人根据发包人要求、初步设计文件、《城市道路交通设施设计规范》GB 50688—2011（2019年版）进行施工设计，明确信号灯灯杆、配管配线的规格型号及其工程量、信号灯参数及其工程量、接地方式及其工程量，据此形成“行人信号灯杆 ϕ114×5×4 000”项目价格清单明细

	其中	行人信号灯	2ϕ300LED	套	104	800.00	83 200.00
		灯杆	ϕ114×5×4 000	套	104	1 170.00	121 680.00
		倒计时器	LED	套	104	380.00	39 520.00
		配管	ϕ32	m	300	15.00	4 500.00
		配线	KVV22-5×2.5mm^2	m	500	13.00	6 500.00
		配线	RVSP-2×1.0	m	100	4.40	440.00

表B-42(续)

序号	项目编码	项目名称	工程内容	计量单位	数量	单价	合价
	其中	基础	C25 商品混凝土，含模板	套	104	80.00	8 320.00
		接地极	热镀锌角钢L 50mm×5mm×2 500mm，含调试	根	104	120.00	12 480.00
1.8	B021501180201	机动车灯倒计时器	包括监控、通信、信号灯、智能交通等；管线；调试；基础及模板等全部工程内容	套	186	1 710.00	318 060.00
	其中	（略）					
	其他						
2		措施项目					76 000.00
2.1	B021501350101	安全文明施工费	包括环境保护、安全施工、文明施工、临时设施等全部工程内容	项	1	76 000.00	76 000.00
	其他						
	合计						4 956 946.00

注：承包人认为需要增加的项目，请在“其他”下面列明该项目的名称、单位、数量、单价和合价。

表 B-43　建筑工程费价格清单—涵洞工程

工程名称：某市政道路建设项目—涵洞工程　　　　单位：元

序号	项目编码	项目名称	工程内容	计量单位	数量	单价	合价
1		地基处理及基坑支护工程					4 179 296.00
1.1	B020101030201	地基处理	包括用于地下结构施工及基坑周边环境安全的全部支挡、加固及保护措施等全部工程内容	项	1	4 179 296.00	4 179 296.00
	其中	（略）					

表B-43(续)

序号	项目编码	项目名称	工程内容	计量单位	数量	单价	合价
2		涵洞工程					29 330 125.00
2.1	B060201070301	C35现浇混凝土箱涵底板	包括混凝土、钢筋、模板、脚手架或支架（含基础）等全部工程内容	m^3	4 868	619.00	3 013 292.00
投标人根据发包人要求、初步设计文件、《建筑结构可靠性设计统一标准》GB 50068—2018进行施工设计，明确钢筋规格型号及其工程量、混凝土底板强度等级及其工程量，据此形成“C35现浇钢筋混凝土箱涵底板”项目价格清单明细							
	其中	底板混凝土	C35	m^3	4 868	540.00	2 628 720.00
		螺纹钢制安	HPB400E	t	68	5 170.99	351 627.32
		模板制安		m^2	968	28.00	27 104.00
		措施钢筋		m^2	4 867	1.20	5 840.40
2.2	B060201070401	C35现浇混凝土箱涵侧墙	包括混凝土、钢筋、模板、脚手架或支架（含基础）等全部工程内容	m^3	4 103	529.00	2 170 487.00
	其中	（略）					
	其他						
3		措施项目					916 325.00
3.1	B060201350101	安全文明施工费	包括环境保护、安全施工、文明施工、临时设施等全部工程内容	项	1	916 325.00	916 325.00
	其他						
	合计						34 425 746.00

注：承包人认为需要增加的项目，请在“其他”下面列明该项目的名称、单位、数量、单价和合价。

表 B-44 建筑工程费价格清单—园林绿化工程

工程名称：某市政道路建设项目—园林绿化工程　　　　单位：元

序号	项目编码	项目名称	工程内容	计量单位	数量	单价	合价
1		园林绿化工程					57 403 523. 00
1. 1	B281801310701	绿带垃圾箱	包括成品构件、基础、模板及脚手架、基层、结合层、面层、其他装饰等全部工程内容	个	121	1 157. 00	139 997. 00
	其中	（略）					
1. 2	B281801310702	景观小品	包括成品构件、基础、模板及脚手架、基层、结合层、面层、其他装饰等全部工程内容	组	20	26 600. 00	532 000. 00
	其中	（略）					
	其他						
2		措施项目					1 200 590. 00
2. 1	B020101350101	安全文明施工费	包括环境保护、安全施工、文明施工、临时设施等全部工程内容	项	1	1 200 590. 00	1 200 590. 00
	其他						
	合计						58 604 113. 00

注：承包人认为需要增加的项目，请在“其他”下面列明该项目的名称、单位、数量、单价和合价。

表 B-45 建筑工程费价格清单—排水工程

工程名称：某市政道路建设项目—排水工程　　　　单位：元

序号	项目编码	项目名称	工程内容	计量单位	数量	单价	合价
1		其他土石方工程					4 053 596. 00
1. 1	B210301020101	沟槽土石方开挖	包括土石方（含障碍物）开挖、基底钎探、运输、余方处置等全部工程内容	m^3	23 766	49. 00	1 164 534. 00
	其中	（略）					

表B-45(续)

序号	项目编码	项目名称	工程内容	计量单位	数量	单价	合价
1.2	B210301020301	沟槽回填土方	包括取土、运输、回填、压实、土工合成材料等全部工程内容	m^3	12 768	6.00	76 608.00
	其中	（略）					
1.3	B210301020302	沟槽回填砂砾石	包括取土、运输、回填、压实、土工合成材料等全部工程内容	m^3	6 586	251.00	1 653 086.00
	其中	（略）					
	其他						
2		管网工程					9 402 141.00
2.1	B210301190101	*D*600（Ⅱ级）钢筋混凝土承插式雨水管道铺设（180°砂石基础）	包括垫层、支架支墩、基础、管道、模板、新旧管连接、警示带、绝热等全部工程内容	m	3 404	233.00	793 132.00
	其中	砂砾石垫层		m^3	923.14	202.44	186 880.46
		*D*600（Ⅱ级）钢筋混凝土承插管		m	3 404	178.10	606 252.40
2.2	B210301190102	*D*800（Ⅱ级）钢筋混凝土承插式雨水管道铺设（180°砂石基础）	包括垫层、支架支墩、基础、管道、模板、新旧管连接、警示带、绝热等全部工程内容	m	582	431.00	250 842.00
	其中	（略）					
	其他						

表B-45(续)

序号	项目编码	项目名称	工程内容	计量单位	数量	单价	合价
3		附属工程					4 167 009.00
3.1	B210301200601	现浇混凝土雨水检查井 ϕ1 000	包括砌体、混凝土、钢筋、盖板、模板、脚手架、土石方开挖、运输、回填、余方处置等全部工程内容	座	81	8 024.00	649 944.00
	其中	(略)					
3.2	B210301200602	现浇混凝土雨水检查井 ϕ1 250	包括砌体、混凝土、钢筋、盖板、模板、脚手架、土石方开挖、运输、回填、余方处置等全部工程内容	座	25	8 727.00	218 175.00
	其中	(略)					
	其他						
4		措施项目					263 729.00
4.1	B210301350101	安全文明施工费	包括环境保护、安全施工、文明施工、临时设施等全部工程内容	项	1	250 175.00	250 175.00
4.2	B210301350501	降、排水工程	包括施工场地的降水、排水等全部工程内容	项	1	13 554.00	13 554.00
	其中	(略)					
	其他						
	合计						17 886 475.00

注：承包人认为需要增加的项目，请在“其他”下面列明该项目的名称、单位、数量、单价和合价。

表 B-46 建筑工程费价格清单—路灯及照明工程

工程名称：某市政道路建设项目—路灯及照明工程　　　　单位：元

序号	项目编码	项目名称	工程内容	计量单位	数量	单价	合价
1		照明工程					6 370 750.00
1.1	B021601280101	户外箱变100kV·A	包括设备、线缆、金属构件、防雷、接地及辅助项目等全部工程内容	台	2	95 000.00	190 000.00
	其中	（略）					
1.2	B021601280102	路灯照明配电箱带远程遥控器 KG3000	包括设备、线缆、金属构件、防雷、接地及辅助项目等全部工程内容	台	2	52 250.00	104 500.00
	其中	（略）					
1.3	B021601280303	投光灯（H = 16m）3×400W	包括设备、线缆、金属构件、防雷、接地及辅助项目等全部工程内容	套	27	14 250.00	384 750.00
投标人根据发包人要求、初步设计文件、《城市道路照明设计标准》CJJ 45—2015 进行施工设计，明确灯杆基础的规格尺寸、混凝土标号及其工程量、电缆和灯杆的规格型号及其工程量、灯具的规格型号及其工程量，据此形成“投光灯”项目价格清单明细							
	其中	投光灯	400W	套	81	400.00	32 400.00
		Ⅰ型综合杆	10m，横臂管2m，材质采用优质不锈钢，含防雷、接地	套	27	9 283.00	250 641.00
		电缆	YJV22 - 0.6/1kV - 5 × 16mm^2，含电缆头	m	900	50.01	45 009.00
		综合杆基础	C25 商品混凝土，含模板	套	27	2 100.00	56 700.00

表B-46(续)

序号	项目编码	项目名称	工程内容	计量单位	数量	单价	合价
1.4	B021601280304	投光灯（$H=16\text{m}$）4×400W	包括设备、线缆、金属构件、防雷、接地及辅助项目等全部工程内容	套	4	17 100.00	68 400.00
	其中	（略）					
1.5	B021601190205	综合排管12孔（8ϕ100PVC-C+4孔SVFY 32×7）	包括垫层、预制或现浇通道、盖板、防雷、接地、模板、脚手架等全部工程内容	m	80	228.00	18 240.00
	其中	（略）					
1.6	B021601190206	综合排管9孔（6ϕ100 PVC-C+3孔SVFY32×7）	包括垫层、预制或现浇通道、盖板、防雷、接地、模板、脚手架等全部工程内容	m	4 077	200.00	815 400.00
	其中	（略）					
1.7	B021601190207	综合排管6孔（4ϕ100 PVC-C+2孔SVFY32×7）	包括垫层、预制或现浇通道、盖板、防雷、接地、模板、脚手架等全部工程内容	m	3 989	142.00	566 438.00
	其中	（略）					
	其他						
2		措施项目					126 000.00
2.1	B021601350108	安全文明施工费	包括环境保护、安全施工、文明施工、临时设施等全部工程内容	项	1	126 000.00	126 000.00
	其中	（略）					
	其他						
	合计						6 496 750.00

注：承包人认为需要增加的项目，请在“其他”下面列明该项目的名称、单位、数量、单价和合价。

表 B-47 建筑工程费价格清单—防洪工程

工程名称：某市政道路建设项目—防洪工程 单位：元

序号	项目编码	项目名称	工程内容	计量单位	数量	单价	合价
1		防洪工程					6 879 730.00
1.1	B230201071501	C30 混凝土挡墙	包括混凝土、钢筋、模板、脚手架或支架（含基础）等全部工程内容	m^3	676	622.00	420 472.00
	其中	（略）					
1.2	B230201200701	播种植草护坡	包括修整边坡、混凝土、钢筋、砌体、模板、脚手架、锚杆（索）、种植土、植草、养护等全部工程内容	m^2	9 369	38.00	356 022.00
	其中	喷播植草		m^2	9 369	23.00	215 487.00
		草皮养护		m^2	9 369	15.00	140 535.00
	其他						
2		措施项目					240 503.00
2.1	B230201350101	安全文明施工费	包括环境保护、安全施工、文明施工、临时设施等全部工程内容	项	1	240 503.00	240 503.00
	合计						7 120 233.00

注：承包人认为需要增加的项目，请在“其他”下面列明该项目的名称、单位、数量、单价和合价。

表 B-48 建筑工程费价格清单—综合管廊土建工程

工程名称：某市政道路建设项目—综合管廊土建工程　　　　单位：元

序号	项目编码	项目名称	工程内容	计量单位	数量	单价	合价
1		其他土石方工程					36 297 516.00
1.1	B170201020101	土石方开挖（明挖）	包括土石方（含障碍物）开挖、基底钎探、运输、余方处置等全部工程内容	m^3	223 600	52.00	11 627 200.00
	其中	（略）					
1.2	B170201020301	回填砂砾石	包括取土、运输、回填、压实、土工合成材料等全部工程内容	m^3	20 291	249.00	5 052 459.00
	其中	（略）					
	其他						
2		地基处理及基坑支护工程					139 078 037.00
2.1	B170201030101	地基处理	包括地基强夯、预压、振冲挤密、换填、抛石挤淤、注浆等处理方式以及余方弃置等全部工程内容	项	1	11 333 430.00	11 333 430.00
	其中	（略）					
2.2	B170201030201	基坑支护	包括成孔、固壁、钢筋、混凝土、桩尖、截桩、场地清理等全部工程内容	项	1	127 744 606.00	127 744 606.00
	其中	（略）					
	其他						

表B-48(续)

序号	项目编码	项目名称	工程内容	计量单位	数量	单价	合价
3		综合管廊工程					164 566 977.00
3.1	B170201070301	防水混凝土底板 C40P8	包括混凝土、钢筋、模板、脚手架或支架（含基础）等全部工程内容	m^3	26 660	1 162.00	30 978 920.00
投标人根据发包人要求、初步设计文件、《建筑结构可靠性设计统一标准》GB 50068—2018 进行施工设计，明确钢筋规格型号及其工程量、混凝土底板标号及其工程量，据此形成“防水混凝土底板 C40P8”项目价格清单明细							
	其中	底板混凝土	C40P8	m^3	27 685	640.00	19 195 200.00
		螺纹钢制安	HPB400	t	2 132.00	5 480.00	11 683 360.00
		模板制安		m^2	499.50	51.00	25 474.50
		措施钢筋		m^2	17 775.00	4.21	74 885.50
3.2	B170201110101	单面自粘聚合物改性沥青防水卷材（高分子膜基）1.5mm厚（底板）	包括基层处理、防水层、保护层等全部工程内容	m^2	69 796	58.00	4 048 168.00
	其中	（略）					
	其他						
4		措施项目					13 153 070.00
4.1	B170201350101	安全文明施工费	包括环境保护、安全施工、文明施工、临时设施等全部工程内容	项	1	10 096 159.00	10 096 159.00
4.2	B170201350501	降、排水工程	包括施工场地的降水、排水等全部工程内容	项	1	836 128.00	836 128.00
	其中	（略）					
	其他						
	合计						353 095 600.00

注：承包人认为需要增加的项目，请在“其他”下面列明该项目的名称、单位、数量、单价和合价。

表 B-49 建筑工程费价格清单—综合管廊安装工程

工程名称：某市政道路建设项目—综合管廊安装工程　　　　单位：元

序号	项目编码	项目名称	工程内容	计量单位	数量	单价	合价
1		管廊安装工程					93 643 600.00
1.1	B171001230101	消火栓灭火系统	包括设备、管道、支架及其他、管道附件、消防组件等全部工程内容	m	2 927	78.00	228 306.00
	其中	（略）					
1.2	B171001230402	泡沫灭火系统	包括设备、管道、支架及其他、管道附件、消防组件等全部工程内容	m	2 927	4 706.00	13 774 462.00
	其中	（略）					
1.3	B171001230503	火灾自动报警系统	包括设备、管道、支架及其他、管道附件、消防组件等全部工程内容	m	2 927	1 785.00	5 224 695.00
	其中	（略）					
1.4	B171101240104	通风系统	包括设备、管道、支架及其他、管道附件、风管部件等全部工程内容	m	2 927	210.00	614 670.00
	其中	（略）					
1.5	B171101240205	防排烟系统	包括设备、管道、支架及其他、管道附件、风管部件等全部工程内容	m	2 927	470.00	1 375 690.00
	其中	（略）					

表B-49(续)

序号	项目编码	项目名称	工程内容	计量单位	数量	单价	合价
1.6	B170901210206	排水系统	包括设备、管道、支架及其他、管道附件、卫生器具等全部工程内容	m	2 927	178.00	521 006.00
投标人根据发包人要求、初步设计文件、《城市工程管线综合规划规范》GB 50289—2016 进行施工设计，明确管道（件）和设备的规格型号及其工程量，据此形成“排水系统”项目价格清单明细							
	其中	潜水排污泵	$Q=25m^3/h$，$H=15m$，$P=4.0kW$，含出水口异径管、吸水管支座、橡胶软管、电动机检查接线及调试	台	12	8 600.00	103 200.00
		潜水排污泵	$Q=12m^3/h$，$H=15m$，$P=1.1kW$，含出水口异径管、吸水管支座、橡胶软管、电动机检查接线及调试	台	2	8 000.00	16 000.00
		潜水排污泵	$Q=10m^3/h$，$H=10m$，$P=0.75kW$，含出水口异径管、吸水管支座、橡胶软管、电动机检查接线及调试	台	12	6 700.00	80 400.00
		液位开关	L500mm	组	19	1 400.00	26 600.00
		压力表	隔膜 YTP-100	台	20	441.00	8 820.00
		压力表	隔膜 YTP-80	台	13	377.00	4 901.00
		柔性橡胶止回阀	*DN*100	个	20	4 678.00	93 560.00
		弹性座偏心旋塞阀	*DN*100 *PN*=1.0MPa	个	20	1 461.00	29 220.00

表B-49(续)

序号	项目编码	项目名称	工程内容	计量单位	数量	单价	合价
	其中	刚性防水套管制作安装	DN100	个	40	404.00	16 160.00
		刚性防水套管制作安装	DN80	个	40	337.00	13 480.00
		焊接钢管	D159×4.5	m	74	180.00	13 320.00
		焊接钢管	D108×6	m	78	156.00	12 168.00
		焊接钢管	D89×4	m	65	106.00	6 890.00
		偏心异径管	DN80×50	个	13	220.00	2 860.00
		偏心异径管	DN100×80	个	20	246.00	4 920.00
		异径管	DN150×100	个	4	259.00	1 036.00
		异径三通	DN150×100	个	8	1 270.00	10 160.00
		异径三通	DN100×80	个	4	1 013.00	4 052.00
		等径三通	DN150×150	个	5	1 528.00	7 640.00
		钢制弯头	90°　DN150	个	5	510.00	2 550.00
		钢制弯头	90°　DN100	个	4	225.00	900.00
		钢制弯头	90°　DN80	个	5	211.00	1 055.00
		渐缩异径弯头	DN150×100	个	10	363.00	3 630.00
		渐缩异径弯头	DN100×80	个	5	309.00	1 545.00
		倒齿形接头	DN100	个	20	685.00	13 700.00
		倒齿形接头	DN80	个	13	556.00	7 228.00
		钢制法兰	DN50	副	14	147.00	2 058.00
		钢制法兰	DN80	副	60	195.00	11 700.00
		钢制法兰	DN100	副	56	198.00	11 088.00
		法兰短管	DN100	个	20	323.00	6 460.00
		法兰短管	DN80	个	13	285.00	3 705.00

表B-49(续)

序号	项目编码	项目名称	工程内容	计量单位	数量	单价	合价
1.7	B171001201007	支架托臂	包括支架托臂及其附件等全部工程内容	m	2 927	2 418.00	7 077 486.00
	其中	(略)					
1.8	B171001201108	抗震支吊架	包括抗震支吊架及其附件等全部工程内容	m	2 927	81.00	237 087.00
	其中	(略)					
1.9	B171501180109	标志标牌	包括标志、标线、标牌、防护、基础及模板等全部工程内容	m	2 927	1 752.00	5 128 104.00
	其中	(略)					
1.10	B171201250110	高低压变配电系统	包括设备、线缆、金属构件及辅助项目等全部工程内容	m	2 927	990.00	2 897 730.00
	其中	(略)					
1.11	B171201250311	动力配电系统	包括设备、线缆、用电器具、金属构件及辅助项目等全部工程内容	m	2 927	3 083.00	9 023 941.00
	其中	(略)					
1.12	B171201250412	照明配电系统	包括设备、线缆、用电器具、金属构件及辅助项目等全部工程内容	m	2 927	649.00	1 899 623.00
	其中	(略)					

表B-49(续)

序号	项目编码	项目名称	工程内容	计量单位	数量	单价	合价
1.13	B171201250513	防雷接地系统	包括防雷接地材料、金属构件及辅助项目等全部工程内容	m	2 927	48.00	140 496.00
	其中	(略)					
1.14	B171301260214	环境与设备监控系统	包括设备、线缆、软件、金属构件及辅助项目等全部工程内容	m	2 927	1 687.00	4 937 849.00
	其中	(略)					
1.15	B171301261015	安防监控系统	包括设备、线缆、软件、金属构件及辅助项目等全部工程内容	m	2 927	778.00	2 277 206.00
	其中	(略)					
2		措施项目					2 345 310.00
2.1	B171001350116	安全文明施工费	包括环境保护、安全施工、文明施工、临时设施等全部工程内容	项	1	2 345 310.00	2 345 310.00
	其中	(略)					
	其他						
	合计						95 988 910.00

注：承包人认为需要增加的项目，请在“其他”下面列明该项目的名称、单位、数量、单价和合价。

表 B-50 工程总承包其他费价格清单

工程名称：某市政道路建设项目　　单位：元

序号	项目名称	金额	备注
1	勘察费	498 426.00	

表B-50(续)

序号	项目名称	金额	备注
1.1	施工勘察费	498 426.00	
2	设计费	5 810 336.00	
2.1	施工图设计费	5 365 019.00	
2.2	专项设计费	445 317.00	
3	工程总承包管理费	4 693 006.00	
4	临时用地及占道使用补偿费	600 000.00	
5	场地准备及临时设施费	3 550 975.00	
6	工程保险费	1 597 939.00	
7	其他专项费	4 800 000.00	
8	代办服务费	1 042 890.00	
9	迁改及保护费	4 143 322.00	
合计		26 736 894.00	

注：承包人认为需要增加的有关项目，请在“其他专项费”下面列明该项目的名称及金额。

表 B-51 预备费

工程名称：某市政道路建设项目　　单位：元

序号	项目名称	金额	备注
1	基本预备费	38 596 408.00	
2	涨价预备费	80 294 588.00	
合计		118 890 996.00	

注：发包人应将预备费列入项目清单中，投标人应将上述预备费计入投标总价中。

五、合同价款调整

(一) 工程变更案例

变更估价按照变更工程的成本加利润调整；

示例：某市政工程根据道路规划调整，桩号 K1+126 处根据规划要求需增加开口与规划道路衔接，取消该部位原人行道，变更为车行道与规划道路连接，连接部分的结构层做法与道路结构层做法一致。

变更前单价根据价格清单计取，变更后单价根据变更增加或减少内容进行市场询价，调整费用见表 B-52。

表 B-52 调整费用表

序号	项目编码	项目名称	工程内容	计量单位	变更前			变更后			变更后-变更前合计金额（元）
					工程量	单价（元）	合价（元）	工程量	单价（元）	合价（元）	
1	B040201040102	30cm 厚级配碎石底基层	包括路床整形、基层等全部工程内容	m^2	142	84.00	11 928.00				-11 928.00
2	B040201050101	20cm 厚 C30 透水混凝土面层	包括面层、表面处理、侧（平、缘）石及嵌边石、树池围牙及盖板、模板、钢筋等全部工程内容	m^2	138	204.00	28 152.00				-28 152.00
3	B040201040101	20cm 厚级配碎石底基层	包括路床整形、基层等全部工程内容	m^2				149	57.00	8 493.00	8 493.00
4	B040201040102	25cm 厚水泥稳定碎石下基层 2.5~4.5MPa	包括路床整形、基层等全部工程内容	m^2				146	93.00	13 578.00	13 578.00
5	B040201040103	25cm 厚水泥稳定碎石上基层 4~6MPa	包括路床整形、基层等全部工程内容	m^2				142	94.00	13 348.00	13 348.00
6	B040201050201	6cm 厚中粒式沥青混凝土 AC-20C（下面层）	包括面层、表面处理、侧（平、缘）石及嵌边石、树池围牙及盖板、模板、钢筋等全部工程内容	m^2				138	65.00	8 970.00	8 970.00

表B-52(续)

序号	项目编码	项目名称	工程内容	计量单位	变更前			变更后			变更后-变更前合计金额（元）
					工程量	单价（元）	合价（元）	工程量	单价（元）	合价（元）	
7	B040201050202	6cm厚中粒式改性沥青混凝土AC-20C（中面层）	包括面层、表面处理、侧（平、缘）石及嵌边石、树池围牙及盖板、模板、钢筋等全部工程内容	m^2				138	67.00	9 246.00	9 246.00
8	B040201050203	4cm厚改性沥青玛琋脂碎石混凝土SMA-13（上面层）	包括面层、表面处理、侧（平、缘）石及嵌边石、树池围牙及盖板、模板、钢筋等全部工程内容	m^2				138	64.00	8 832.00	8 832.00
合计											22 387.00

（二）材料价格调整案例

价格指数权重见表 B-53。

表 B-53 价格指数权重表（发包人提出，承包人确认）

序号	名称		变值权重 B			基本价格指数		现行价格指数	
			代号	建议	确认	代号	指数	代号	指数
1	变值部分	人工费	B_1	0.095	0.095	F_{01}	1	F_{t1}	0.901
2		连砂石	B_2	0.054	0.054	F_{02}	1	F_{t2}	1.065
3		钢筋	B_3	0.111	0.111	F_{03}	1	F_{t3}	1.122
4		柴油	B_4	0.029	0.029	F_{04}	1	F_{t4}	0.974
5		商品混凝土	B_5	0.136	0.136	F_{05}	1	F_{t5}	1.009
6		电缆	B_6	0.060	0.060	F_{06}	1	F_{t6}	1.090
定值部分权重 A			0.515			—	—	—	—
合计			1			—		—	

注：现行价格指数=（报告期人工、材料、机械台班单价/基准期人工、材料、机械台班单价）。

某里程碑节点 P_0 为 2 2024 965.00，计算价差调整 ΔP 如下：

$$\Delta P = P_0\left[A+\left(B_1\times\frac{F_{t1}}{E_{01}}+B_2\times\frac{F_{t2}}{E_{02}}+B_3\times\frac{F_{t3}}{E_{03}}+\cdots+B_6\times\frac{F_{t6}}{E_{06}}\right)-1\right]$$

$$=22\ 024\ 965.00\times［0.515+（0.095\times0.901+0.054\times1.065+0.111\times1.122+0.029\times0.974+0.136\times1.009+0.060\times1.090）-1］=297\ 711.45（元）$$

本里程碑节点调整价差为 297 711.45 元。

六、工程结算与支付

预付款、合同价款支付分解表、进度款支付、竣工结算、最终结清见表 B-54～表 B-61。

表 B-54 预付款支付申请/核准表

工程名称：某市政道路建设项目

致：__________（发包人全称）

根据合同__________条约定，现申请支付预付款金额为（小写）143 999 973.00（大写）壹亿肆仟叁佰玖拾玖万玖仟玖佰柒拾叁元整，请予核准。

表 B-54(续)

序号	名称	申请金额（元）	核准金额（元）	备注
1	签约合同价款金额	838 890 861.00	838 890 861.00	
1.1	签约合同价减预备费金额	719 999 865.00	719 999 865.00	
1.2	年度资金使用计划金额	/	/	
2	合计应支付的预付款	143 999 973.00	143 999 973.00	按签约合同价减预备费金额×20%

造价人员签名： 承包人代表签名：

承包人签章：

日期：

咨询人审核意见：

一级造价工程师签名： 咨询人签章：

日期：

发包人审批意见：

发包人代表签名： 发包人签章：

日期：

注：咨询人指发包人委托参与其授权范围内的工程总承包计价活动的造价咨询、监理等中介机构（下同）。

表 B-55 建筑工程费支付分解表

工程名称：某市政道路建设项目

序号	项目名称	支付					
		里程碑节点	金额占比（%）	里程碑节点	金额占比（%）	里程碑节点	金额占比（%）
	K0+000~K0+880						
B02	竖向土石方工程						
B020100	竖向土石方工程	竖向土石方完成	1.85				
B02	道路工程						
B020201	道路工程	土路床完成	5.12	结构基层及下面层	2.32	上面层	0.96
B021502	交通工程	交通管网敷设	0.36	交通设施	0.15	标志、标牌及标线	0.30

表B-55(续)

序号	项目名称	支付					
		里程碑节点	金额占比（%）	里程碑节点	金额占比（%）	里程碑节点	金额占比（%）
B021603	路灯及照明工程	照明管网敷设	0.20	路灯及设施	0.26		
B06	桥涵工程						
B060201	箱涵工程	主体结构	0.68	涵洞附属	0.20		
B060202	圆管涵工程	主体结构	0.41	涵洞附属	0.16		
B17	城市综合管廊工程						
B170201	A 综合管廊主体结构及附属工程	基坑支护	0.34	管廊土石方完成	2.44	地基处理	0.18
		管廊结构（含预埋）	7.06	管廊防水	0.73	管网敷设	3.55
		机电工程安装完成	1.98	机电工程调试完成	1.49		
B170202	B 综合管廊主体结构及附属工程	基坑支护	0.03	管廊土石方完成	0.22	地基处理	0.03
		管廊结构（含预埋）	0.49	管廊防水	0.05	管网敷设	0.27
		机电工程安装完成	0.14	机电工程调试完成	0.11		
B21	管网工程						
B210301	雨水管网工程	管网敷设	0.84	检查井及附属	0.58	回填完成	0.17
B210302	污水管网工程	管网敷设	0.80	检查井及附属	0.53	回填完成	0.13
B23	防洪工程						
B230201	河道整治工程	地基处理	0.10	土体结构	0.13	防洪附属	0.06

表B-55(续)

<table>
<tr><td rowspan="2">序号</td><td rowspan="2">项目名称</td><td colspan="6">支付</td></tr>
<tr><td>里程碑节点</td><td>金额占比(%)</td><td>里程碑节点</td><td>金额占比(%)</td><td>里程碑节点</td><td>金额占比(%)</td></tr>
<tr><td>B28</td><td>园林绿化工程</td><td></td><td></td><td></td><td></td><td></td><td></td></tr>
<tr><td>B281701</td><td>绿化工程</td><td>初验合格</td><td>0.26</td><td></td><td></td><td></td><td></td></tr>
<tr><td></td><td>K0+880~K1+720</td><td></td><td></td><td></td><td></td><td></td><td></td></tr>
<tr><td>B02</td><td>竖向土石方工程</td><td></td><td></td><td></td><td></td><td></td><td></td></tr>
<tr><td>B020100</td><td>竖向土石方工程</td><td>竖向土石方完成</td><td>1.76</td><td></td><td></td><td></td><td></td></tr>
<tr><td>B02</td><td>道路工程</td><td></td><td></td><td></td><td></td><td></td><td></td></tr>
<tr><td>B020201</td><td>道路工程</td><td>土路床完成</td><td>4.89</td><td>结构基层及下面层</td><td>2.22</td><td>上面层</td><td>0.92</td></tr>
<tr><td>B021502</td><td>交通工程</td><td>交通管网敷设</td><td>0.31</td><td>交通设施</td><td>0.14</td><td>标志、标牌及标线</td><td>0.28</td></tr>
<tr><td>B021603</td><td>路灯及照明工程</td><td>照明管网敷设</td><td>0.21</td><td>路灯及设施</td><td>0.24</td><td></td><td></td></tr>
<tr><td>B06</td><td>桥涵工程</td><td></td><td></td><td></td><td></td><td></td><td></td></tr>
<tr><td>B060201</td><td>箱涵工程</td><td>主体结构</td><td>0.65</td><td>涵洞附属</td><td>0.23</td><td></td><td></td></tr>
<tr><td>B060202</td><td>圆管涵工程</td><td>主体结构</td><td>0.39</td><td>涵洞附属</td><td>0.12</td><td></td><td></td></tr>
<tr><td>B17</td><td>城市综合管廊工程</td><td></td><td></td><td></td><td></td><td></td><td></td></tr>
<tr><td rowspan="3">B170201</td><td rowspan="3">A综合管廊主体结构及附属工程</td><td>基坑支护</td><td>0.35</td><td>管廊土石方完成</td><td>2.83</td><td>地基处理</td><td>0.18</td></tr>
<tr><td>管廊结构(含预埋)</td><td>5.63</td><td>管廊防水</td><td>0.75</td><td>管网敷设</td><td>3.15</td></tr>
<tr><td>机电工程安装完成</td><td>2.03</td><td>机电工程调试完成</td><td>1.53</td><td></td><td></td></tr>
<tr><td>B21</td><td>管网工程</td><td></td><td></td><td></td><td></td><td></td><td></td></tr>
<tr><td>B210301</td><td>雨水管网工程</td><td>管网敷设</td><td>0.52</td><td>检查井及附属</td><td>0.54</td><td>回填完成</td><td>0.12</td></tr>
<tr><td>B210302</td><td>污水管网工程</td><td>管网敷设</td><td>0.38</td><td>检查井及附属</td><td>0.47</td><td>回填完成</td><td>0.10</td></tr>
</table>

表B-55(续)

序号	项目名称	支付					
		里程碑节点	金额占比（%）	里程碑节点	金额占比（%）	里程碑节点	金额占比（%）
B23	防洪工程						
B230201	河道整治工程	地基处理	0.09	土体结构	0.12	防洪附属	0.05
B28	园林绿化工程						
B281701	绿化工程	初验合格	0.25				
	K1+720~K2+530						
B02	竖向土石方工程						
B020100	竖向土石方工程	竖向土石方完成	1.70				
B02	道路工程						
B020201	道路工程	土路床完成	4.31	结构基层及下面层	2.14	上面层	0.89
B021502	交通工程	交通管网敷设	0.51	交通设施	0.14	标志、标牌及标线	0.27
B021603	路灯及照明工程	照明管网敷设	0.41	路灯及设施	0.24		
B06	桥涵工程						
B060201	箱涵工程	主体结构	0.18	涵洞附属	0.16		
B060202	圆管涵工程	主体结构	0.82	涵洞附属	0.18		
B17	城市综合管廊工程						
B170201	A综合管廊主体结构及附属工程	基坑支护	0.35	管廊土石方完成	2.89	地基处理	0.18
		管廊结构（含预埋）	6.48	管廊防水	0.74	管网敷设	3.52
		机电工程安装完成	1.96	机电工程调试完成	1.49		
B21	管网工程						
B210301	雨水管网工程	管网敷设	0.85	检查井及附属	0.57	回填完成	0.16

表B-55(续)

序号	项目名称	支付					
		里程碑节点	金额占比(%)	里程碑节点	金额占比(%)	里程碑节点	金额占比(%)
B210302	污水管网工程	管网敷设	0.66	检查井及附属	0.45	回填完成	0.12
B23	防洪工程						
B230201	河道整治工程	地基处理	0.09	土体结构	0.12	防洪附属	0.05
B28	园林绿化工程						
B281701	绿化工程	初验合格	0.24				
合计						100	

注：金额占比（%）指里程碑节点应支付金额占建筑工程费合同金额的比例。

表 B-56　工程总承包其他费支付分解表

工程名称：某市政道路建设项目

序号	项目名称	支付					
		里程碑节点	金额占比(%)	里程碑节点	金额占比(%)	里程碑节点	金额占比(%)
1	勘察费	勘察报告出具完成	1.85				
2	设计费	通过施工图审查	19.91	提交专项设计成果	1.66		
3	工程总承包管理费	施工许可证取得后	17.41				
4	临时用地及占道使用补偿费	临时用地及占道手续办理完成	2.23				
5	场地准备及临时设施费	施工勘验完毕	13.18				
6	工程保险费	提供相应发票	5.93				

表B-56(续)

序号	项目名称	支付					
		里程碑节点	金额占比（%）	里程碑节点	金额占比（%）	里程碑节点	金额占比（%）
7	其他专项费	专项方案审批完成后	2.82	实施完成后	14.99		
8	代办服务费	代办工作完成后	3.87				
9	迁改及保护费	提交迁改及保护方案	2.35	实施完成后	13.80		
合计							

注：金额占比（%）指里程碑节点应支付金额占工程总承包其他费对应合同金额的比例。

表 B-57 进度款支付申请/核准表（第 1 次）

工程名称：某市政道路建设项目（第××期）

致：__________（发包人全称）

本期完成了 K0+000～K0+880 段竖向土石方完成等里程碑工作，根据合同________条的约定，现申请支付本周期的进度款金额为（小写）6 540 936.13（大写）陆佰伍拾肆万玖佰叁拾陆元壹角叁分，请予核准。结算文件附后。

单位：元

序号	名称	合同金额	里程碑节点	金额占比（%）	本期支付金额	上期累计支付金额	本期累计支付金额	备注
1	工程费用	693 262 971.00	竖向土石方完成	1.85	10 901 560.22	0.00	10 901 560.22	支付比例 85%
2	工程总承包其他费	26 736 894.00				15 008 488.00	15 008 488.00	
3	按合同约定调整的费用	118 890 996.00						
4	应扣减的预付款				−4 360 624.09	−6 003 395.20	−10 364 019.29	
5	按合同约定扣减的费用							
6	合计	838 890 861.00	—	—	6 540 936.13	9 005 092.80	15 546 028.93	

造价人员签名：

承包人代表签名：

承包人签章：

日期：

咨询人审核意见：

一级造价工程师签名：

咨询人签章：

日期：

发包人审批意见：

发包人代表签名：

发包人签章：

日期：

注：工程量清单计价的项目进度款支付计入“按合同约定调整的费用”。

表 B-58 进度款支付申请/核准表（第 2 次）

工程名称：某市政道路建设项目（第××期）

致：____________（发包人全称）

本期完成了 K0+000~K0+880 段综合管廊工程管廊结构（含预埋）完成等里程碑工作，根据合同__________条的约定，现申请支付本周期的进度款金额为（小写）25 462 281. 88（大写）贰仟伍佰肆拾陆万贰仟贰佰捌拾壹元捌角捌分，请予核准。结算文件附后。

单位：元

序号	名称	合同金额	里程碑节点	金额占比（%）	本期支付金额	上期累计支付金额	本期累计支付金额	备注
1	工程费用	693 262 971. 00	综合管廊工程管廊结构（含预埋）完成	7. 06	41 602 710. 89	53 211 399. 34	94 814 110. 23	支付比例 85%
2	工程总承包其他费	26 736 894. 00				15 649 371. 00	15 649 371. 00	
3	按合同约定调整的费用	118 890 996. 00			834 425. 57		834 425. 57	支付比例 85%
4	应扣减的预付款				-16 974 854. 58	-27 544 308. 14	-44 519 162. 72	
5	按合同约定扣减的费用							
6	合计	838 890 861. 00	—	—	25 462 281. 88	41 316 462. 20	66 778 744. 08	

造价人员签名：　　　　承包人代表签名：

承包人签章：

日期：

咨询人审核意见：

一级造价工程师签名：　　　　咨询人签章：

日期：

发包人审批意见：

发包人代表签名：　　　　发包人签章：

日期：

注：工程量清单计价的项目进度款支付计入“按合同约定调整的费用”。

表 B-59　进度款支付申请/核准表（第 3 次）

工程名称：某市政道路建设项目（第××期）

致：__________（发包人全称）

本期完成了专项设计费提交专项设计成果等里程碑工作，根据合同__________条的约定，现申请支付本周期的进度款金额为（小写）226 354.54（大写）贰拾贰万陆仟叁佰伍拾肆元伍角肆分，请予核准。结算文件附后。

单位：元

序号	名称	合同金额	里程碑节点	金额占比（%）	本期支付金额	上期累计支付金额	本期累计支付金额	备注
1	工程费用	693 262 971.00				10 901 560.22	10 901 560.22	
2	工程总承包其他费	26 736 894.00	提交专项设计成果	1.66	377 257.57	14 631 231.00	15 008 488.57	支付比例 85%
3	按合同约定调整的费用	118 890 996.00						
4	应扣减的预付款				−150 903.03	−10 213 116.49	−10 364 019.52	
5	按合同约定扣减的费用							
6	合计	838 890 861.00	—	—	226 354.54	15 319 674.73	15 546 029.27	

造价人员签名：

承包人代表签名：

承包人签章：

日期：

咨询人审核意见：

一级造价工程师签名：

咨询人签章：

日期：

发包人审批意见：

发包人代表签名：

发包人签章：

日期：

注：工程量清单计价的项目进度款支付计入“按合同约定调整的费用”。

表 B-60 竣工结算、支付申请/核准表

工程名称：某市政道路建设项目

致：____________（发包人全称）

我方已完成了__________项目工作，根据合同__________条约定，现申请支付竣工结算款金额（小写）125 925 615.00（大写）壹亿贰仟伍佰玖拾贰万伍仟陆佰壹拾伍元整，请予核准。

序号	名称	申请金额（元）	核准金额（元）	备注
1	竣工结算总金额	758 723 382.00	758 723 382.00	
1.1	签约合同价	838 890 861.00	838 890 861.00	
1.2	减去预备费	118 890 996.00	118 890 996.00	
1.3	按合同约定调增的金额	38 723 517.00	38 723 517.00	工程变更及调差
1.4	按合同约定扣减的金额	/	/	
2	已支付的合同价款	611 999 885.00	611 999 885.00	
2.1	已支付的工程费用	589 273 525.00	589 273 525.00	
2.2	已支付的工程总承包其他费	22 726 360.00	22 726 360.00	
3	应扣留的质量保证金	20 797 882.00	20 797 882.00	
4	应支付的竣工付款金额	125 925 615.00	125 925 615.00	

造价人员签名：

承包人代表签名：

承包人签章：

日期：

咨询人审核意见：

一级造价工程师签名：

咨询人签章：

日期：

发包人审批意见：

发包人代表签名：

发包人签章：

日期：

注：工程量单价项目结算支付计入“按合同约定调增的金额”或“按合同约定扣减的金额”。

表 B-61 最终结清支付申请/核准表

工程名称：某市政道路建设项目

致：__________（发包人全称）

根据合同________条约定，现申请支付最终结清金额（小写）20 797 882.00（大写）贰仟零柒拾玖万柒仟捌佰捌拾贰元整，请予核准。

序号	名称	申请金额（元）	复核金额（元）	备注
1	已预留的质量保证金	20 797 882.00	20 797 882.00	
2	应增加的发包人原因造成的缺陷修复金额	0.00	0.00	
3	应扣减承包人未修复缺陷，发包人组织修复的金额	0.00	0.00	
4	最终应支付的合同价款	20 797 882.00	20 797 882.00	

造价人员签名：

承包人代表签名：

承包人签章：

日期：

发包人审批意见：

发包人代表签名：

发包人签章：

日期：

第二篇

城市轨道交通工程

1 总　　则

【概述】

本规范的第1章“总则”共计5条，从整体上叙述有关本规范编制与使用的几个基本问题。主要内容为编制目的、适用范围、基本原则、使用范围以及执行本规范与执行其他标准之间的关系等基本事项。

1.0.1　为规范城市轨道交通工程总承包计量行为，统一城市轨道交通工程总承包工程量计算规则、项目清单编制方法，制定本规范。

【条文解读】

本条阐述了制定本规范的目的。

制定本规范的目的在于“规范城市轨道交通工程总承包计量行为，统一城市轨道交通工程总承包工程量计算规则、项目清单编制方法”。

1.0.2　本规范适用于城市轨道交通工程总承包计价活动中的工程量计算（以下简称工程计量）和项目清单编制。

【条文解读】

本条说明本规范的适用范围。

本规范的适用范围是城市轨道交通工程总承包计价活动中的工程量计算和项目清单编制。

1.0.3　发承包人在建设项目工程总承包的计量活动中法律地位平等，应遵循自愿、公平、诚信、守法、绿色的原则。

【条文解读】

本条阐述了使用本规范的基本原则。

本规范的使用者在建设项目工程总承包的计量活动中法律地位平等，使用原则是“自愿、公平、诚信、守法、绿色”。

1.0.4 本规范分为可行性研究后项目清单、初步设计后项目清单，具体内容见本规范附录A和附录B。

【条文解读】

本条说明本规范适用的发承包阶段。

本规范适用的发承包阶段为两个阶段，分别是可行性研究后的城市轨道交通工程总承包项目和初步设计后的城市轨道交通工程总承包项目。

1.0.5 城市轨道交通工程总承包的计量，除应遵守本规范外，尚应符合国家现行有关标准的规定。

【条文解读】

本条规定了执行本规范与执行其他标准之间的关系。

本条明确了本规范的条款是城市轨道交通工程总承包计量活动中应遵守的专业性条款，在工程计量活动中，除应遵守本规范外，还应遵守国家现行有关标准的规定。

2 术　　语

【概述】

本规范的第2章“术语”共计2条，按照编制标准规范的要求，“术语”是对本规范特有术语给予的定义，避免规范贯彻实施过程中由于不同理解造成的争议。

2.0.1　城市轨道交通　urban rail transit

城市轨道交通为采用轨道结构进行承重和导向的车辆运输系统，依据城市交通总体规划的要求，设置全封闭或部分封闭的专用轨道线路，以列车或单车形式，运送相当规模客流量的公共交通方式。

2.0.2　项目编码　item code

用于标识工程总承包项目清单的名称所采用的阿拉伯数字及字母。

【条文解读】

“项目编码”是指用于标识工程总承包项目清单的名称所采用的阿拉伯数字及字母，明确了项目编码功能是标识工程总承包项目清单的名称，也明确了项目编码的组成元素为阿拉伯数字及字母。

3　工程量计算

【概述】

本规范的第3章“工程量计算”共计4条，明确了工程计量的依据、计量单位和工程内容，确定了工程量有效位数遵守原则。

3.0.1　工程量计算除应符合本规范相关规定外，还应依据可行性研究文件、初步设计文件及其他有关技术经济文件的规定。

【条文解读】

本条规定了工程量计算的依据。明确工程量计算，一是应遵守《城市轨道交通工程总承包工程量计算规范》T/CCEAS 004—2022 的各项规定；二是应依据可行性研究或初步设计文件以及其他有关技术经济文件进行计算。

3.0.2　工程总承包项目清单的计量单位应按本规范附录中规定的计量单位确定，本规范附录中有两个或两个以上计量单位的，应结合拟建工程项目的实际情况，同一项目宜选择其中一个计量单位。

【条文解读】

本条规定了附录中有两个或两个以上计量单位的项目，在工程计量时，应结合拟建工程项目的实际情况，选择其中一个作为计量单位，在同一个建设项目（或标段、合同段）中，有多个单位工程的相同项目计量单位必须保持一致。

3.0.3　工程量计算时每个项目汇总的有效位数应符合下列规定：

1　以正线公里、铺轨公里、公里、条公里为单位的，应保留小数点后三位数字，第四位小数四舍五入；

2　以“t”“m”“m^2”“m^3”“站”“根”“个”“项”“单延长米”“双延长米”“榀”“台·次”“组”“樘”“条”“列”“kV·A”“座”“所”“系统”“处”“株”为单位的，应四舍五入为整数。

【条文解读】

本条规定了工程计量时，项目清单工程量的有效位数，体现了统一性。在征求意见阶段，有部分专家提出工程量应该精确至2位小数，计量单位“t”则精确至3位小数。经过编制组研究讨论认为：首先，无论是可行性研究阶段还是初步设计阶段，设计方案图纸并非最终施工方案图纸，过于追求工程量的精度并无太大意义。其次，工程总承包项目以总价合同为主，工程量的小数位数对总价影响较小。故编制组结合以上因素及行业习惯，确定了最终的小数位数保留要求。

3.0.4　除另有规定和说明外，本规范项目清单应视为已经包括完成该项目的全部工程内容。

【条文解读】

（1）本规范附录中的“工程内容”不同于《建设工程工程量清单计价规范》GB 50500—2013中的“项目特征”。在《建设工程工程量清单计价规范》GB 50500—2013中，项目特征是“对体现分部分项工程量清单、措施项目清单价值的特有属性和本质特征的描述”，故单价的高低与其具有必然的联系。

在工程总承包模式下，合同价格以总价包干为主。发包人对技术要求、功能需求等在“发包人要求”中予以明确，承包人可以在满足“发包人要求”前提下，自行优化。故本规范的“工程内容”，列举了项目清单包含的工程内容，目的是便于使用者厘清各项目清单涵盖的内容。

因此可以看出，项目清单对应的是可行性研究或初步设计图纸，项目清单中的工程内容来自可行性研究或初步设计图，其内涵及本质与工程量清单的项目特征不同。

（2）本规范对项目的工程内容进行了规定，除另有规定和说明外，应视为已经包括完成该项目的全部工程内容，未列内容不应另行计算，未发生的内容，也不应扣除；本规范附录项目工程内容列出了主要工程内容，施工过程中为满足发包人要求必然发生的其余辅助性工程内容虽然未列出，但应包括在相应项目清单工程内容中。

4 项目清单编制

【概述】

本规范的第4章“项目清单编制”共计2节，8条。规定了编制项目清单的项目名称、项目编码原则等通用性规定。

4.1 一 般 规 定

【概述】

本节共2条，规定了项目清单补充项目以及编码不得重复的编制规定。

4.1.1 编制项目清单时出现本规范附录中未列出的项目，编制人可予以补充。

【条文解读】

工程建设中新材料、新技术、新工艺等不断涌现，本规范附录所列的可行性研究后项目清单和初步设计后项目清单不能涵盖完所有项目。在编制项目清单时，当出现本规范附录中未包括的清单项目时，编制人可作补充。在编制补充项目时应注意以下两个方面。

在规范执行中如遇缺项，编制人可根据项目实际情况进行补充，编码在相应的分类码处按顺序编排，同一招标工程的项目清单编码不得有重码。

在项目清单中应附补充项目的项目名称、计量单位、计量规则和工程内容。

4.1.2 同一招标工程的项目清单编码不得重码。

【条文解读】

在使用本规范时，同一招标工程的项目清单编码应按本规范编码规则进行编码，但不得有重码。

4.2 项目清单

【概述】

本节共6条。一是规定了项目编码、项目名称和工程量计算规则的使用方法，二是明确了项目编码的组成与含义。

4.2.1 项目清单应符合下列规定：

1 可行性研究后应根据本规范附录A规定的项目编码、项目名称、计量单位和工程量计算规则进行编制：先按本规范表A.0.1确定城市轨道交通工程类型分类码，再按本规范表A.0.2确定可行性研究后项目清单。

2 初步设计后应根据本规范附录B规定的项目编码、项目名称、计量单位和工程量计算规则进行编制。

【条文解读】

本条规定了构成一个项目清单的四个要件——项目编码、项目名称、计量单位和工程量，这四个要件在项目清单的组成中缺一不可。并对附录A、附录B的使用规则进行了明确。可行性研究后项目清单应根据本规范附录表A.0.1、表A.0.2组合编制，初步设计后项目清单应根据本规范附录B进行编制。

4.2.2 可行性研究后项目清单编码应由四级编码组成（图4.2.2），并应符合下列规定：

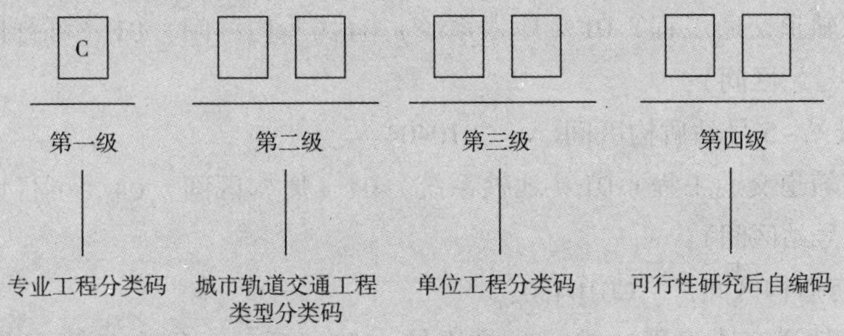

图4.2.2 可行性研究后项目清单编码

第一级为专业工程分类码，城市轨道交通工程对应字母C；

第二级为城市轨道交通类型分类码，由两位阿拉伯数字组成，编码详见本规范表A.0.1；

第三级为单位工程分类码，由两位阿拉伯数字组成，编码详见本规范表A.0.2，本规范表A.0.2中以“××”对应第二级轨道交通类型分类码；

第四级为可行性研究后自编码，由两位阿拉伯数字组成，在同一轨道交通工程中存在多个同类单项工程时使用，如不存在多个同类单项工程时，自编码为00。

在使用时，根据实际项目，并应按本规范表A.0.1和表A.0.2组合使用。

【条文解读】

本条明确了可行性研究后项目清单编码的组成、含义及使用方法。可行性研究后项目清单编码采用四级编码，与之深度相匹配的编制依据为设计说明书和设计图纸。在编制可行性研究后项目清单时，使用单位应根据实际项目组合使用本规范表 A. 0. 1 和表 A. 0. 2 编制前三级编码，并根据项目实际情况自行拟定可行性研究后自编码。

当同一个建设项目存在多个同类单项工程时可用自编码区分可行性研究后清单项，便于数据整合与对比。下面以某地铁线路为例进行可行性研究后项目清单编码：

1. 地下车站

（1）1 号车站　C010101：

C（城市轨道交通工程）01（地铁系统）01（地下车站）01（可行性研究后自编码 1 号车站）；

（2）所有地下车站　C010100①：

C（城市轨道交通工程）01（地铁系统）01（地下车站）00（可行性研究后自编码）。

2. 盾构区间

（1）1 号站~2 号站盾构区间　C010401：

C（城市轨道交通工程）01（地铁系统）04（盾构区间）01（可行性研究后自编码 1 号站~2 号站区间）；

（2）4 号站~5 号站盾构区间　C010404：

C（城市轨道交通工程）01（地铁系统）04（盾构区间）04（可行性研究后自编码 4 号站~5 号站区间）；

（3）所有盾构区间　C010400：

C（城市轨道交通工程）01（地铁系统）04（盾构区间）00（可行性研究后自编码）。

3. 站内客运设备、站台门

（1）所有站内客运设备、站台门　C012600：

C（城市轨道交通工程）01（地铁系统）26（站内客运设备、站台门）00（可行性研究后自编码）；

（2）6 号站内客运设备、站台门　C012606：

C（城市轨道交通工程）01（地铁系统）26（站内客运设备、站台门）06（可行性研究后自编码 6 号车站）。

4.2.3　初步设计后项目清单编码（图 4.2.3）应在可行性研究后项目清单编码的基础上进行，并应符合下列规定：

---

① 当自编码选择使用“00”时，必然不存在前三级编码相同而自编码为“01”“02”等的项目。

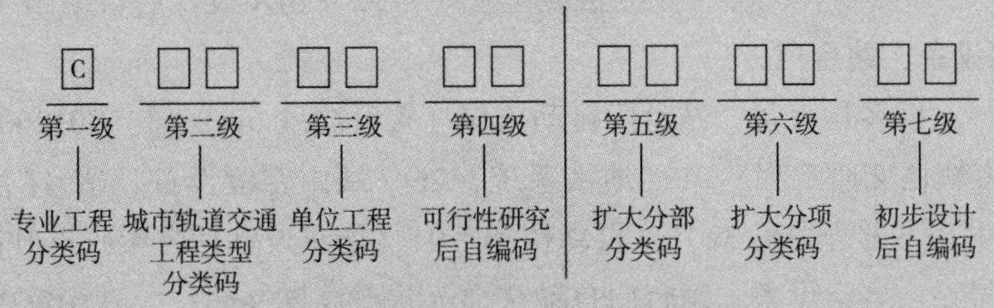

图 4.2.3　初步设计后项目清单编码

第五级为扩大分部分类码，第六级为扩大分项分类码，编码详见本规范附录 B；

第七级为初步设计后自编码，由两位阿拉伯数字组成，在同一扩大分项存在多种情况时使用。

前四级编码按本规范附录 A 确定。

【条文解读】

本条明确了初步设计后项目清单编码的组成、含义及使用方法。初步设计后项目清单编码在可行性研究后编码的基础上补充至七级编码，与之深度相匹配的编制依据为设计总说明、各专业设计说明和图纸。

当同一个建设项目存在多个同类单项工程时可用自编码区分初步设计后清单项，便于数据整合与对比。下面以某地铁线路为例进行初步设计后项目清单编码：

1. 地下车站

（1）1 号车站所有高压旋喷桩　　C010101010500：

C（城市轨道交通工程）01（地铁系统）01（地下车站）01（可行性研究后自编码 1 号车站）0105（高压旋喷桩）00（初步设计后自编码）；

（2）1 号车站高压旋喷桩（双管法）　　C010101010501：

C（城市轨道交通工程）01（地铁系统）01（地下车站）01（可行性研究后自编码 1 号车站）0105（高压旋喷桩）01（初步设计后自编码双管法）；

（3）1 号车站高压旋喷桩（三管法）　　C010101010502：

C（城市轨道交通工程）01（地铁系统）01（地下车站）01（可行性研究后自编码 1 号车站）0105（高压旋喷桩）02（初步设计后自编码三管法）。

2. 盾构区间

（1）1 号站~2 号站盾构区间预制混凝土管片（1.2m 宽）　　C010401090301：

C（城市轨道交通工程）01（地铁系统）04（盾构区间）01（可行性研究后自编码 1 号站~2 号站区间）0903（预制混凝土管片）01（初步设计后自编码 1.2m 宽）；

（2）1 号站~2 号站盾构区间预制混凝土管片（1.5m 宽）　　C010401090302：

C（城市轨道交通工程）01（地铁系统）04（盾构区间）01（可行性研究后自编码1号站~2号站区间）0903（预制混凝土管片）02（初步设计后自编码1.5m宽）。

3. 站内客运设备、站台门

（1）6号站内客运设备、站台门自动扶梯（提升高度6m） C012606320101：

C（城市轨道交通工程）01（地铁系统）26（站内客运设备、站台门）06（可行性研究后自编码6号车站）3201（自动扶梯）01（初步设计后自编码提升高度6m）；

（2）6号站内客运设备、站台门自动扶梯（提升高度9m） C012606320102：

C（城市轨道交通工程）01（地铁系统）26（站内客运设备、站台门）06（可行性研究后自编码6号车站）3201（自动扶梯）02（初步设计后自编码提升高度9m）。

4.2.4 项目清单中的项目名称应按本规范附录A和附录B中规定的项目名称，并结合拟建工程项目的实际情况予以确定。

【条文解读】

本条明确了项目清单中的项目名称命名原则。项目清单中的项目名称应按附录中规定的项目名称结合拟建工程项目的实际予以确定，特别是归并或综合性较大的项目应区分项目名称，分别编码列项。例如预制混凝土管片，可以根据项目实际情况命名为：预制混凝土管片（1.5m宽）、预制混凝土管片（1.2m宽）、预制混凝土管片（直径6m）、预制混凝土管片（直径8m）等。

4.2.5 工程总承包的计量应按本规范附录A和附录B规定的计量规则计算。

【条文解读】

本条规定了项目清单工程量计算原则。

4.2.6 车辆基地、运营控制中心的房屋建筑与装修，动力与照明，通风、空调与供暖，给水与排水、消防，楼宇智能化，电梯，附属工程等应符合《房屋工程总承包工程量计算规范》T/CCEAS 002—2022的有关规定。

【条文解读】

在本规范征求意见过程中，有专家提出为保证城市轨道交通工程的统一、完整性，车辆基地、运营控制中心应纳入本规范编制范围，不执行《房屋工程总承包工程量计算规范》T/CCEAS 002—2022。经过编制组研究认为，《房屋工程总承包工程量计算规范》T/CCEAS 002—2022、《城市轨道交通工程总承包工程量计算规范》T/CCEAS 004—2022、《市政工程总承包工程量计算规范》T/CCEAS 003—2022之间是相辅相成的。在实际发承包活动中，市政配套工程、车辆基地上盖物业开发等随城市轨道交通工程一同发包建设也存在可能，若在本规范中穷尽所有专业，则等于将三本规范合并为一本规范，但又无法兼顾房屋工程、市政工程、城市轨道交通工程之间不同的建设流程、设计深度。故本规范将车辆基地、运营控制中心的常规专业纳入《房屋工程总承包工程量计算规范》T/CCEAS 002—2022 编制范围，对特殊专业纳入本规范编制范围。

附录A　可行性研究后项目清单

【概述】

附录A共2节，规定了城市轨道交通工程的分类（4项）和可行性研究后的项目清单（28项）。

A.0.1　城市轨道交通工程分类应符合表A.0.1的规定。

表A.0.1　城市轨道交通工程分类表

项目编码	项目名称
C01	地铁系统
C02	市域快轨系统
C03	轻轨系统
C04	有轨电车系统

注：在本规范执行中如遇缺项，发包人可根据项目实际情况进行补充，编码顺排。

【要点说明】

《城市公共交通分类标准》CJJ/T 114—2007将城市轨道交通分为地铁系统、轻轨系统、单轨系统、有轨电车、磁浮系统、自动导向轨道系统、市域快速轨道系统。

《城市轨道交通分类》T/CAMET 00001—2020分别按运输能力、空间范围、路权形式、设计最高速度和系统制式对城市轨道交通进行了分类，其中按系统制式分为地铁系统、市域快轨系统、轻轨系统、中低速磁浮交通系统、跨座式单轨系统、悬挂式单轨系统、自导向轨道系统、有轨电车系统、导轨式胶轮系统、电子导向胶轮系统。

本规范未直接采用以上标准，一方面是以上标准的划分结果并不唯一，作为工程量计算规范会在实际操作过程中对使用人员造成困扰，如《城市轨道交通分类》T/CAMET 00001—2020中，5 000~12 000人次每小时、设计最高速度60~70km/h、开放式或部分封闭路权形式、敷设方式地面为主、车辆类型以胶轮车辆为主、列车长度小于60m的城市轨道交通，既属于有轨电车系统，又属于电子导向胶轮系统；另一方面，结合我国城市轨道交通建设现状，地铁系统、市域快轨系统、轻轨系统、有轨电车系统等4个系统最为常见且专业组成相近，具备整合在一起共同使用一本工程量计算规范的基础。对于其他城市轨道交通系统，如磁浮系统等，可以补充使用，编码顺排。因编码顺排由使用人员自行决定、不具备统一性，在后期大数据收集过程中，不汇总整理 C05 及以后的类型的工程数据。

A. 0. 2　可行性研究后项目清单应符合表 A. 0. 2 的规定。

表 A. 0. 2　可行性研究后项目清单表

项目编码	项目名称	计量单位	计量规则	工程内容
C××01	地下车站	m^2	按设计图示尺寸以建筑面积计算	包括车站主体、出入口通道、风道、风井、车站房屋、车站装修、车站附属设施、加固及建（构）筑物保护、管线悬吊保护、各类迁改及恢复等全部工程内容
C××02	高架车站			
C××03	地面车站			
C××04	盾构区间	双延长米	按设计图示尺寸以长度计算	包括区间主体、联络通道、加固及建（构）筑物保护、噪声防护、管线悬吊保护、各类迁改及恢复等全部工程内容
C××05	暗挖区间			
C××06	明挖区间			
C××07	高架区间			
C××08	地面区间			
C××09	独立盾构井	1. 个 2. m^2	1. 以“个”计量，按设计图示数量计算 2. 以“m^2”计量，按设计图示尺寸以建筑面积计算	包括主体、加固及建（构）筑物保护、管线悬吊保护、各类迁改及恢复等全部工程内容
C××10	竖（斜）井			
C××11	独立轨排井			
C××12	区间风井	m^2	按设计图示尺寸以建筑面积计算	包括主体、装修、附属设施、加固及建（构）筑物保护、管线悬吊保护、各类迁改及恢复等全部工程内容
C××13	轨道工程	铺轨公里	按设计图示每股道的中心线长度计算	包括铺轨、道岔、道床、线路有关工程等全部工程内容
C××14	通信系统	正线公里	按设计图示尺寸以长度计算	包括设备、线缆及线缆载体、设备（管道）支架、设备基础及接地、软件、系统调试与试运行等全部工程内容
C××15	信号系统			
C××16	主变电站	座	按设计图示数量以座计算	包括主变电站、电力进线、电力通道等全部工程内容

表A. 0. 2(续)

项目编码	项目名称	计量单位	计量规则	工程内容
C××17	供电系统	正线公里	按设计图示尺寸以长度计算	包括设备、线缆及线缆载体、设备（管道）支架、设备基础及接地、软件、系统调试与试运行等全部工程内容
C××18	动力与照明工程			包括设备、线缆及线缆载体、设备（管道）支架、设备基础及接地、系统调试等全部工程内容
C××19	综合监控系统	正线公里	按设计图示尺寸以长度计算	包括设备、线缆及线缆载体、设备（管道）支架、设备基础及接地、软件、系统调试与试运行等全部工程内容
C××20	环境与设备监控系统			
C××21	火灾自动报警系统			
C××22	安防、门禁系统			
C××23	通风、空调与供暖工程			包括设备、管道、阀门、支架、套管及附件、系统性试验等全部工程内容
C××24	给水与排水、消防工程			包括设备、管道、阀门、支架、套管及附件、系统性试验、市政接驳工程等全部工程内容
C××25	自动售检票系统			包括设备、线缆及线缆载体、设备（管道）支架、设备基础及接地、软件、系统调试等全部工程内容
C××26	站内客运设备、站台门	站	按设计图示以车站数量计算	包括设备安装、电气安装、调试等全部工程内容
C××27	人防工程			包括人防门、防淹门、机电设备安装等全部工程内容

表A.0.2(续)

项目编码	项目名称	计量单位	计量规则	工程内容
C××28	地铁骨干网系统	正线公里	按设计图示以车站数量计算	包括设备、线缆及线缆载体、设备（管道）支架、设备基础及接地、软件、系统调试与试运行等全部工程内容

注：1 计量单位中存在两个及以上单位的项目，可由发包人根据拟建项目实际情况确定。

2 建筑面积是指按照现行国家标准《建筑工程建筑面积计算规范》GB/T 50353计算的面积。

3 双线区间的双延米工程量按区间的长度计算；单线区间的双延米工程量按区间长度乘以0.5计算。

4 区间的界限以车站的结构侧墙外边线为界。

【要点说明】

（1）在城市轨道交通工程可行性研究阶段，土建设计深度大于机电系统设计，也存在土建造价金额大于机电系统造价金额的客观情况，因此在可行性研究后项目清单中，土建项目的颗粒度较机电项目小。

（2）独立盾构井、竖（斜）井、独立轨排井、区间风井在可行性研究报告估算表中往往属于区间范围，但独立盾构井、竖（斜）井、独立轨排井、区间风井纳入区间会使得区间的指标单价异常，不利于判断区间指标价格的合理性，也降低了后期大数据指标的参考性，因此本规范将独立盾构井、竖（斜）井、独立轨排井、区间风井单独列项。

（3）站内客运设备、站台门按站计列，包含电梯、自动扶梯、自动人行道、轮椅升降台、安全门及屏蔽门等所有工程的内容，电梯、自动扶梯、自动人行道、轮椅升降台是否包含运营期维保内容需根据发包人要求区分考虑。

（4）供电系统包含全线牵引降压混合变电所、降压变电所、降压变电所、跟随所、环网电缆（含通道）、接触网（轨）、杂散电流防护、电力监控（SCADA）、车站不间断电源（UPS）系统整合、再生制动能量利用系统、电能质量管理系统、光伏发电系统、工点生产管理系统及供电车间等费用。

（5）通信系统包含专用通信系统、公安通信系统、地铁应急网系统，不包含民用通信系统引入。

（6）主变电站包含主变电站的房屋土建和装饰、电力进线（含通道）、变电设备及安装等工程费用，地上主变站和地下主变站对房屋土建和装饰影响较大，可行性研究阶段需着重注意区分两种方案。

（7）本工程包含地铁逻辑控制系统/地铁线网指挥中心（MLC/COCC）接入，但不包含 MLC/COCC 改造。

(8) 本工程各系统所需的备品备件及专业工器具包含在对应系统中。备品备件及专业工器具可以按比例 1%～3% 或该城市线路备品备件留存情况计列。

(9) 车辆段工艺设备因专业性较强，可行性研究阶段深度无法达到要求，且根据城市轨道交通工程实施情况来看，由建设单位待需求确定后自行招标，一般不纳入工程总承包的范围，所以本规范未编制此部分内容。车辆段燃气接入等相关内容可根据可行性研究方案考虑在车辆段工程中。

(10) 地铁骨干网系统是轨道交通达到一定规模建设后，形成多个区域控制中心，这些区域中心之间，采用传输设备和光缆等作为载体，进行信息传输组网和互通互联。

附录 B　初步设计后项目清单

【概述】

附录 B 共 40 条，规定了城市轨道交通工程初步设计后的项目清单（如表 2-1 所示）。

表 2-1　城市轨道交通工程初步设计后项目清单所含项目及数量

序号	名称	本规范项目数	备注
B.0.1	地基、围护结构	15	
B.0.2	土石方工程	5	
B.0.3	现浇钢筋混凝土工程	5	
B.0.4	预制钢筋混凝土工程	5	
B.0.5	桥梁结构工程	32	
B.0.6	暗挖工程	7	
B.0.7	路基防护工程	15	
B.0.8	钢结构工程	8	
B.0.9	盾构工程	13	
B.0.10	屋面工程	4	
B.0.11	防水工程	4	
B.0.12	建筑装饰工程	4	
B.0.13	附属工程	10	
B.0.14	铺轨工程	4	
B.0.15	道岔工程	6	
B.0.16	道床工程	12	
B.0.17	线路有关工程	18	
B.0.18	人防工程	5	
B.0.19	通信系统	3	
B.0.20	信号系统	7	
B.0.21	主变电站	3	
B.0.22	供电系统	7	
B.0.23	动力与照明工程	2	

表2-1(续)

序号	名称	本规范项目数	备注
B. 0. 24	综合监控系统	4	
B. 0. 25	环境与设备监控系统（BAS）	4	
B. 0. 26	火灾自动报警系统（FAS）	6	
B. 0. 27	安全防范系统	4	
B. 0. 28	门禁系统	6	
B. 0. 29	通风、空调与供暖工程	4	
B. 0. 30	给水与排水、消防工程	6	
B. 0. 31	自动售检票系统	3	
B. 0. 32	站内客运设备、站台门	5	
B. 0. 33	地铁骨干网系统	1	
B. 0. 34	沟渠、河涌迁改	5	
B. 0. 35	管线迁改	12	
B. 0. 36	管线悬吊保护	11	
B. 0. 37	道路及市政设施拆除及恢复	3	
B. 0. 38	建（构）筑物拆除及恢复	3	
B. 0. 39	拆除工程	1	
B. 0. 40	措施项目	11	
合　计		283	

B. 0. 1　地基、围护结构应符合表 B. 0. 1 的规定。

表 B. 0. 1　地基、围护结构（C××××××01）

项目编码	项目名称	计量单位	计量规则	工程内容
C××××××0101	灌注桩	1. m 2. m^3 3. 根	1. 以“m”计量，按设计图示尺寸以桩长（包括桩尖）计算 2. 以“m^3”计量，按设计图示桩身截面积乘以桩长（包括桩尖）计算 3. 以“根”计量，按设计图示数量以根计算	包括成孔、固壁、钢筋、混凝土、桩尖、截桩、场地清理等全部工程内容
C××××××0102	钢管桩	t	按设计图示尺寸以质量计算	包括打桩、沉桩、场地清理等全部工程内容

表B.0.1(续)

<table>
<tr><th>项目编码</th><th>项目名称</th><th>计量单位</th><th>计量规则</th><th>工程内容</th></tr>
<tr><td>C××××××0103</td><td>预制钢筋混凝土桩</td><td>1. m
2. m^3</td><td>1. 以“m”计量，按设计图示尺寸以桩长（包括桩尖）计算
2. 以“m^3”计量，按设计图示桩身截面积乘以桩长（包括桩尖）计算</td><td rowspan="2">包括打桩、沉桩、接桩、送桩、桩尖、截桩、场地清理等全部工程内容</td></tr>
<tr><td>C××××××0104</td><td>钢板桩</td><td>1. m^2
2. t</td><td>1. 以“m^2”计量，按设计图示尺寸以面积计算
2. 以“t”计量，按设计图示尺寸以质量计算</td></tr>
<tr><td>C××××××0105</td><td>高压旋喷桩</td><td rowspan="2">1. m
2. m^3
3. 根</td><td rowspan="2">1. 以“m”计量，按设计图示尺寸以长度计算
2. 以“m^3”计量，按设计图示尺寸以体积计算
3. 以“根”计量，按设计图示数量计算</td><td>包括钻孔、旋喷、场地清理等全部工程内容</td></tr>
<tr><td>C××××××0106</td><td>搅拌桩</td><td>包括钻孔、搅拌、喷浆（粉）、场地清理等全部工程内容</td></tr>
<tr><td>C××××××0107</td><td>地下连续墙</td><td rowspan="3">m^3</td><td>按设计图示尺寸以体积计算</td><td>包括导墙、成槽、钢筋混凝土、余方处置等全部工程内容</td></tr>
<tr><td>C××××××0108</td><td>冠梁、压顶梁</td><td rowspan="2">按设计图示尺寸以体积计算，不计算垫层体积</td><td rowspan="2">包括钢筋混凝土、模板、脚手架或支架（含基础）、预埋件、场地清理等全部工程内容</td></tr>
<tr><td>C××××××0109</td><td>挡土墙</td></tr>
<tr><td>C××××××0110</td><td>钢支撑、钢围檩、钢立柱</td><td>t</td><td>按设计图示尺寸以质量计算</td><td>包括钢支撑、钢围檩、格构柱、钢管柱、横撑、斜撑、预埋件等全部工程内容</td></tr>
<tr><td>C××××××0111</td><td>喷射混凝土</td><td>m^2</td><td>按设计图示尺寸以面积计算</td><td>包括混凝土喷射、钢筋、排水孔等全部工程内容</td></tr>
<tr><td>C××××××0112</td><td>混凝土支撑</td><td>m^3</td><td>按设计图示尺寸以体积计算，不计算垫层体积</td><td>包括混凝土、钢筋、预埋件、场地清理等全部工程内容</td></tr>
</table>

表B.0.1(续)

项目编码	项目名称	计量单位	计量规则	工程内容
C××××××0113	土钉、钢花管	1. m 2. 根	1. 以“m”计量，按设计图示尺寸以长度计算 2. 以“根”计量，按设计图示数量计算	包括钻孔、压浆、土钉、钢花管等全部工程内容
C××××××0114	锚杆（索）			包括钻孔、压浆、锚杆（索）、锚具等全部工程内容
C××××××0115	地基处理	m^2	以地基处理面积计算	包括地基强夯、预压、粒料类振冲挤密、换填、抛石挤淤、注浆等处理方式以及余方弃置等全部工程内容

注：1 项目编码中第二级编码“××”应与本规范附录A中的城市轨道交通工程类型分类码的编码对应，如为轻轨系统时，表中的“××”则为“03”，下同。

2 项目编码中第三级编码“××”应与本规范附录A中的城市轨道交通工程单位工程分类码的编码对应，如为地面车站时，表中的“××”则为“03”，下同。

3 招标人编制项目清单时，可只列项目不列工程数量，下同。

4 根据相关规范要求或工艺需求，部分项目实施完成后需进行的拆除、余方处置等工程内容包括在本规范对应项目清单中，不单独列项，下同。

5 如钢筋混凝土构件需要设置垫层的，其工程内容还应包括垫层，但垫层工程量不另行计算，下同。

【要点说明】

（1）城市轨道交通工程中，地基、围护结构的造价占比较大，同时在初步设计阶段通常已有具体的支护设计，因此相较于市政工程、房屋工程，城市轨道交通工程的地基、围护结构的开项颗粒度更小。

（2）灌注桩包括泥浆护壁成孔灌注桩、沉管灌注桩、干作业成孔灌注桩、人工挖孔灌注桩、咬合灌注桩等各类灌注桩。

（3）城市轨道交通工程中，大多数构件存在拆除的可能性，例如：在明挖车站、区间封顶后的挡土墙、混凝土支撑通常会被拆除；出入通道、风道与车站主体相交处的围护桩需要拆除；盖挖工法下的临时混凝土柱需要拆除；冠梁则需要根据埋深和抗浮设计进一步确定是否拆除等。因此在本条及后续条文中各清单项目的工程内容，不再特别写明包括拆除，也不单独列项。

B. 0. 2　土石方工程应符合表 B. 0. 2 的规定。

表 B. 0. 2　土石方工程（C××××××02）

项目编码	项目名称	计量单位	计量规则	工程内容
C××××××0201	土石方开挖	m^3	按设计图示尺寸以体积计算	包括基底钎探、土石方开挖、运输、余方处置等全部工程内容
C××××××0202	土石方回填			包括取土、运输、回填、压实、土工合成材料等全部工程内容
C××××××0203	砂砾石、碎石回填			包括填料、运输、回填、压实等全部工程内容
C××××××0204	素混凝土回填			包括混凝土、养护等全部工程内容
C××××××0205	其他填料回填			包括填料、运输、回填、压实等全部工程内容

注：土石方开挖计量规则中的图示尺寸是指当计算对象为明挖法土石方时，工程量按设计图示尺寸以基础垫层水平投影面积乘以基础开挖深度计算；当计算对象为盖挖法土石方时，工程量按设计图示尺寸以临时盖板水平投影面积乘以基础开挖深度计算；当计算对象为暗挖法土石方时，工程量按设计图示尺寸以隧道截面面积乘以隧道长度计算。

【要点说明】

本规范在对项目清单开项时，对于常用的、指标价格有明显差异的清单项目予以单独计列，对于价格差异不大的予以综合考虑列项，对于不常见的项目合并为其他项目。所以土石方、砂砾石、碎石、混凝土以外的填料，均执行其他填料回填；若根据项目实际情况需要加以区分单列，可以修改项目名称及使用自编码进一步区分，例如：其他填料回填-建渣、其他填料回填-陶粒。

B. 0. 3　现浇钢筋混凝土工程应符合表 B. 0. 3 的规定。

表 B. 0. 3　现浇钢筋混凝土工程（C××××××03）

项目编码	项目名称	计量单位	计量规则	工程内容
C××××××0301	现浇钢筋混凝土基础	m^3	按设计图示尺寸以体积计算，不计算垫层体积	包括钢筋混凝土、模板、脚手架或支架（含基础）、场地清理等全部工程内容

表B. 0. 3(续)

<table>
<tr><th>项目编码</th><th>项目名称</th><th>计量单位</th><th>计量规则</th><th>工程内容</th></tr>
<tr><td>C××××××0302</td><td>现浇钢筋混凝土柱</td><td rowspan="3">m^3</td><td rowspan="3">按设计图示尺寸以体积计算</td><td rowspan="4">包括钢筋混凝土、模板、脚手架或支架(含基础)、场地清理等全部工程内容</td></tr>
<tr><td>C××××××0303</td><td>现浇钢筋混凝土梁、板</td></tr>
<tr><td>C××××××0304</td><td>现浇钢筋混凝土墙</td></tr>
<tr><td>C××××××0305</td><td>现浇钢筋混凝土楼梯</td><td>1. m^2
2. m^3</td><td>1. 以“m^2”计量，按设计图示以水平投影面积计算，不扣除宽度小于或等于500mm的楼梯井，伸入墙内部分不计算
2. 以“m^3”计量，按设计图示尺寸以体积计算</td></tr>
</table>

注：1 柱高计算规则：①框架柱的柱高：应自柱基上表面至柱顶高度计算；②依附柱上的牛腿和升板的柱帽，并入柱身体积计算。
2 梁长计算规则：梁与柱连接时，梁长算至柱侧面。
3 桥梁中现浇钢筋混凝土工程按本规范表 B. 0. 5 执行。
4 暗挖中现浇钢筋混凝土工程按本规范表 B. 0. 6 暗挖工程执行。
5 预应力钢筋混凝土构件执行现浇钢筋混凝土构件相应项目，其工程内容还应包括预应力钢筋、钢绞线、锚具、波纹管、压浆等全部工程内容。
6 预埋件、地锚、对拉螺栓、变形缝、止水带、排水管（泄水孔）等包括在相应项目工程内容中。

【要点说明】

矩形梁、无梁板、有梁板、顶板、底板、中板、站台板、现浇疏散平台等各类梁板均执行“现浇钢筋混凝土梁、板”项目。

B. 0. 4 预制钢筋混凝土工程应符合表 B. 0. 4 的规定。

表 B.0.4　预制钢筋混凝土工程（C××××××04）

项目编码	项目名称	计量单位	计量规则	工程内容
C××××××0401	预制钢筋混凝土梁	m^3	按设计图示尺寸以体积计算	包括预制场、预制钢筋混凝土构件、支架（撑）及基础、注浆、接缝、场地清理等全部工程内容
C××××××0402	预制钢筋混凝土柱			
C××××××0403	预制钢筋混凝土板			
C××××××0404	预制钢筋混凝土墙			
C××××××0405	预制钢筋混凝土其他构件			

注：1　预制钢筋混凝土其他构件，不含预制钢筋混凝土桩、预制钢筋混凝土管片、预制钢筋混凝土道床板等在其他章节中已包括的项目。

2　桥梁中预制钢筋混凝土工程按本规范表 B.0.5 执行。

B.0.5　桥梁结构工程应符合表 B.0.5 的规定。

表 B.0.5　桥梁结构工程（C××××××05）

项目编码	项目名称	计量单位	计量规则	工程内容
C××××××0501	现浇钢筋混凝土基础	m^3	按设计图示尺寸以体积计算，不计算垫层体积	包括钢筋混凝土、模板、脚手架或支架（含基础）、预埋件、场地清理等全部工程内容
C××××××0502	现浇钢筋混凝土承台		按设计图示尺寸以体积计算	
C××××××0503	现浇钢筋混凝土墩（台）身			
C××××××0504	现浇钢筋混凝土墩（台）盖梁、支撑梁、横梁及连系梁			

表B.0.5(续)

项目编码	项目名称	计量单位	计量规则	工程内容
C××××××0505	现浇钢筋混凝土塔身	m³	按设计图示尺寸以体积计算	包括钢筋混凝土、模板、脚手架或支架（含基础）、预埋件、场地清理等全部工程内容
C××××××0506	现浇钢筋混凝土板			
C××××××0507	现浇钢筋混凝土板拱			
C××××××0508	现浇钢筋混凝土梁(支架现浇法)			
C××××××0509	现浇钢筋混凝土梁(悬浇法)			包括钢筋混凝土、模板、脚手架或支架（含基础）、挂篮系统、场地清理等全部工程内容
C××××××0510	现浇钢筋混凝土梁(转体法)			包括钢筋混凝土、牵引系统、平衡系统、承重系统、场地清理等全部工程内容
C××××××0511	其他现浇钢筋混凝土梁			包括钢筋混凝土、模板、脚手架或支架（含基础）、场地清理等全部工程内容
C××××××0512	现浇钢筋混凝土挡墙			
C××××××0513	现浇钢筋混凝土桥面铺装			
C××××××0514	现浇钢筋混凝土其他构件		按设计图示尺寸以体积计算，不计算垫层体积	
C××××××0515	预制钢筋混凝土墩（台）身		按设计图示尺寸以体积计算	包括预制场、预制钢筋混凝土构件、支架（撑）及基础、注浆、接缝、场地清理等全部工程内容
C××××××0516	预制钢筋混凝土板			

表B. 0. 5(续)

项目编码	项目名称	计量单位	计量规则	工程内容
C××××××0517	预制钢筋混凝土箱梁、T型梁	m^2	按设计图示尺寸以体积计算	包括预制场、预制钢筋混凝土构件、支架（撑）及基础、注浆、接缝、场地清理等全部工程内容
C××××××0518	预制钢筋混凝土节段梁			
C××××××0519	预制钢筋混凝土挡墙			
C××××××0520	其他预制钢筋混凝土构件			
C××××××0521	钢柱	t	按设计图示尺寸以质量计算，不扣除孔眼的质量，螺栓、焊条、铆钉等不另增加质量	包括成品钢构件、支架（撑）及基础、探伤、防火、防腐、场地清理等全部工程内容
C××××××0522	钢梁		按设计图示尺寸以质量计算，不扣除孔眼的质量，焊条、铆钉、螺栓等不另增加质量	
C××××××0523	钢拱			
C××××××0524	钢桁架			
C××××××0525	悬（斜拉）索体系			
C××××××0526	其他桥梁钢构件			
C××××××0527	桥梁支座	套	按设计图示数量计算	包括支座安装、预埋件等全部工程内容
C××××××0528	防震落梁	t	按设计图示尺寸以质量计算	包括防震落梁安装、预埋件等全部工程内容
C××××××0529	桥梁装饰	m^2	按设计图示尺寸以装饰面积计算	包括桥梁装饰等全部工程内容
C××××××0530	桥梁安全防护	项	按项计算	包括警示标志、栏杆、限高架、防撞设施等全部工程内容
C××××××0531	桥面排（泄）水			包括雨水口、管道、落水槽等全部工程内容

表B.0.5(续)

项目编码	项目名称	计量单位	计量规则	工程内容
C××××××0532	桥梁伸缩缝	m	按设计图示尺寸以长度计算	包括伸缩缝、预埋件等全部工程内容

注：1 支座垫石、挡块工程量计入相应的墩（台）盖梁，不单独列项。
2 预应力钢筋混凝土构件执行钢筋混凝土构件相应项目，其工程内容还应包括预应力钢筋、钢绞线、锚具、波纹管、压浆等全部工程内容。
3 预埋件、地锚、变形缝、止水带、排水管（泄水孔）等包括在相应项目工程内容中。

【要点说明】

（1）悬浇法施工中，0号块部分按“现浇钢筋混凝土梁（悬浇法）”执行。

（2）本条中的“钢柱”“钢梁”“钢拱”指桥梁结构中的钢结构，而高架车站中的钢结构，执行“B.0.8 钢结构工程”。

B.0.6 暗挖工程应符合表B.0.6的规定。

表B.0.6 暗挖工程（C××××××06）

项目编码	项目名称	计量单位	计量规则	工程内容
C××××××0601	小导管	m	按设计图示尺寸以长度计算	包括钻孔、小导管、压浆、封孔等全部工程内容
C××××××0602	管棚			包括钻孔、管棚、导向墙、压浆、封孔等全部工程内容
C××××××0603	型钢（钢筋）格栅	t	按设计图示尺寸以质量计算	包括型钢（钢筋）格栅制作、安装等全部工程内容
C××××××0604	初期支护背后注浆	1. 单延长米 2. m^2	1. 以“单延长米”计量，按设计图示以暗挖隧道结构长度计算 2. 以“m^2”计量，按设计图示尺寸以初期支护面积计算	包括注浆管、压浆、封孔等全部工程内容

表B.0.6(续)

项目编码	项目名称	计量单位	计量规则	工程内容
C××××××0605	衬砌钢筋混凝土	m^3	按设计图示尺寸以体积计算	包括钢筋混凝土、模板、脚手架或支架(含基础)、场地清理等全部工程内容
C××××××0606	衬砌背后注浆	1. 单延长米 2. m^2	1. 以“单延长米”计量，按设计图示以暗挖隧道结构长度计算 2. 以“m^2”计量，按设计图示尺寸以面积计算	包括注浆管、压浆、封孔等全部工程内容
C××××××0607	洞内临时设施	单延长米	按设计图示尺寸以隧道长度计算	包括通风、供水、排水、供电照明、通信等全部工程内容

【要点说明】

管棚施工中若需设置管棚工作室，也含在“管棚”项目中。

B.0.7 路基防护工程应符合表B.0.7的规定。

表 B.0.7 路基防护工程（C××××××07）

项目编码	项目名称	计量单位	计量规则	工程内容
C××××××0701	防护栏杆、栏板		按设计图示尺寸以体积计算	包括制作、运输、安装、场地清理等全部工程内容
C××××××0702	混凝土护肩、护脚	m^3	按设计图示尺寸以体积计算，不计算垫层体积	包括钢筋混凝土、模板、脚手架或支架(含基础)、场地清理等全部工程内容
C××××××0703	浆砌、干砌砌体			包括砌体、场地清理等全部工程内容

表 B. 0. 7(续)

项目编码	项目名称	计量单位	计量规则	工程内容
C××××××0704	植草防护	m^2	按设计图示尺寸以面积计算	包括整修边坡、植草、养护、截水沟等全部工程内容
C××××××0705	砌石（砖）防护			包括砌筑、截水沟、场地清理等全部工程内容
C××××××0706	喷射混凝土（砂浆）防护			包括喷射混凝土、钢筋网片、锚杆(索)、截水沟、场地清理等全部工程内容
C××××××0707	预制混凝土防护			包括预制混凝土、截水沟、场地清理等全部工程内容
C××××××0708	其他防护			包括柔性防护网、抛石防护、灰浆抹面等其他防护工程
C××××××0709	防护栅栏			包括防护栅栏等全部工程内容
C××××××0710	路基排水沟	1. m 2. m^3	1. 以“m”计量，按设计图示尺寸以长度计算 2. 以“m^3”计量，按设计图示尺寸以体积计算	包括排水沟、变形缝、场地清理等全部工程内容
C××××××0711	排水管	m	按设计图示尺寸以长度计算	包括垫层、排水管、场地清理等全部工程内容
C××××××0712	独立集水坑	1. 个 2. m^3	1. 以“个”计量，按设计图示数量计算 2. 以“m^3”计量，按设计图示尺寸以体积计算	包括钢筋混凝土、模板、脚手架或支架（含基础）等全部工程内容

表B.0.7(续)

项目编码	项目名称	计量单位	计量规则	工程内容
C××××××0713	圆管涵	1. m 2. m^3	1. 以“m ”计量，按设计图示尺寸以长度计算 2. 以“m^3”计量，按设计图示尺寸以体积计算	包括基础、钢筋混凝土、防水、洞口建筑、场地清理等全部工程内容
C××××××0714	盖板涵			
C××××××0715	箱涵			

注：1　砌体材质包括砖、石、砌块等。

2　排水管（泄水孔）、变形缝、止水带、防潮层、预埋铁件等应包括在相应项目工程内容中。

【要点说明】

圆管涵、盖板涵、箱涵采用“m^3”作为计量单位时，以涵体材料体积计算，而非涵体外轮廓体积。

B.0.8　钢结构工程应符合表B.0.8的规定。

表B.0.8　钢结构工程（C××××××08）

项目编码	项目名称	计量单位	计量规则	工程内容
C××××××0801	钢网架	t	按设计图示尺寸以质量计算，不扣除孔眼的质量，焊条、铆钉、螺栓等不另增加质量	包括成品钢构件制作与安装、防火、防腐、面漆、场地清理等全部工程内容
C××××××0802	钢屋架、钢托架、钢桁架	1. 榀 2. t	1. 以“榀 ”计量，按设计图示数量计算 2. 以“t”计量，按设计图示尺寸以质量计算，不扣除孔眼的质量，焊条、铆钉、螺栓等不另增加质量	
C××××××0803	钢柱	t	按设计图示尺寸以质量计算，不扣除孔眼的质量，焊条、铆钉、螺栓等不另增加质量	包括成品钢构件制作与安装、防火、防腐、面漆、场地清理等全部工程内容
C××××××0804	钢梁			
C××××××0805	钢平台			

表B.0.8(续)

项目编码	项目名称	计量单位	计量规则	工程内容
C××××××0806	钢楼板、墙板	m^2	按设计图示尺寸以铺设水平投影面积计算	包括成品钢构件制作与安装、防火、防腐、面漆、场地清理等全部工程内容
C××××××0807	钢楼梯	t	按设计图示尺寸以质量计算,不扣除孔眼的质量,焊条、铆钉、螺栓等不另增加质量	
C××××××0808	其他钢构件			

注:桥梁结构中的钢结构按本规范表B.0.5执行。

B.0.9 盾构工程应符合表B.0.9的规定。

表B.0.9 盾构工程(C××××××09)

项目编码	项目名称	计量单位	计量规则	工程内容
C××××××0901	盾构机吊装及吊拆	台·次	按设计图示数量计算	包括吊装、吊拆等全部工程内容
C××××××0902	盾构掘进	m	按设计图示掘进长度计算	包括掘进、管片拼装、压浆、渣土处置等全部工程内容
C××××××0903	预制混凝土管片	m^3	按设计图示尺寸以体积计算	包括成品管片及配件等全部工程内容
C××××××0904	钢管片	t	按设计图示尺寸以质量计算	
C××××××0905	钢筋混凝土复合管片	m^3	按设计图示尺寸以体积计算	
C××××××0906	盾构机进场	台·次	按设计图示数量计算	包括进场、出场、转场、掉头、平移、空推等全部工程内容
C××××××0907	盾构机出场			
C××××××0908	盾构机转场			
C××××××0909	盾构机掉头			
C××××××0910	盾构机平移			
C××××××0911	盾构机空推(过站)	1. m 2. 台·次	1. 以“m”计量,按设计图示尺寸以长度计算 2. 以“台·次”计量,按设计图示数量计算	

表B.0.9(续)

项目编码	项目名称	计量单位	计量规则	工程内容
C××××××0912	洞门加固	项	按设计图示数量计算	包括盾构洞门范围的土体加固、洞门措施等全部工程内容
C××××××0913	联络通道	处	按设计图示以联络通道数量计算	包括联络通道的主体结构、降水、加固等全部工程内容

【要点说明】

带盾构的利用岩石掘进机(TBM)掘进法按本条执行。

B.0.10 屋面工程应符合表B.0.10的规定。

表B.0.10 屋面工程(C××××××10)

项目编码	项目名称	计量单位	计量规则	工程内容
C××××××1001	瓦屋面	m^2	按设计图示尺寸以斜面积计算,檐口、檐沟和天沟等不另增加面积	包括找平、保护层、保温层、隔热层、防水层、密封层、瓦、细部构造、表面处理等全部工程内容
C××××××1002	型材屋面			包括保温层、隔热层、防水层、密封层、檩条、檩托、面层、细部构造、表面处理等全部工程内容
C××××××1003	膜结构屋面		按设计图示尺寸以需要覆盖的水平投影面积计算	包括钢支柱(钢网架)、钢拉索、膜布、钢丝绳、锚固基座、密封层、油漆、细部构造、表面处理等全部工程内容

表B.0.10(续)

项目编码	项目名称	计量单位	计量规则	工程内容
C××××××1004	混凝土板屋面	m^2	按设计图示尺寸以面积计算	包括找平、保护层、保温层、隔热层、防水层、密封层、面层（或植被）、细部构造、表面处理等全部工程内容

注：1　屋面细部构造包括檐口、檐沟和天沟、女儿墙和山墙、水落口、变形缝、伸出屋面管道、屋面出入口、反梁过水孔、设施基座、屋脊、屋顶窗。

2　屋面工程指屋面结构层以上至装饰完成面的全部工作，包括但不限于保温、防水、找坡、找平及细部构造等。

3　与主体结构相连的膜结构屋面的钢支柱（钢网架）包含在本规范表B.0.8相应内容中，不与主体结构相连的膜结构屋面中的钢支柱（钢网架）包含在膜结构屋面工程内容中。

B.0.11　防水工程应符合表B.0.11的规定。

表B.0.11　防水工程（C××××××11）

项目编码	项目名称	计量单位	计量规则	工程内容
C××××××1101	地下底板防水	m^2	按设计图示尺寸以投影面积计算	包括基层处理、防水、保护层等全部工程内容
C××××××1102	地下侧墙防水			
C××××××1103	地下顶板防水			
C××××××1104	暗挖隧道防水			

注：1　卫生间、外墙面等防水包括在本规范表B.0.12中。

2　屋面防水包括在本规范表B.0.10中。

3　搭接及附加层面积不计清单工程量。

【要点说明】

当设计方案为暗挖隧道时，不区分底板、侧墙、顶板，统一按“暗挖隧道防水”执行。

B.0.12　建筑装饰工程应符合表B.0.12的规定。

表 B.0.12 建筑装饰工程（C××××××12）

项目编码	项目名称	计量单位	计量规则	工程内容
C××××××1201	公共区装修	m^2	按设计图示尺寸以建筑面积计算	包括地面、墙（柱）面、天棚、砌筑工程（含圈梁、过梁、构造柱、挡水坎等）、防水、隔断、门窗、栏杆、扶手、盖板、票亭、灯箱、独立艺术品等全部工程内容
C××××××1202	设备区及管理用房装修			
C××××××1203	轨行区及风道装修			
C××××××1204	外立面装饰		按设计图示尺寸以外立面投影面积计算	

B.0.13 附属工程应符合表 B.0.13 的规定。

表 B.0.13 附属工程（C××××××13）

项目编码	项目名称	计量单位	计量规则	工程内容
C××××××1301	标志导向	项	按设计图示数量计算	包括站内标志、站外定位标志、引导标志及相应配电工程的采购、安装等全部工程内容
C××××××1302	隔声屏障	m^2	按设计图示尺寸以面积计算	包括基础、预埋件、隔声屏障及附件安装等全部工程内容
C××××××1303	站前广场			包括地面铺装、绿化、景观小品、配套建（构）筑物、配套机电工程等全部工程内容
C××××××1304	非机动车停车场			包括地面铺装、非机动车停车棚制作、安装等全部工程内容
C××××××1305	风亭	组	按设计图示数量计算	包括风亭结构、风亭外装饰、栏杆等全部工程内容

表B.0.13(续)

项目编码	项目名称	计量单位	计量规则	工程内容
C××××××1306	出入口上盖	个	按设计图示数量计算	包括出入口上盖结构、外装饰等全部工程内容
C××××××1307	出入口绿化			包括花池（箱）、外装饰、种植土、苗木等全部工程内容
C××××××1308	独立电梯口			包括结构、外装饰等全部工程内容
C××××××1309	车站站内附属设施	项	按设计图示数量计算	包括站内垃圾桶、座椅等全部工程内容
C××××××1310	建筑附属构件			包括散水、排水沟、地沟、台阶、坡道及其他零星构件等全部工程内容

【要点说明】

若城市轨道交通工程与市政工程同步实施，车站外地面景观工程优先执行《市政工程总承包工程量计算规范》T/CCEAS 003—2022。

B.0.14　铺轨工程应符合表B.0.14的规定。

表B.0.14　铺轨工程（C××××××14）

项目编码	项目名称	计量单位	计量规则	工程内容
C××××××1401	地下段轨道	km	按设计图示尺寸以每股道的中心线长度（不含道岔长度）计算	包括轨枕、扣件、钢轨、护轮轨、工具轨、阻尼板及减振系统、探伤、应力放散及锁定、钢轨伸缩调节器等全部工程内容
C××××××1402	地面段扣件式轨道			
C××××××1403	地面段嵌入式轨道			包括钢轨、扣件、弹性锁轨系统等全部工程内容

表B.0.14(续)

项目编码	项目名称	计量单位	计量规则	工程内容
C××××××1404	高架段轨道	km	按设计图示尺寸以每股道的中心线长度（不含道岔长度）计算	包括轨枕、扣件、钢轨、护轮轨、工具轨、阻尼板及减振系统、探伤、应力放散及锁定、钢轨伸缩调节器等全部工程内容

注：地面段嵌入式轨道主要适用于有轨电车系统。

B.0.15　道岔工程应符合表B.0.15的规定。

表B.0.15　道岔工程（C××××××15）

项目编码	项目名称	计量单位	计量规则	工程内容
C××××××1501	单开道岔	组	按设计图示数量计算	包括道岔、应力放散与锁定、接头等全部工程内容
C××××××1502	复式交分道岔			
C××××××1503	交叉渡线道岔			
C××××××1504	对称/不对称道岔及三开道岔			
C××××××1505	菱形交叉道岔			
C××××××1506	单渡线道岔			

注：（不）对称道岔及三开道岔、菱形交叉道岔、单渡线道岔主要适用于有轨电车系统、市域快轨系统。

B.0.16　道床工程应符合表B.0.16的规定。

表 B. 0. 16 道床工程（C××××××16）

项目编码	项目名称	计量单位	计量规则	工程内容
C××××××1601	粒料道床	1. km 2. m^3	1. 以“km”计量，按设计图示尺寸以长度计算 2. 以“m^3”计量，按设计图示尺寸以体积计算	包括基层处理、底碴、面碴、线间石碴、沉落整修等全部工程内容
C××××××1602	扣件式整体道床			包括基层处理、支承块、钢筋混凝土、伸缩缝、接地预埋等全部工程内容
C××××××1603	承轨槽式整体道床			包括基层处理、钢筋混凝土、伸缩缝、接地预埋等全部工程内容
C××××××1604	柱（墙）式整体道床	1. km 2. m^3	1. 以“km”计量，按设计图示尺寸以长度计算 2. 以“m^3”计量，按设计图示尺寸以体积计算	包括基层处理、钢筋混凝土、伸缩缝、接地预埋等全部工程内容
C××××××1605	承轨台式整体道床			
C××××××1606	钢槽式整体道床			包括基层处理、钢槽、钢筋混凝土、伸缩缝、接地预埋等全部工程内容
C××××××1607	浮置板道床			包括支撑块、钢筋混凝土、伸缩缝、隔离层、基层处理、密封条、减震器、剪力铰、钢盖板、浮置板、减震垫、橡胶支座、接地预埋、运输等全部工程内容
C××××××1608	预制轨道板道床			包括基层处理、预制构件、灌浆、垫块、伸缩缝、钢筋混凝土、伸缩缝、接地预埋等全部工程内容
C××××××1609	预制梯形轨枕道床			
C××××××1610	PC 混凝土轨道梁式道床			
C××××××1611	混凝土箱式轨道梁式道床			
C××××××1612	钢质轨道梁式道床	t	按设计图示尺寸以重量计算	包括成品钢构件制作与安装、防火、防腐等全部工程内容

注：1 道床按长度计算时需包括道岔长度。

2 道床按体积计算时需扣除轨枕占位体积。

B.0.17　线路有关工程应符合表B.0.17的规定。

表B.0.17　线路有关工程（C××××××17）

项目编码	项目名称	计量单位	计量规则	工程内容
C××××××1701	线路及信号标志	个	按设计图示数量计算	包括线路及信号标志等全部工程内容
C××××××1702	平交道口	m^2	按设计图示尺寸以面积计算	包括面板、道口护轨、道口栏木、垫层等全部工程内容
C××××××1703	橡胶轮缘槽（嵌条）	m	按设计图示尺寸以长度计算	包括采购、运输、安装等全部工程内容
C××××××1704	车挡	处	按设计图示数量计算	包括采购、安装、运输等全部工程内容
C××××××1705	钢轨涂油器			
C××××××1706	轨道常备材料	1. 铺轨公里 2. 项	1. 以“铺轨公里”计量，按设计图示每股道的中心线长度计算 2. 按项计算	包括钢轨架、备用材料、运输等全部工程内容
C××××××1707	铺轨基地	处	按设计图示数量计算	包括基地建设、设备安装、场地恢复等全部工程内容
C××××××1708	疏散平台	m	按设计图示尺寸以长度计算	包括平台、上下梯段、栏杆、警示标志等全部工程内容
C××××××1709	CPⅢ控制网	铺轨公里	按设计图示每股道的中心线长度计算	包括CPⅢ控制网等全部工程内容
C××××××1710	轨距杆	根	按设计图示数量计算	包括轨距杆、轨撑垫板、螺栓等全部工程内容
C××××××1711	防爬器	个	按设计图示数量计算	包括防爬器等全部工程内容
C××××××1712	过轨管线预埋	m	按设计图示尺寸以长度计算	包括管线预埋、接口、接头件等全部工程内容
C××××××1713	轨行区回填	m^3	按设计图示尺寸以体积计算	包括基层处理、混凝土、模板、伸缩缝等全部工程内容

表B.0.17(续)

项目编码	项目名称	计量单位	计量规则	工程内容
C××××××1714	地面保护标志	项	按设计图示数量计算	包括地面保护标志等全部工程内容
C××××××1715	钢轨打磨	km	按设计图示尺寸以长度计算	包括粗（精细）打磨等全部工程内容
C××××××1716	接地装置	m	按设计图示尺寸以长度计算	包括接地装置等全部工程内容
C××××××1717	沟盖板			包括沟盖板等全部工程内容
C××××××1718	与既有线接口处理	项	按项计算	包括既有线钢轨调整、新旧钢轨连接等全部工程内容

注：车站、风井范围的现浇疏散平台按本规范表B.0.3执行。

B.0.18 人防工程应符合表B.0.18的规定。

表B.0.18 人防工程（C××××××18）

项目编码	项目名称	计量单位	计量规则	工程内容
C××××××1801	人防门	樘	按设计图示数量计算	包括人防门、附件及安装等全部工程内容
C××××××1802	防淹门			包括防淹门、附件及安装等全部工程内容
C××××××1803	人防封堵	项		包括人防封堵、附件及安装等全部工程内容
C××××××1804	机电设备安装	1. 项 2. m^2	1. 按项计算 2. 以“m^2”计量，按设计图示人防面积计算	包括人防电气、给水与排水、消防、通风系统的设备、配电箱柜、线缆、用电器具、金属构件及辅助项目等全部工程内容

表B.0.18(续)

项目编码	项目名称	计量单位	计量规则	工程内容
C××××××1805	人防标识	1. 项 2. m^2	1. 按项计算 2. 以"m^2"计量，按设计图示人防面积计算	包括人防标志、着色、附件及安装等全部工程内容

注：1 属于人防工程的钢筋混凝土部分包括在本规范表B.0.3相应内容中。

2 设备包括相应项目对应的各种设备，含设备配套控制箱以及设备至配套控制箱间线缆。

3 线缆包括相应项目对应的各类桥架、电气配管、电线、电缆等。

4 用电器具包括相应项目对应的各类导航灯具、开关插座等。

5 金属构件及辅助项目包括相应的管道支架、桥架支架、设备支架、各种套管、系统调试、防火封堵、基础、防腐绝热等。

6 管道包括相应项目对应的各种管道、管件等。

7 支架及其他包括相应项目对应的管道支架、设备支架、各种套管、管道试验、系统调试、管道消毒、冲洗、防火封堵、基础、防腐绝热、场地清理等。

8 卫生器具包括相应项目对应的各类人防卫生器具。

9 管道附件包括相应项目对应的各类阀门、法兰、补偿器、计量表、软接头、测压管、液面计、水位标尺等。

10 风管部件包括相应项目对应的各类阀门、风口、散流器、空气分布器、孔板口、消声器、消声弯头、消声静压箱、风帽、罩类、静压箱等。

B.0.19 通信系统应符合表B.0.19的规定。

表B.0.19 通信系统（C××××××19）

项目编码	项目名称	计量单位	计量规则	工程内容
C××××××1901	专用通信系统	正线公里	按设计图示尺寸以长度计算	包括设备、软件、设备防护罩、线缆及线缆载体、金属构件及辅助项目等全部工程内容
C××××××1902	公安通信系统			
C××××××1903	地铁应急网系统			

注：1 通信系统包括本系统调试及试运行、终端调试、系统性试验等内容。

2 线缆及线缆载体包括相应项目对应的各类桥架、电气配管、电线、电缆等。

3 金属构件及辅助项目包括相应项目对应的管道支架、桥架支架、设备支架、各种套管、系统调试、防火封堵、基础、防腐绝热等。

4 软件包括相应项目对应的软件开发、测试等。

5 设备包括相应项目对应的各种设备和备品备件及专业工器具、设备配套控制箱及设备至配套控制箱间线缆。

6 通信工程包括车站、区间、车辆段、停车场、控制中心等内容。

【要点说明】

（1）土石方开挖、运输、回填、余方处置等应包括在本系统内。

（2）备品备件及专业工器具包含在本系统内，备品备件及专业工器具比例按要求考虑。

（3）完成本系统工作所需的各类服务、软件包含在内。

（4）通信系统包括全线正线、运营控制中心、车辆基地等内容，为保证整个通信系统的完整性和互联互通、设备兼容，虽然很大部分内容设置于控制中心及车辆基地，但是仍然归属于通信工程专业，未单独开列在车辆基地工程中，车辆基地常规机电专业等按《房屋工程总承包工程量计算规范》T/CCEAS 002—2022 执行。

【示例】

如建设单位招标要求，备品备件、专用工器具费项目，是指工程质保期后所必须的备品备件费（主要部件、易损件、工器具、运杂费及保险费等），通信系统按不低于通信系统设备费的3%计入。施工图或安装图完成后，招标人有权对备品备件和工器具清单进行调整，确定最终移交清单，作为后续地铁公司资产管理及运营生产管理系统资产录入和资产移交的依据。投标人投标时需提供备品备件、专用工器具费清单明细。本系统投标时设备费应该为包含3%备品备件费。

B. 0. 20　信号系统应符合表 B. 0. 20 的规定。

表 B. 0. 20　信号系统（C××××××20）

项目编码	项目名称	计量单位	计量规则	工程内容
C××××××2001	正线信号系统	正线公里	按设计图示尺寸以长度计算	包括设备、软件、设备防护罩、线缆及线缆载体、金属构件及辅助项目等全部工程内容
C××××××2002	运营控制中心信号系统	1. m^2 2. 项	1. 以“m^2”计量，按设计图示尺寸以建筑面积计算 2. 按项计算	
C××××××2003	车辆段信号系统			
C××××××2004	停车场信号系统			
C××××××2005	试车线信号系统	条	按设计图纸数量计算	
C××××××2006	车载设备信号系统	列	按编组车辆列数计算	

表B.0.20(续)

项目编码	项目名称	计量单位	计量规则	工程内容
C××××××2007	维修与培训中心信号系统	1. m^2 2. 项	1. 以“m^2”计量，按设计图示尺寸以建筑面积计算 2. 按项计算	包括设备、软件、设备防护罩、线缆及线缆载体、金属构件及辅助项目等全部工程内容

注：1　信号系统包括本系统调试与试运行、终端调试、系统性试验等内容。

2　线缆及线缆载体包括相应项目对应的各类桥架、电气配管、电线、电缆等。

3　金属构件及辅助项目包括相应项目对应的管道支架、桥架支架、设备支架、各种套管、系统调试、防火封堵、基础、防腐绝热等。

4　软件包括相应项目对应的软件开发、测试等。

5　设备包括相应项目对应的各种设备和备品备件及专业工器具、设备配套控制箱及设备至配套控制箱间线缆。

【要点说明】

（1）土石方开挖、运输、回填、余方处置等应包括在本系统内。

（2）备品备件及专业工器具包含在本系统内，备品备件及专业工器具比例按要求考虑。

（3）完成本系统工作所需的各类服务、软件包含在内。

（4）建筑面积是指按照《建筑工程建筑面积计算规范》GB/T 50353—2013 计算的面积，车站为总建筑面积（包含主体面积和附属面积）。

（5）我国城市轨道建设项目中，不同厂商的系统设置和设备配置相差较大，信号系统一般为功能性招标。因此，在初步设计阶段虽然包含运营控制中心、车辆基地、停车场等不同位置的信号系统内容，但是为了保证整个系统的完整性、设备兼容性，信号系统以全线为一个整体。

（6）车载设备信号系统配置包含列车自动防护（ATP）/列车自动运行（ATO）车载设备、车载无线单元、车载测速设备、车站信标/应答器天线、雷达、车载 LET（Long-Term Evolution）无线交换机、车载司机显示单元、车站无线天线、开关按钮及指示灯等。

B.0.21　主变电站应符合表 B.0.21 的规定。

表 B.0.21　主变电站（C××××××21）

项目编码	项目名称	计量单位	计量规则	工程内容
C××××××2101	主变电站	1. kV · A 2. 座	1. 以“kV · A”计量，按用电总负荷以千伏安计算 2. 以“座”计量，按设计图示数量以座计算	包括变电站房屋建筑与装饰、动力与照明、通风空调与供暖、给水排水与消防、送变电设备、软件、线缆及线缆载体、接地，以及其他附属设备等全部工程内容

表B.0.21(续)

项目编码	项目名称	计量单位	计量规则	工程内容
C××××××2102	电力进线	km	按设计图示尺寸以长度计算	包括输电线路、间隔扩建、通道电缆支架及其他附属设备等全部工程内容
C××××××2103	电力通道			包括土石方工程、主体结构、防水、附属结构等全部工程内容

注：1 电力通道包括但不限于电缆沟、电力排管、顶管、地下管廊等各种结构形式。
2 附属结构包括但不限于检查井、工作井（坑）及其他附属结构。
3 主变电站工程包括本工程调试及试运行、终端调试、系统性试验等内容。
4 线缆及线缆载体包括相应项目对应的各类桥架、电气配管、电线、电缆等。
5 设备包括相应项目对应的各种设备和备品备件及专业工器具、设备配套控制箱及设备至配套控制箱间线缆。

【要点说明】

（1）土石方开挖、运输、回填、余方处置等应包括在本工程内。

（2）备品备件及专业工器具包含在本工程内，备品备件及专业工器具比例按要求考虑。

（3）主变电站包含相应的高压电源线路。

（4）主变电站出线通道电缆费用纳入环网电缆项目中，电力通道结构规模根据电力专业确定。

B.0.22 供电系统应符合表B.0.22的规定。

表B.0.22 供电系统（C××××××22）

项目编码	项目名称	计量单位	计量规则	工程内容
C××××××2201	变电所	所	按设计图示数量以所计算	包括设备、软件、母线、绝缘测试、金属构件及辅助项目等全部工程内容
C××××××2202	环网电缆	km	按设计图示尺寸以长度计算	包括电缆、电缆头、标志牌、保护管、试验、金属构件及辅助项目等全部工程内容

表B. 0. 22(续)

项目编码	项目名称	计量单位	计量规则	工程内容
C××××××2203	接触网（轨）	条公里	按设计图示尺寸以长度计算	包括设备、接触网、接触轨、支柱、悬挂、馈线、锚接、地线、限界门、土石方工程、调整、调试、检测、试验、场地清理等全部工程内容
C××××××2204	电力监控	1. 项 2. 系统	1. 按项计算 2. 以“系统”计量，按设计图示数量计算	包括设备、软件、线缆及线缆载体、金属构件及辅助项目等全部工程内容
C××××××2205	杂散电流防护	正线公里	按设计图示尺寸以长度计算	包括设备、线缆及线缆载体、试验、点位焊接等全部工程内容
C××××××2206	供电车间	项	按项计算	包括设备、软件、线缆及线缆载体、试验、金属构件及辅助项目等全部工程内容
C××××××2207	其他系统	1. 项 2. 系统	1. 按项计算 2. 以“系统”计量，按设计图示数量计算	

注：1 其他系统包括车站不间断电源（UPS）系统整合、再生制动能量利用系统、电能质量管理系统、光伏发电系统、工点生产管理系统等。

2 供电系统包括本系统调试与试运行、终端调试、系统性试验等内容。

3 线缆及线缆载体包括相应项目对应的各类桥架、电气配管、电线、电缆等。

4 金属构件及辅助项目包括相应项目对应的管道支架、桥架支架、设备支架、各种套管、系统调试、防火封堵、基础、防腐绝热等。

5 软件包括相应项目对应的软件开发、测试等。

6 设备包括相应项目对应的各种设备和备品备件及专业工器具、设备配套控制箱，及设备至配套控制箱间线缆。

【要点说明】

（1）土石方开挖、运输、回填、余方处置等应包括在本系统内。

（2）备品备件及专业工器具包含在本系统内，备品备件及专业工器具比例按要求考虑。

（3）杂散电流防护开项根据供电的交、直流设计方案进行选择。

（4）接触网（轨）的支柱基础包含在本系统中，与土建专业的具体界面可根据设计方案进行调整。

【示例】

接触网（轨）支柱基础专业界面划分示例：

车辆段及停车场范围内的接触网支柱基础、拉线基础由供电专业负责实施，其余区段的接触网支柱基础、拉线基础均由土建专业实施。

B. 0. 23　动力与照明工程应符合表 B. 0. 23 的规定。

表 B. 0. 23　动力与照明工程（C××××××23）

项目编码	项目名称	计量单位	计量规则	工程内容
C××××××2301	车站动力与照明	1. m^2 2. 站	1. 以"m^2"计量，按设计图示尺寸以建筑面积计算 2. 以"站"计量，按设计图示以车站数量计算	包括设备、线缆及线缆载体、用电器具、金属构件及辅助项目等全部工程内容
C××××××2302	区间动力与照明	正线公里	按设计图示尺寸以长度计算	

注：1　动力与照明工程包括本工程调试与试运行、终端调试、系统性试验等内容。

2　线缆及线缆载体包括相应项目对应的各类桥架、电气配管、电线、电缆等。

3　金属构件及辅助项目包括相应项目对应的管道支架、桥架支架、设备支架、各种套管、系统调试、防火封堵、基础、防腐绝热等。

4　设备包括相应项目对应的各种设备和备品备件及专业工器具、设备配套控制箱及设备至配套控制箱间线缆。

5　用电器具包括相应项目对应的各类灯具、开关插座等。

【要点说明】

（1）土石方开挖、运输、回填、余方处置等应包括在本系统内。

（2）备品备件及专业工器具包含在本系统内，备品备件及专业工器具比例按要求考虑。

（3）完成本系统工作所需的各类服务、软件包含在内。

（4）建筑面积是指按照《建筑工程建筑面积计算规范》GB/T 50353—2013 计算的面积，车站为总建筑面积（包含主体面积和附属面积）。

B. 0. 24　综合监控系统应符合表 B. 0. 24 的规定。

表 B. 0. 24 综合监控系统（C××××××24）

项目编码	项目名称	计量单位	计量规则	工程内容
C××××××2401	车站及区间综合监控系统	1. m^2 2. 站	1. 以“m^2”计量，按设计图示尺寸以建筑面积计算 2. 以“站”计量，按设计图示以车站数量计算	包括设备、软件、线缆及线缆载体、金属构件及辅助项目等全部工程内容
C××××××2402	运营控制中心综合监控系统	1. m^2 2. 项	1. 以“m^2”计量，按设计图示尺寸以建筑面积计算 2. 以“项”计量，按设计图示数量计算	
C××××××2403	车辆段综合监控系统			
C××××××2404	停车场综合监控系统			

注：1 综合监控系统包括本系统调试与试运行、终端调试、系统性试验等内容。
2 线缆及线缆载体包括相应项目对应的各类桥架、电气配管、电线、电缆等。
3 金属构件及辅助项目包括相应项目对应的管道支架、桥架支架、设备支架、各种套管、系统调试、防火封堵、基础、防腐绝热等。
4 软件包括相应项目对应的软件开发、测试等。
5 设备包括相应项目对应的各种设备和备品备件及专业工器具、设备配套控制箱及设备至配套控制箱间线缆。

【要点说明】

（1）土石方开挖、运输、回填、余方处置等应包括在本系统内。

（2）备品备件及专业工器具包含在本系统内，备品备件及专业工器具比例按要求考虑。

（3）包含完成本系统工作所需的各类服务、软件。

（4）建筑面积是指按照《建筑工程建筑面积计算规范》GB/T 50353—2013 计算的面积，车站为总建筑面积（包含主体面积和附属面积）。

（5）综合监控系统包括全线车站区间、运营控制中心、车辆基地等内容，为保证整个系统的完整性和互联互通、设备兼容，虽然大部分内容设置于控制中心及车辆基地，但是仍然归属于综合监控系统专业，未单独开列在车辆基地工程中，车辆基地常规机电专业按《房屋工程总承包工程量计算规范》T/CCEAS 002—2022 执行。

B. 0. 25 环境与设备监控系统（BAS）应符合表 B. 0. 25 的规定。

表 B. 0. 25　环境与设备监控系统（BAS）（C××××××25）

项目编码	项目名称	计量单位	计量规则	工程内容
C××××××2501	车站及区间环境与设备监控系统（BAS）	1. m^2 2. 站	1. 以“m^2”计量，按设计图示尺寸以建筑面积计算 2. 以“站”计量，按设计图示以车站数量计算	包括设备、软件、线缆及线缆载体、金属构件及辅助项目等全部工程内容
C××××××2502	运营控制中心环境与设备监控系统（BAS）	1. m^2 2. 项	1. 以“m^2”计量，按设计图示尺寸以建筑面积计算 2. 以“项”计量，按设计图示数量计算	
C××××××2503	车辆段环境与设备监控系统（BAS）			
C××××××2504	停车场环境与设备监控系统（BAS）			

注：1　环境与设备监控系统包括本系统调试与试运行、终端调试、系统性试验等内容。
2　线缆及线缆载体包括相应项目对应的各类桥架、电气配管、电线、电缆等。
3　金属构件及辅助项目包括相应项目对应的管道支架、桥架支架、设备支架、各种套管、系统调试、防火封堵、基础、防腐绝热等。
4　软件包括相应项目对应的软件开发、测试等。
5　设备包括相应项目对应的各种设备和备品备件及专业工器具、设备配套控制箱及设备至配套控制箱间线缆。

【要点说明】

（1）土石方开挖、运输、回填、余方处置等应包括在本系统内。

（2）备品备件及专业工器具包含在本系统内，备品备件及专业工器具比例按要求考虑。

（3）包含完成本系统工作所需的各类服务、软件。

（4）建筑面积是指按照《建筑工程建筑面积计算规范》GB/T 50353—2013 计算的面积，车站为总建筑面积（包含主体面积和附属面积）。

（5）环境与设备监控系统包括全线车站区间、运营控制中心、车辆基地等内容，为保证整个系统的完整性和互联互通、设备兼容，虽然大部分内容设置于控制中心及车辆基地，但是仍然归属于环境与设备监控系统系统专业，未单独开列在车辆基地工程中，车辆基地常规机电专业按《房屋工程总承包工程量计算规范》T/CCEAS 002—2022 执行。

B.0.26 火灾自动报警系统（FAS）应符合表B.0.26的规定。

表B.0.26 火灾自动报警系统（FAS）（C××××××26）

<table>
<tr><th>项目编码</th><th>项目名称</th><th>计量单位</th><th>计量规则</th><th>工程内容</th></tr>
<tr><td>C××××××2601</td><td>车站及区间火灾自动报警系统（FAS）</td><td>1. m^2
2. 站</td><td>1. 以“m^2”计量，按设计图示尺寸以建筑面积计算
2. 以“站”计量，按设计图示以车站数量计算</td><td rowspan="6">包括设备、软件、线缆及线缆载体、城市联网接入、金属构件及辅助项目等全部工程内容</td></tr>
<tr><td>C××××××2602</td><td>运营控制中心火灾自动报警系统（FAS）</td><td rowspan="5">1. m^2
2. 项</td><td rowspan="5">1. 以“m^2”计量，按设计图示尺寸以建筑面积计算
2. 以“项”计量，按设计图示数量计算</td></tr>
<tr><td>C××××××2603</td><td>车辆段火灾自动报警系统（FAS）</td></tr>
<tr><td>C××××××2604</td><td>停车场火灾自动报警系统（FAS）</td></tr>
<tr><td>C××××××2605</td><td>主变电站火灾自动报警系统（FAS）</td></tr>
<tr><td>C××××××2606</td><td>变电所火灾自动报警系统（FAS）</td></tr>
</table>

注：1 火灾自动报警系统包括本系统调试与试运行、终端调试、系统性试验、消防各系统联合调试等内容。

2 线缆及线缆载体包括相应项目对应的各类桥架、电气配管、电线、电缆等。

3 金属构件及辅助项目包括相应项目对应的管道支架、桥架支架、设备支架、各种套管、系统调试、防火封堵、基础、防腐绝热等。

4 软件包括相应项目对应的软件开发、测试等。

5 设备包括相应项目对应的各种设备和备品备件及专业工器具、设备配套控制箱及设备至配套控制箱间线缆。

【要点说明】

（1）建筑面积是指按照《建筑工程建筑面积计算规范》GB/T 50353—2013 计算的面积，车站为总建筑面积（包含主体面积和附属面积）。

（2）FAS 包含主变电站及主变电所相关内容。

（3）FAS 包括全线车站区间、运营控制中心、车辆基地等内容，为保证整个系统的完整性和互联互通、设备兼容，虽然大部分内容设置于控制中心及车辆基地，但是仍然归属于 FAS 专业，未单独开列在车辆基地工程中，车辆基地常规机电专业按《房屋工程总承包工程量计算规范》T/CCEAS 002—2022 执行。

B. 0. 27 安全防范系统应符合表 B. 0. 27 的规定。

表 B. 0. 27 安全防范系统（C××××××27）

项目编码	项目名称	计量单位	计量规则	工程内容
C××××××2701	车站及区间安全防范系统	1. m^2 2. 站	1. 以“m^2”计量，按设计图示尺寸以建筑面积计算 2. 以“站”计量，按设计图示以车站数量计算	包括设备、软件、线缆及线缆载体、金属构件及辅助项目等全部工程内容
C××××××2702	运营控制中心安全防范系统	1. m^2 2. 项	1. 以“m^2”计量，按设计图示尺寸以建筑面积计算 2. 以“项”计量，按设计图示数量计算	
C××××××2703	车辆段安全防范系统			
C××××××2704	停车场安全防范系统			

注：1 安全防范系统包括本系统调试与试运行、终端调试、系统性试验等内容。
2 线缆及线缆载体包括相应项目对应的各类桥架、电气配管、电线、电缆等。
3 金属构件及辅助项目包括相应项目对应的管道支架、桥架支架、设备支架、各种套管、系统调试、防火封堵、基础、防腐绝热等。
4 软件包括相应项目对应的软件开发、测试等。
5 设备包括相应项目对应的各种设备和备品备件及专业工器具、设备配套控制箱及设备至配套控制箱间线缆。
6 安全防范系统包括安检系统。

【要点说明】

（1）土石方开挖、运输、回填、余方处置等应包括在本系统内。

（2）备品备件及专业工器具包含在本系统内，备品备件及专业工器具比例按要求考虑。

（3）包含完成本系统工作所需的各类服务、软件。

（4）建筑面积是指按照《建筑工程建筑面积计算规范》GB/T 50353—2013 计算的面积，车站为总建筑面积（包含主体面积和附属面积）。

（5）安全防范系统包括车站区间、运营控制中心、车辆基地等内容，为保证整个系统的完整性和互联互通、设备兼容，虽然大部分内容设置于控制中心及车辆基地，但是仍然归属于安全防范系统专业，未单独开列在车辆基地工程中，车辆基地常规机电专业按《房屋工程总承包工程量计算规范》T/CCEAS 002—2022 执行。

B. 0. 28　门禁系统应符合表 B. 0. 28 的规定。

表 B. 0. 28　门禁系统（C××××××28）

<table>
<tr><th>项目编码</th><th>项目名称</th><th>计量单位</th><th>计量规则</th><th>工程内容</th></tr>
<tr><td>C××××××2801</td><td>车站及区间门禁系统</td><td>1. m²
2. 站</td><td>1. 以“m²”计量，按设计图示尺寸以建筑面积计算
2. 以“站”计量，按设计图示以车站数量计算</td><td rowspan="6">包括设备、软件、线缆及线缆载体、金属构件及辅助项目等全部工程内容</td></tr>
<tr><td>C××××××2802</td><td>运营控制中心门禁系统</td><td rowspan="5">1. m²
2. 项</td><td rowspan="5">1. 以“m²”计量，按设计图示尺寸以建筑面积计算
2. 以“项”计量，按设计图示数量计算</td></tr>
<tr><td>C××××××2803</td><td>车辆段门禁系统</td></tr>
<tr><td>C××××××2804</td><td>停车场门禁系统</td></tr>
<tr><td>C××××××2805</td><td>主变电站门禁系统</td></tr>
<tr><td>C××××××2806</td><td>变电所门禁系统</td></tr>
</table>

注：1　门禁系统包括本系统调试与试运行、终端调试、系统性试验等内容。

2　线缆及线缆载体包括相应项目对应的各类桥架、电气配管、电线、电缆等。

3　金属构件及辅助项目包括相应项目对应的管道支架、桥架支架、设备支架、各种套管、系统调试、防火封堵、基础、防腐绝热等。

4　软件包括相应项目对应的软件开发、测试等。

5　设备包括相应项目对应的各种设备和备品备件及专业工器具、设备配套控制箱及设备至配套控制箱间线缆。

【要点说明】

（1）土石方开挖、运输、回填、余方处置等应包括在本系统内。

（2）备品备件及专业工器具包含在本系统内，备品备件及专业工器具比例按要求考虑。

（3）包含完成本系统工作所需的各类服务、软件。

（4）建筑面积是指按照《建筑工程建筑面积计算规范》GB/T 50353—2013 计算的面积，车站为总建筑面积（包含主体面积和附属面积）。

（5）门禁系统包含主变电站及主变电所相关内容。

（6）门禁系统包括全线车站区间、运营控制中心、车辆基地等内容，为保证整个系统的完整性和互联互通、设备兼容，虽然大部分内容设置于控制中心及车辆基地，但是仍然归属于门禁系统专业，未单独开列在车辆基地工程中，车辆基地常规机电专业按《房屋工程总承包工程量计算规范》T/CCEAS 002—2022 执行。

B. 0. 29 通风、空调与供暖工程应符合表 B. 0. 29 的规定。

表 B. 0. 29 通风、空调与供暖工程（C××××××29）

<table>
<tr><th>项目编码</th><th>项目名称</th><th>计量单位</th><th>计量规则</th><th>工程内容</th></tr>
<tr><td>C××××××2901</td><td>车站通风、空调与供暖</td><td>1. m^2
2. 站</td><td>1. 以“m^2”计量，按设计图示尺寸以建筑面积计算
2. 以“站”计量，按设计图示以车站数量计算</td><td rowspan="2">包括设备、管道、支架及其他、管道附件、风管部件等全部工程内容</td></tr>
<tr><td>C××××××2902</td><td>区间通风与空调</td><td>正线公里</td><td>按设计图示尺寸以长度计算</td></tr>
<tr><td>C××××××2903</td><td>抗震支吊架</td><td rowspan="2">m^2</td><td rowspan="2">按设计图示尺寸以建筑面积计算</td><td rowspan="2">包括综合支吊架及其附件等全部工程内容</td></tr>
<tr><td>C××××××2904</td><td>综合支吊架</td></tr>
</table>

注：1 通风、空调与供暖工程包括本工程调试与试运行、系统性试验等内容。

2 管道包括相应项目对应的各种管道、管件等。

3 支架及其他包括相应项目对应的管道支架、设备支架和各种套管、管道试验、系统调试、管道消毒、冲洗、成品表箱、防火封堵、基础、防腐绝热等。

4 管道附件包括相应项目对应的各类阀门、法兰等。

5 风管部件包括相应项目对应的各类阀门、风口、排烟口、孔板口、消声器、消声弯头、消声静压箱、罩类、静压箱等。

6 设备包括相应项目对应的各种设备和备品备件及专业工器具、设备配套控制箱及设备至配套控制箱间线缆。

7 抗震支吊架、综合支吊架包括城市轨道交通工程各专业涉及的支吊架，其他专业不再计列。

【要点说明】

（1）备品备件及专业工器具包含在本工程内，备品备件及专业工器具比例按要求考虑。

（2）因初步设计深度原因，抗震支吊架、综合支吊架按建筑面积计算，建筑面积是指按照《建筑工程建筑面积计算规范》GB/T 50353—2013计算的面积，车站为总建筑面积（包含主体面积和附属面积）。

（3）区间通风与空调包含区间及风井内相关专业的内容。

（4）通风、空调与供暖工程中多联机及分体空调包含在本专业中。

B.0.30 给水与排水、消防工程应符合表B.0.30的规定。

表B.0.30 给水与排水、消防工程（C××××××30）

<table>
<tr><th>项目编码</th><th>项目名称</th><th>计量单位</th><th>计量规则</th><th>工程内容</th></tr>
<tr><td>C××××××3001</td><td>车站给水与排水</td><td rowspan="2">1. m^2
2. 站</td><td rowspan="2">1. 以“m^2”计量，按设计图示尺寸以建筑面积计算
2. 以“站”计量，按设计图示以车站数量计算</td><td rowspan="6">包括设备、管道、支架及其他、管道附件、卫生器具、消防组件等全部工程内容</td></tr>
<tr><td>C××××××3002</td><td>车站给消防水</td></tr>
<tr><td>C××××××3003</td><td>区间给水与排水</td><td rowspan="2">正线公里</td><td rowspan="2">按设计图示尺寸以长度计算</td></tr>
<tr><td>C××××××3004</td><td>区间消防水</td></tr>
<tr><td>C××××××3005</td><td>自动灭火系统</td><td rowspan="2">1. m^2
2. 站</td><td rowspan="2">1. 以“m^2”计量，按设计图示尺寸以建筑面积计算
2. 以“站”计量，按设计图示以车站数量计算</td></tr>
<tr><td>C××××××3006</td><td>景观绿化喷灌系统</td></tr>
</table>

注：1 给水与排水、消防工程包括本工程调试与试运行、系统性试验、消防工程各系统联合调试等内容。

2 管道包括相应项目对应的各种管道、管件等。

3 支架及其他包括相应项目对应的管道支架、设备支架和各种套管、管道试验、系统调试、管道消毒、冲洗、成品表箱、防火封堵、基础、防腐绝热等。

4 管道附件包括相应项目对应的各类阀门、法兰、补偿器、计量表、软接头、倒流防止器、塑料排水管消声器、液面计、水位标尺等。

5 卫生器具包括相应项目对应的各类卫生器具。

6 设备包括相应项目对应的各种设备和备品备件及专业工器具，含设备配套控制箱以及设备至配套控制箱间线缆。

【要点说明】

（1）土石方开挖、运输、回填、余方处置等应包括在相应项目内。

（2）备品备件及专业工器具包含在本工程内，备品备件及专业工器具比例按要求考虑。

（3）建筑面积是指按照《建筑工程建筑面积计算规范》GB/T 50353—2013 计算的面积，车站为总建筑面积（包含主体面积和附属面积）。

（4）消防组件包括相应项目对应的各类消防设施（包括各类探测器、按钮、警铃、报警器、电话插孔、消防广播、消火栓、喷头、消防水炮等）。

（5）给水工程与市政管网的接驳（含主变所接驳）相关工作，包含在本工程范围内。

（6）气体灭火系统报警控制子系统由控制主机、现场控制盘、探测器（感烟、感温或其他类型）、控制和输入模块、警铃、蜂鸣器及闪灯、释放指示灯、手拉启动器、紧急止喷按钮、手动/自动转换开关等组成。管网子系统则由气瓶及其相应组件、机械启动装置、自动启动装置、高压软管、集流管、安全阀、逆止阀、减压装置、选择阀、压力开关及管道和喷头等组成。

B. 0. 31　自动售检票系统应符合表 B. 0. 31 的规定。

表 B. 0. 31　自动售检票系统（C××××××31）

项目编码	项目名称	计量单位	计量规则	工程内容
C××××××3101	车站自动售检票系统（AFC）	站	按设计图示以车站数量计算	包括设备、软件、线缆及线缆载体、金属构件及辅助项目等全部工程内容
C××××××3102	运营控制中心自动售检票系统（AFC）	项	按设计图示数量计算	
C××××××3103	清分中心自动售检票系统（AFC）			

注：1　自动售检票系统包括车站自动售检票系统、终端调试、系统性试验、设备联网调试、全线自动售检票系统联网调试、全线系统联调等。

2　线缆及线缆载体包括相应项目对应的各类桥架、电气配管、电线、电缆等。

3　金属构件及辅助项目包括相应项目对应的管道支架、桥架支架、设备支架、各种套管、系统调试、防火封堵、基础、防腐绝热等。

4　软件包括相应项目对应的软件开发、测试等。

5　设备包括相应项目对应的各种设备和备品备件及专业工器具、设备配套控制箱及设备至配套控制箱间线缆。

【要点说明】

（1）备品备件及专业工器具包含在本系统内，备品备件及专业工器具比例按要求考虑。

（2）包含完成本系统工作所需的各类服务、软件。

（3）自动售检票系统应包括自动售票机、进站检票机、出站检票机、宽通道检票机、车站交换机、自助客服终端、票房售票机、票务工作站、车站计算机等系统设备。

B.0.32 站内客运设备、站台门应符合表B.0.32的规定。

表B.0.32 站内客运设备、站台门（C××××××32）

项目编码	项目名称	计量单位	计量规则	工程内容
C××××××3201	自动扶梯	部	按设计图示数量计算	包括设备、线缆及线缆载体、金属构件及辅助项目等全部工程内容
C××××××3202	电梯			
C××××××3203	自动人行道			
C××××××3204	轮椅升降台			
C××××××3205	安全门及屏蔽门	门单元		包括控制系统、安全门及屏蔽门设备、软件、设备线缆、设备技术性能考核、设备使用维护等技术服务、配合特种设备检验、金属构件及辅助项目等全部工程内容

注：1 站内客运设备包括相应项目对应的电梯、电梯的控制按钮、层站显示、配套控制箱等。

2 金属构件及辅助项目包括相应项目对应的管道支架、桥架支架、设备支架、各种套管、系统调试、防火封堵、基础、防腐绝热等。

3 软件包括相应项目对应的软件开发、测试等。

4 安全门及屏蔽门设备为门柱及门槛、滑动门、应急门、端门单元、固定门、安全防护装置等。

【要点说明】

（1）备品备件及专业工器具包含在本系统内，备品备件及专业工器具比例按要求考虑。

（2）包含完成本系统工作所需的各类服务、软件。

（3）初步设计阶段站内客运设备、站台门单独开列，电梯、扶梯、自动人行道、轮椅升降台是否包含运营期维保内容需根据发包人要求区分考虑。

B.0.33 地铁骨干网系统应符合表B.0.33的规定。

表B.0.33 地铁骨干网系统（C××××××33）

项目编码	项目名称	计量单位	计量规则	工程内容
C××××××3301	地铁骨干网系统	正线公里	按设计图示尺寸以长度计算	包括设备、软件、线缆及线缆载体、地铁骨干网系统的多专业、多系统的数据采集、信息集成和信息共享、支持多专业的信息接入扩展及转换、金属构件及辅助项目等全部工程内容

注：1 地铁骨干网系统包括本系统调试与试运行、终端调试、系统性试验等内容。
2 线缆及线缆载体包括相应项目对应的各类桥架、电气配管、电线、电缆等。
3 金属构件及辅助项目包括相应项目对应的管道支架、桥架支架、设备支架、各种套管、系统调试、防火封堵、基础、防腐绝热等。
4 软件包括相应项目对应的软件开发、测试等。
5 设备包括相应项目对应的各种设备和备品备件及专业工器具、设备配套控制箱及设备至配套控制箱间线缆。

【要点说明】

（1）备品备件及专业工器具包含在本系统内，备品备件及专业工器具比例按要求考虑。

（2）包含完成本系统工作所需的各类服务、软件。

B.0.34 沟渠、河涌迁改应符合表B.0.34的规定。

表B.0.34 沟渠、河涌迁改（C××××××34）

项目编码	项目名称	计量单位	计量规则	工程内容
C××××××3401	土沟渠迁改	m	按设计图示尺寸以迁改时新建长度计算	包括原沟渠及河涌处置、新建沟渠及河涌、洞口建筑等全部工作内容
C××××××3402	混凝土箱涵迁改			
C××××××3403	盖板涵迁改			
C××××××3404	圆管涵迁改			
C××××××3405	河涌迁改			

【要点说明】

若城市轨道交通工程与市政工程同步实施，本条内容优先执行《市政工程总承包工程量计算规范》T/CCEAS 003—2022。

B.0.35 管线迁改应符合表B.0.35的规定。

表B.0.35 管线迁改（C××××××35）

项目编码	项目名称	计量单位	计量规则	工程内容
C××××××3501	排水管线迁改	m	按设计图示尺寸以迁改时新建长度计算	包括土石方、废弃管线处置、铺设新管线及设备、各类管井、新旧管线连接、场地恢复等全部工程内容
C××××××3502	给水管线迁改			
C××××××3503	燃气管线迁改			
C××××××3504	通信管线迁改			
C××××××3505	电力管线10kV迁改			
C××××××3506	电力管线35kV迁改			
C××××××3507	电力管线110kV迁改			
C××××××3508	军缆迁改			
C××××××3509	石油管线迁改			
C××××××3510	热力管线迁改			
C××××××3511	路灯、照明迁改			
C××××××3512	其他管线迁改			

【要点说明】

若城市轨道交通工程与市政工程同步实施，本条内容优先执行《市政工程总承包工程量计算规范》T/CCEAS 003—2022。

B.0.36 管线悬吊保护应符合表B.0.36的规定。

表B.0.36 管线悬吊保护（C××××××36）

项目编码	项目名称	计量单位	计量规则	工程内容
C××××××3601	排水管线悬吊保护	m	按设计图示尺寸以保护范围长度计算	包括管线保护、恢复、移交等全部工程内容
C××××××3602	给水管线悬吊保护			
C××××××3603	燃气管线悬吊保护			
C××××××3604	通信管线悬吊保护			

表B. 0. 36（续）

项目编码	项目名称	计量单位	计量规则	工程内容
C××××××3605	电力管线 10kV 悬吊保护	m	按设计图示尺寸以保护范围长度计算	包括管线保护、恢复、移交等全部工程内容
C××××××3606	电力管线 35kV 悬吊保护			
C××××××3607	电力管线 110kV 悬吊保护			
C××××××3608	军缆悬吊保护			
C××××××3609	石油管线悬吊保护			
C××××××3610	热力管线悬吊保护			
C××××××3611	其他管线悬吊保护			

注：1 浅沟、排管按整体长度计算，工程量不乘以浅沟、排管内管线根数。

2 悬吊保护以外的管线加固保护按风险源加固执行。

B. 0. 37 道路及市政设施拆除及恢复应符合表 B. 0. 37 的规定。

表 B. 0. 37 道路及市政设施拆除及恢复（C××××××37）

项目编码	项目名称	计量单位	计量规则	工程内容
C××××××3701	道路拆除及恢复	m^2	按设计图示尺寸以恢复时新建面积计算（不扣除路沿石、路平石、雨水口、盲沟面积、检查井）	包括拆除、恢复、移交等全部工程内容
C××××××3702	绿化迁改及恢复	1. 项 2. 株 3. m^2	1. 按项计算 2. 以“株”计量，按图示数量计算 3. 以“m^2”计量，按图示尺寸以水平投影面积计算	包括绿化的起挖、保管、养护、恢复、移交等全部工程内容
C××××××3703	市政设施拆除及恢复	项	按设计图示数量计算	包括交通安全设施（信号灯、监控、智能交通、标志标牌）、电话亭、市政广告牌、公交车站、市政景观（喷泉、景石、雕塑等）的拆除、保管、恢复、移交等全部工程内容

【要点说明】

若城市轨道交通工程与市政工程同步实施，本条内容优先执行《市政工程总承包工程量计算规范》T/CCEAS 003—2022。

B.0.38　建（构）筑物拆除及恢复应符合表 B.0.38 的规定

表 B.0.38　建（构）筑物拆除及恢复（C××××××38）

项目编码	项目名称	计量单位	计量规则	工程内容
C××××××3801	建筑物拆除及恢复	m^2	按设计图示尺寸以恢复时新建建筑面积计算	包括拆除、恢复、移交等全部工程内容
C××××××3802	桥梁拆除及恢复		按设计图示尺寸以恢复时新建桥梁投影面积计算	
C××××××3803	其他建（构）筑物拆除及恢复	1. m^2 2. 处	1. 以“m^2”计量，按设计图示尺寸以恢复时新建建筑面积计算 2. 以“处”计量，按设计图示数量计算	

【要点说明】

若城市轨道交通工程与市政工程或房屋工程同步实施，本条内容优先执行《市政工程总承包工程量计算规范》T/CCEAS 003—2022 或《房屋工程总承包工程量计算规范》T/CCEAS 002—2022。

B.0.39　拆除工程应符合表 B.0.39 的规定。

表 B.0.39　拆除工程（C××××××39）

项目编码	项目名称	计量单位	计量规则	工程内容
C××××××3901	拆除工程	项	按设计图示数量计算	包括拆除、清理、建筑渣土处置等全部工程内容

注：本章节仅针对改造工程中对既有物的拆除。

【要点说明】

城市轨道交通工程中，大多数构件存在拆除的可能性，如明挖车站、区间封顶后挡土墙、混凝土支撑通常会被拆除；出入通道、风道与车站主体相交处的围护桩需要拆除；盖挖工法下的临时混凝土柱需要拆除；冠梁则需要根据埋深和抗浮设计进一步确定是否拆除等，此类拆除不含在本条范围。本条仅针对改造工程中对既有物的拆除，如对既有车站增加出入口通道时对侧墙进行切割开孔洞、既有车站增加楼梯时对中板进行切割开孔洞。

B. 0. 40　措施项目应符合表 B. 0. 40 的规定。

表 B. 0. 40　措施项目（C××××××40）

项目编码	项目名称	计量单位	计量规则	工程内容
C××××××4001	安全文明施工	项	按设计图示数量计算	包括环境保护、安全施工、文明施工、临时设施等全部工程内容
C××××××4002	监测			包括对工程本身及周边风险源的监测等全部工程内容
C××××××4003	降水、排水工程			包括施工场地的降水、排水等全部工程内容
C××××××4004	围堰、筑岛			包括修筑、拆除及余方处置等全部工程内容
C××××××4005	交通疏解			包括便道、便桥、临时交通安全设施及管理设施、交通协管人员等全部工程内容
C××××××4006	水上作业平台			包括制作、安装、拆除、余方处置等全部工程内容
C××××××4007	桩基托换			包括新增托换体系、破除受影响范围的原桩基等全部工程内容
C××××××4008	特殊地质处置			包括溶洞、瓦斯地段、漂石、孤石、地下暗河、特殊地段处置等全部工程内容
C××××××4009	风险源加固			包括穿越、跨、临近风险源引起的加固等全部内容
C××××××4010	穿（跨）越配合			包括穿（跨）越河流、高速公路、轨道交通、机场、军事用地引起的配合等全部内容
C××××××4011	其他措施项目			发、承包人认为需要单列的措施项目

【要点说明】

（1）本条仅列特殊技术措施，对于夜间施工、冬雨季施工、二次搬运、脚手架、大型机械进出场（除盾构机进、出场外）等常规措施不单独列项。一是考虑到若将特殊措施费用纳入构件清单项目中，会造成指标价格离散性较大，不利于发承包双方对价格合理性的判断，二是降低了大数据指标的可参考性。

（2）因大部分省、区、市有安全文明施工管理的相关政策文件，本条将常规措施中的"安全文明施工费"单独列项。

案例A　初步设计后工程总承包（DB）案例

一、发包人要求

（一）项目概况、初步设计说明及图纸

1. 项目概况

项目名称：×××。

建设地点：×××。

建设单位：×××。

建设规模：本线路全长38.700km，设车站7座，其中：高架站3座，地下站4座。设车辆段1座，新建1座主变电所，控制中心设于车辆段内。采用双线全封闭独立运行系统，车辆选型为运行速度140~160km/h的市域A型车（AC 25kV架空悬挂接触网供电），初、近、远期均采用4辆固定编组，平均站间距6 317m。

建设性质：新建。

资金来源：企业自筹。

2. 勘察设计情况

（1）由发包人负责初步勘察与详细勘察；承包人负责施工勘察以及施工图设计工作，并按规定取得相关部门的批准。

（2）按《城市轨道交通岩土工程勘察规范》GB 50307—2012，根据工程规模、建筑类型和特点及因岩土问题造成工程破坏的后果，确定本工程的重要性等级为一级；根据场地复杂程度及地基复杂程度，本工程场地及地基等级均为二级，即中等复杂地基；根据工程周边环境与工程的相互影响程度及破坏后果的严重程度进行划分，本段线路区间环境风险等级为二级。综合判定认为拟建工程勘察等级为甲级。

（3）本区段不良地质作用为黏质粉土、砂土液化与有害气体。

3. 设计说明（节选）

（1）总说明。

项目名称：×××。

建设地点：×××。

建设单位：×××。

（2）车站。

1）××站：本站为地下车站，采用明挖法施工。车站总长268m，标准段宽20m，

有效站台长度为 95m，总建筑面积 11 744m²，主体建筑面积 9 520m²，附属建筑面积 2 224m²。车站位于××大道与××大道交叉口处，周边存在××医院、××学校。

2）××站：本站为高架车站。车站总长 95m，标准段宽 19m，有效站台长度 95m，总建筑面积 6 265m²，主体建筑面积 6 094m²，附属建筑面积 171m²。车站位于××大道与××大道交叉口东南侧，周边为市政绿地。

3）××站：……

（3）区间。

1）××盾构区间：本区间采用盾构法施工，长度约 1 432 双延米，管片内径为 7.1m，外径为 7.9m，下穿××铁路，临近××河流、××加油站。

2）××盾构区间：……

（4）轨道。

本工程轨道长度 38.700 正线公里，正线、配线、试车线及出入场线采用 60N 廓形、U75V 热轧钢轨，车场线采用 50kg/m、U71Mn 热轧钢轨；一般段及中等减振段采用预应力预制轨道板；高等级特殊减振段采用非预应力预制轨道板。正线、配线及出入场线均采用 DZIII 型扣件，车场线除试车线外整体道床采用 CZI 型扣件；正线及配线采用 9 号曲尖轨道岔，车场线采用 7 号曲尖轨道岔。

（5）通信。

本工程通信系统包含专用、公安系统 2 个相对独立的系统。其中专用通信系统包括传输、公务电话、专用电话、无线、广播、乘客信息、视频监视、视频会议、时钟、电源及接地、网络管理、办公自动化等子系统；公安通信系统包括计算机网络、公安无线、人脸识别、电源设备等子系统。

（6）信号。

信号工程包括正线车站及相应的区间（含辅助线、存车线、越行线、联络线、出入段线）、控制中心、11 列车的自动控制系统（ATC）信号系统、车辆段联锁及微机监测系统、2 列蓄电池工程车的车载 ATP 设备等，车载信号设备由车辆厂商完成。

（7）主变电站。

本工程新建框架结构主控制室一座，建筑面积 3 550m²；新建水泵房一座，建筑面积 70m²；新建谐波治理装置室一座，建筑面积 362m²；新建站区门卫室一座，建筑面积 60m²，均采用框架结构。

牵引变容量：2×（16+6.3）MV · A，电力变容量：2×10MV · A，110kV 进线：2 回，35kV 出线：4 回，35kV 侧无功补偿：SVG 3+6MVar。

（8）供电。

牵引供电系统采用 110/27.5kV 两级电压供电，牵引供电系统采用 AC 25kV 柔性架空接触网、带回流线的直接供电方式，共新建 9 座降压变电所，3 座跟随式降压变电所。

（9）动力照明。

动力照明供电系统采用110/35kV两级电压供电，含38.7km线路、7座车站相关内容，其中：

1）××站：地下两层岛式建筑，站厅层B端设置一座降压变电所；站厅层A端设置一个环控电控室，AB端合用环控电控室；站厅层A端设置一个应急照明电源室，站厅层AB端及站台层A端分别设置一处照明配电室，为车站及车站两端相邻半个区间的所有动力和照明设备供电。

2）××站：……

（10）综合监控系统。

本工程综合监控系统采用以电环调为核心的集成、互联方案，由全线7座车站、1座车辆段的站级综合监控及1座控制中心级综合监控组成。

（11）环境与设备监控系统。

本工程有3座高架站，4座地下站，地下站BAS配置双端冗余PLC控制器+IBP盘I/O控制器，高架站BAS配置单端冗余PLC控制器+IBP盘I/O控制器，车辆段BAS配置单冗余PLC控制器+消防联动控制盘I/O控制器，车站级BAS采用冗余环形工业以太网方案。

（12）火灾自动报警系统。

本工程火灾自动报警系统由中心级、车站级、现场级和相关通信网络组成，实现中心、车站两级管理模式，中心、车站、现场就地三级控制方式。本系统集成于综合监控系统，其车站级、中心级设备及功能由综合监控配置、实现，并采用综合监控系统提供传输通道，不单独设置传输网络。

（13）通风、空调与供暖工程。

地下车站通风空调系统采用全封闭站台门制式设计；高架车站通风空调系统采用半高站台门制式设计；车内空调由列车顶部空调器提供，由车辆厂商完成；地下区间设置隧道通风系统。

（14）给水与排水、消防工程。

1）××站及××站~××站区间：共计2.45km，区间为V字坡向，设区间废水泵房，区间废水泵房压力管从××站接出。车站共设3个出入口，A出入口旁设公共卫生间，共设置污水泵房2座，车站站台层1轴处设有1座主废水泵房。

2）××站及××站~××站区间：……

（15）自动售检票系统（AFC）。

采用非接触式IC卡收费系统，票卡标准符合××市轨道交通专用车标准、“××通”卡、交通部“一卡通”标准，并采用多级计程限时票价制，实现封闭式票务管理。本工程车站的AFC设备将接入××线中央数据汇聚节点。

（16）站内客运设备、站台门。

站内客运设备包含全线7座车站内的电梯、扶梯等内容。本工程拟在4座地下站设置高站台门系统，3 座高架站设置低站台门系统，全线共 16 侧站台需要设计站台门。

（17）人防工程。

防护单元原则上按一个车站和一段区间隧道作为一个防护单元进行划分，初步按甲类，核 6 级常 6 级，防化等级为丁级，共划分为 4 个防护单元。

（18）车辆基地。

车辆段用地面积约 21. 5hm^2，总建筑面积约 53 445m^2，咽喉区设架空板 2 处，面积约 36 000m^2。结合地形条件，库区场坪标高 393m，厂前区场坪标高 382m。运用库与检修库合设以减少用地宽度。调机工程车库位于咽喉区南侧。入段线设轮对受电弓检查棚，洗车机采用“八”字通过式布置，镟轮库布置于试车线与咽喉区所夹区域。运转综合楼单独设置于大库尾部。试车线长约 900m，全速试车在正线进行。综合楼依地势而建，段内道路环通，382~393m 标高设坡道 2 处。车辆段设出入口 2 个，均与规划道路相连。

4. 图纸（节选）

工程线路图，车站工程平面设计图，车站工程标准断面设计图，区间工程盾构法标准断面设计图，区间工程明挖法标准断面设计图，轨道工程单线矩形隧道双块式轨枕整体道床横断图（直线地段），通信工程通信网络系统图，综合监控系统图如图 A-1~图 A-8 所示。

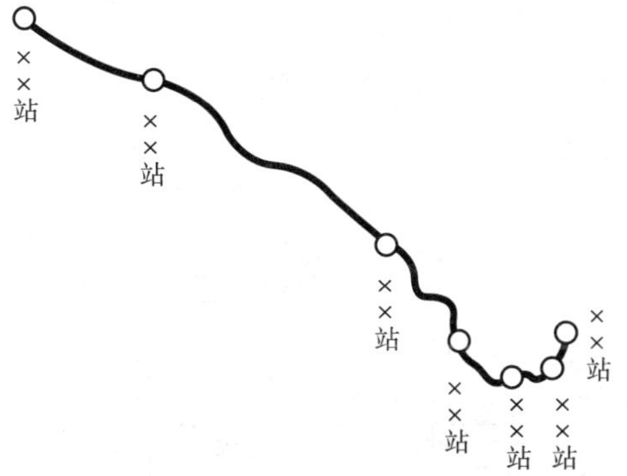

图 A-1　工程线路图

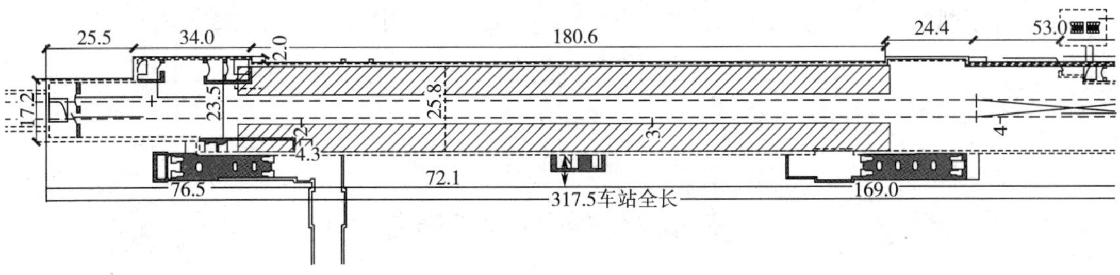

图 A-2　车站工程平面设计图（单位：m）

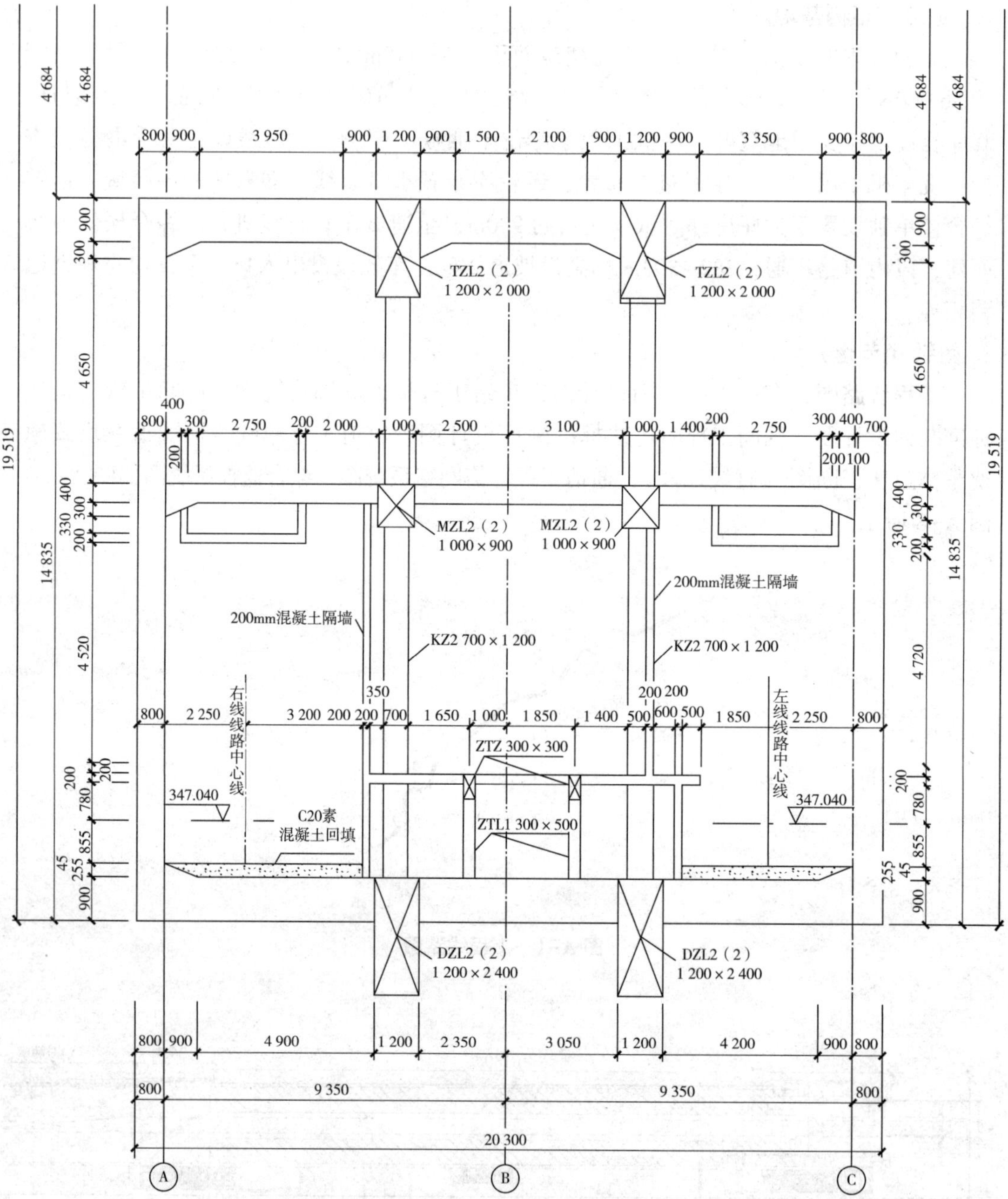

图 A-3　车站工程标准断面设计图（单位：mm）

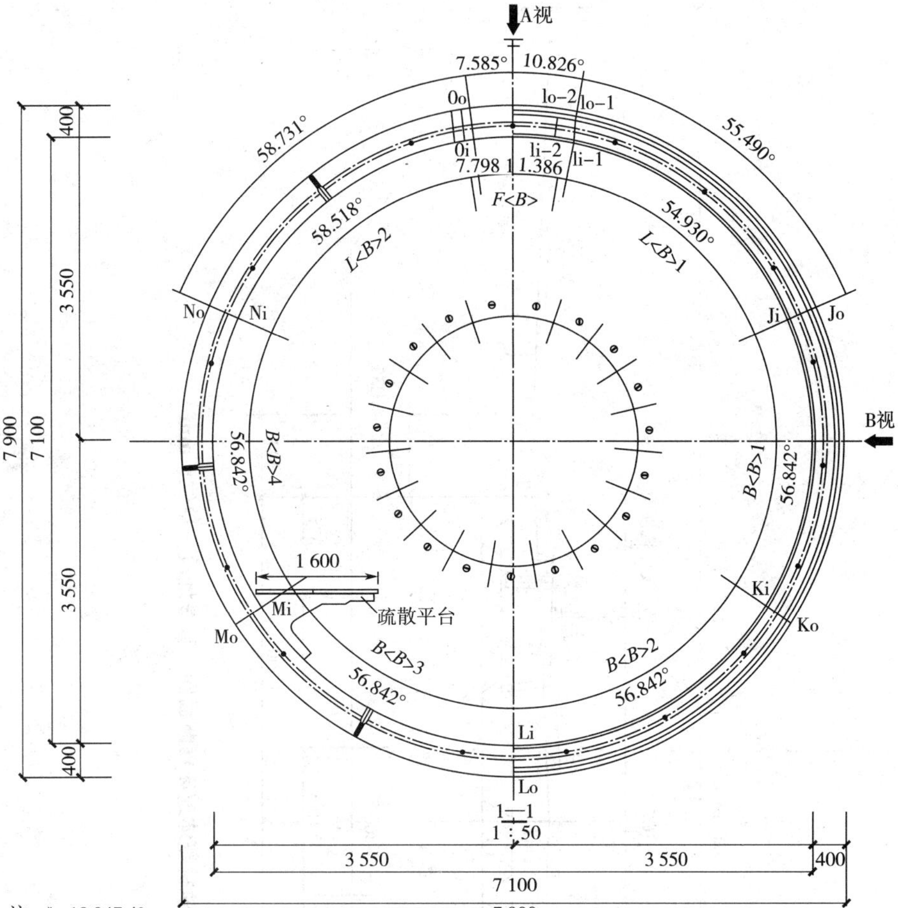

注：ϕ=18.947 4°

图 A-4　区间工程盾构法标准断面设计图（单位：mm）

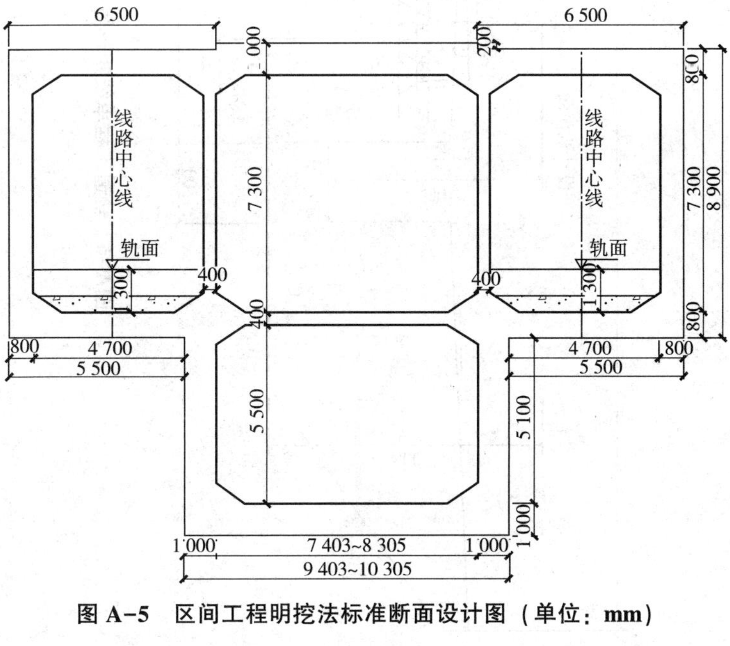

图 A-5　区间工程明挖法标准断面设计图（单位：mm）

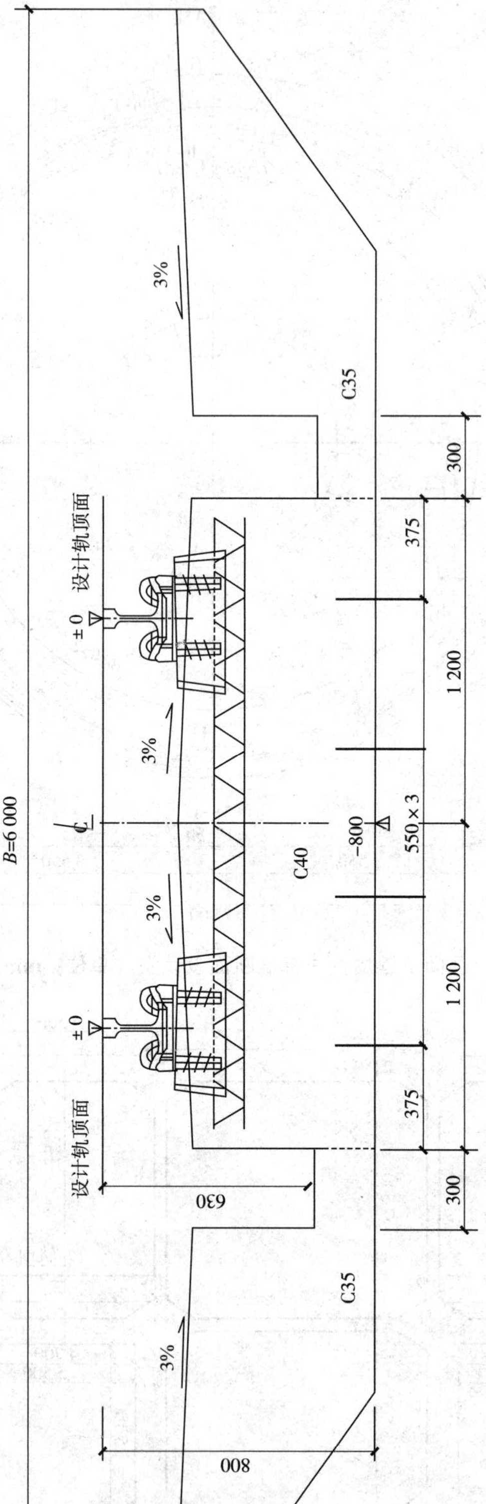

图A-6　轨道工程单线矩形隧道双块式轨枕整体道床横断面图（直线地段，单位：mm）

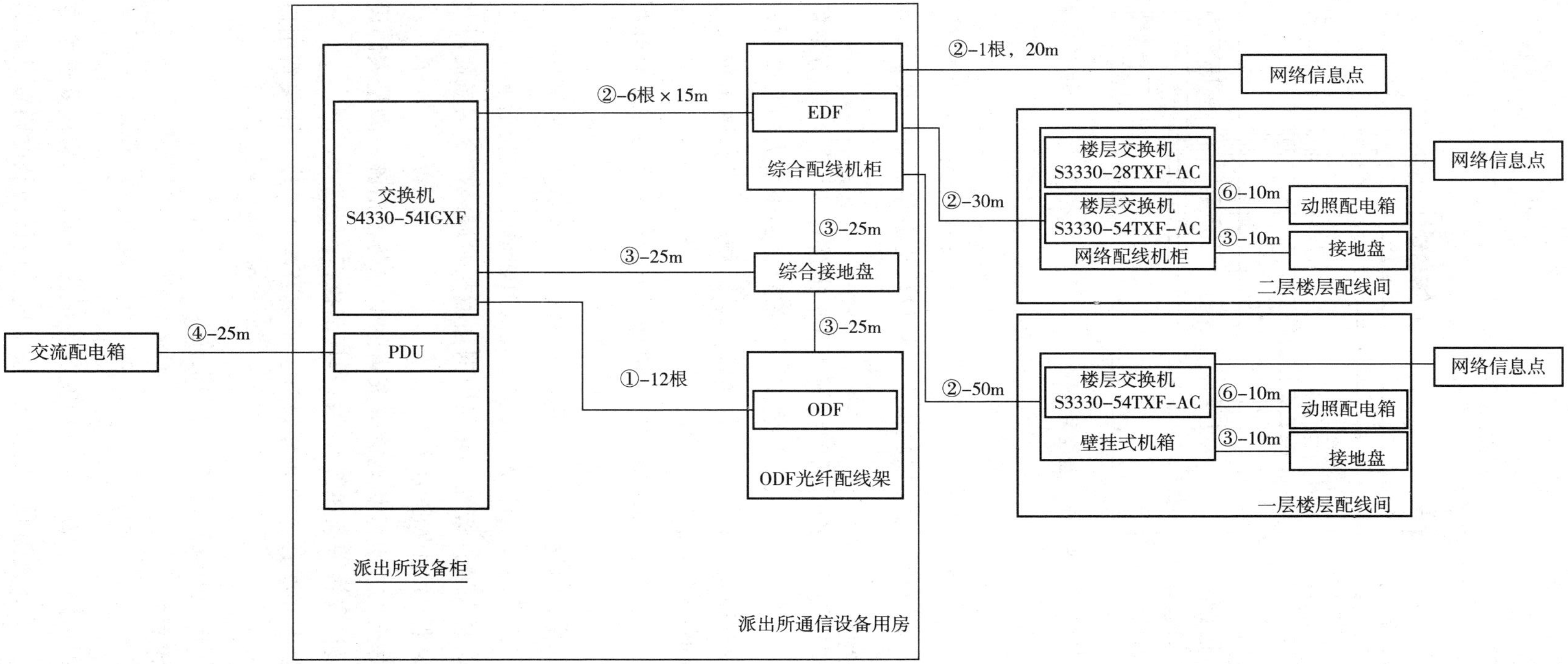

备注：

1. 本系统机柜内的各种连线由厂家自行完成。

2. 派出所配线间内网络机柜的供电由就近电源插座提供，接地采用就近接地。电源插座至配线间网络机柜的电源线、网络机柜至接地盘的地线由本系统提供。

3. ①为光纤跳线，②为网络跳线，③为接地线，④、⑥为电源线。

图A–7　通信工程通信网络系统图

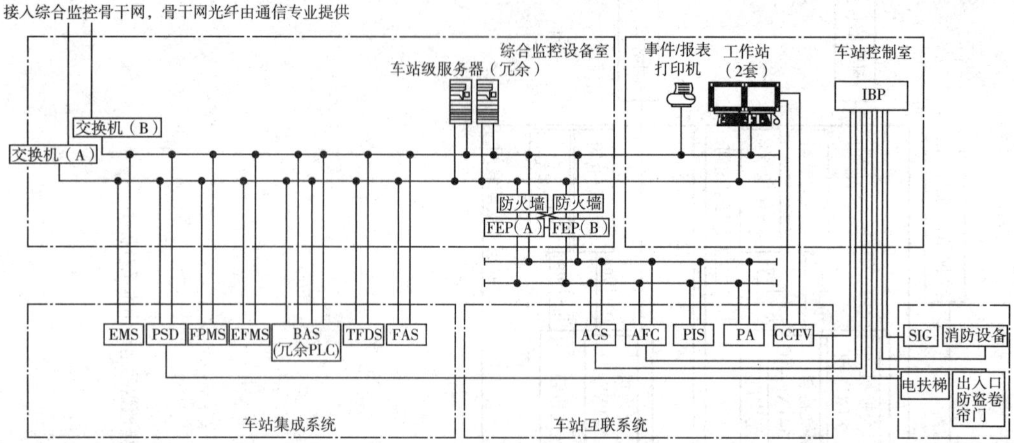

图 A-8　综合监控系统图

（二）总体设计技术要求

工程勘察设计应充分考虑初、近、远期结合，统一规划、总体安排、一次实施。应与旧城区改造和新城区建设规划相结合，以轨道交通建设促进城市发展、改善城市交通结构、支持城市可持续发展。

线路走向应符合城市总体规划、轨道交通网络规划和近期建设规划。线路方案的选择应以客流预测资料为依据，充分发挥城市轨道交通的效能，实现最大的社会效益与经济效益。线路方案应充分考虑技术标准、行车条件、站位布置、工程施工难度与风险、施工对交通和环境的影响、工程造价等因素。

车站布置应按照规划要求，设置在客流量大的集散处，方便市民出行，并充分利用地下与地面空间。

系统和设备选型应符合国家、地方、行业标准，并遵循技术成熟、安全可靠、综合技术先进、经济实用的原则，贯彻节能环保、科学发展城市轨道交通的方针。

地面设施应根据城市规划要求进行选址，并与周围环境相协调，符合网络资源共享原则，严格控制规模，减少土地占用和拆迁工作。

建筑与结构设计应具备对火灾、水淹和地震等灾害的恰当防范措施，满足人防设置要求，结构及设备的抗震设计应按国家现行有关抗震规范执行。

根据工程需要及发包人要求开展具体的 BIM 设计、咨询及配合工作，相关费用包含在合同总价中。

做好与相关工程共线部分相关的设计及接口协调工作。

（三）车站结构专业设计技术要求

1. 主要设计原则及标准

本工程主体结构设计使用年限为 100 年，结构安全等级为一级，结构重要性系数（γ_0）取 1.1。抗震设防类别为重点设防类（乙类），按 7 度抗震设防烈度确定其地震作用，抗震等级为三级，抗震构造措施按二级采用。人防区域结构设计按防核武器抗力级别6级，抗常规武器抗力级别6级进行设计及验算。本工程主体结构构件的耐火等级为一级。主体结构防水等级为一级，采用全包防水。结构所处环境为一般环境，结构外侧环境作用等级为Ⅰ-C，按荷载准永久组合并考虑长期作用影响进行构件的裂缝宽度计算。主体结构混凝土构件最大裂缝计算宽度允许值为与水（土）直接接触侧0.2mm，背土（水）侧0.3mm，内部结构构件0.3mm。

2. 主体结构形式

车站为三层两跨整体式现浇钢筋混凝土矩形框架结构，顶、中、底板与中柱、内衬墙形成闭合框架，顶、中、底板设计为梁板体系。车站内衬墙与围护结构间设置柔性防水层，采用复合式结构。车站左线10~29轴，右线10~45轴，负一、二层预留远期以公共交通为导向的城市发展模式（TOD）连接条件，待后期TOD实施时破除侧墙进行连接。车站左线30~77轴与×号线车站右线密贴，采用梁柱门框墙连接，不施工侧墙，待×号线实施时通过并行梁柱进行连接。

3. 设计荷载

结构自重：钢筋混凝土自重按25kN/m^{3}计。

覆土重：按竖向全土重计，施工回填覆土容重按18~20kN/m^3。

侧土压力：基坑开挖及回筑均考虑在降水工况下进行。施工阶段按主动侧土压力计算，正常使用阶段按静止土压力水土分算。

水浮力：根据详勘资料，取抗浮设防水位为地面下2m，计算其浮力的大小。

结构上部和破坏棱体范围的设施及建筑物压力：在结构设计中应考虑对已有的建筑物压力，根据地铁结构与其具体关系确定荷载的取值。

人群荷载：楼梯等部位的人群荷载按4kPa的活荷载标准值计。

地面超载：覆土厚度大于2.5m时的地面超载按20kPa计，扩散后作用在结构上，不计动力作用的影响。当覆土厚度不满足上述要求时，根据《公路桥涵设计通用规范》JTG D60—2004计算相应荷载。

临时施工荷载：按5kPa计。13~25、53~63轴负二层中板临时施工荷载为36kPa。

盾构施工荷载：盾构机吊出在工作井端头引起的临时地面超载按85kPa考虑；盾构机等设备堆放在工作井端头或两侧引起的临时地面超载按40kPa考虑；盾构吊出孔封孔后浇板达到设计强度以前需保持基坑降水至基底下1m。

轨排孔施工荷载：轨排下料口两侧地面沿线路方向均布荷载32kPa。

人防荷载：按照核6级、常6级等效静荷载进行验算。

4. 工程材料

主体结构混凝土：主体结构构件的混凝土等级如表A-1所示。

表 A-1　主体结构构件的混凝土等级

构件	顶板、顶板梁	负一二层（侧墙、端墙、壁柱、边梁、集水井、消防水池）等	负三层 0~40 轴（侧墙、端墙、壁柱、边梁）；0~40 轴底板、底板梁	负三层 41 轴~终点（侧墙、端墙、壁柱、边梁）；41 轴~终点底板、底板梁	内部结构、中板、中板梁、中隔墙	框架柱	底板回填	盾构孔、出土孔、轨排井封孔	挡土墙
混凝土等级	C35、P8	C35、P8	气密性 C40、P10	C35、P10	C35	C50	C20	微膨胀混凝土，混凝土标号及抗渗等级与对应结构相同	C30

注：1. 主体结构柱与顶梁板节点处采用 C50（P8）混凝土，与底梁板节点处采用 C50（P8）混凝土，与中板节点处采用 C50 混凝土。
2. 侧墙和端墙内的主体结构柱采用与墙体相同的混凝土材料。
3. 墙中暗柱非主体结构柱时采用与墙体相同的混凝土材料。
4. 车站位于中风化泥岩需采用气密性混凝土，透气系数不大于 10^{-11}cm/s。
5. 内部结构是指位于车站内部（非迎土面）的结构，如楼梯、轨顶风道、站台板及下墙体、站台板梁柱、夹层板及夹层板支撑梁柱、内部隔墙、人防临空墙等。

钢筋：采用 HPB300、HRB400、HRB400E 级钢筋，材质应分别符合现行国家标准《钢筋混凝土用钢　第 2 部分：热轧带肋钢筋》GB/T 1499.2—2018 及《钢筋混凝土用钢　第 1 部分：热轧光圆钢筋》GB/T 1499.1—2017 的规定。HRB400E 钢筋的抗拉强度实测值与屈服强度的实测值的比值不应小于 1.25，钢筋的屈服强度实测值与屈服强度标准值的比值不应大于 1.3，且钢筋在最大拉力下的总伸长率实测值不应小于 9%。

板墙结构：除拉结钢筋、箍筋可采用普通钢筋外，其余钢筋均采用抗震钢筋。

梁柱结构：纵向受力钢筋、腰筋均采用抗震钢筋；拉结筋、箍筋采取普通热轧钢筋。

接驳器：钢筋机械连接所用接驳器应采用一级接头，接头必须是经有关主管部门批准认可的合格产品，并符合《钢筋机械连接技术规程》JGJ 107—2016 要求，经现场试验合格后方可使用。

钢材：Q235B、Q345B 钢材的屈服强度实测值与抗拉强度实测值的比值不应大于 0.85；钢材应有明显的屈服台阶，且伸长率不应小于 20%；钢材应有良好的焊接性和合格的冲击韧性。

吊环：采用 Q235B 圆钢。

5. 耐久性设计

混凝土构件最外层钢筋最小保护层厚度如表 A-2 所示。

表 A-2　混凝土构件最外层钢筋最小保护层厚度

部位	顶板、底板、侧墙、端墙	中板、中隔墙	中板梁、中柱	除中板梁、中柱外的其他梁柱	楼梯、站台板、轨顶风道等内部结构
最外层钢筋最小保护层厚度（mm）	迎土侧 45 背土侧 35	30	35	迎土侧 45 背土侧 35	30

注：施工单位在钢筋放样和位置确定前，应根据保护层要求计算各部位的主筋边缘距离混凝土外表面的厚度，以确保成型钢筋笼的保护层厚度。

混凝土材料要求如下：

（1）混凝土的最大含碱量（水溶碱，等效 Na_2O 当量）为 $3kg/m^3$。

（2）混凝土中最大氯离子含量为胶凝材料的 0.06%。

（3）结合本站所处 H1Y2L1 环境，水胶比、胶凝材料用量要求详见表 A-3。

表 A-3　本站混凝土材料的水胶比与胶凝材料用量

混凝土强度等级	最大水胶比	胶凝材料最小用量（kg/m^3）	胶凝材料最大用量（kg/m^3）
C35	0.50	320	400
C40	0.45	320	450
C45	0.40	320	450
C50	0.36	320	500

注：1. 表中数据适用于最大骨料粒径为 20mm 的情况，骨料粒径较大时宜适当降低胶凝材料用量，骨料粒径较小时可适当增加。

2. 在满足混凝土抗渗等级、强度等级和耐久性条件下，胶凝材料用量不宜小于 $260kg/m^3$。

（4）配制耐久混凝土的水泥可采用硅酸盐水泥或普通硅酸盐水泥，其强度等级不低于 42.5 级；车站大体积浇筑的混凝土避免采用高水化热水泥。

（5）配制耐久混凝土所用的矿物掺和料应符合下列要求：

1）粉煤灰的品质应符合现行国家标准《用于水泥和混凝土中的粉煤灰》GB/T 1596—2017 的有关规定，粉煤灰掺量及性能等级应满足有关规范要求，并进行现场试验确定。

2）粒化高炉矿渣粉应符合现行国家标准《用于水泥、砂浆和混凝土中的粒化高炉矿渣粉》GB/T 18046—2017 的相关规定。

（6）用于防水混凝土的砂、石、水应符合下列规定：

1）宜选用坚固耐久、粒形和级配良好的洁净石子；最大粒径不宜大于30mm，泵送时其最大粒径不应大于输送管径的1/4；吸水率不大于1.5%；不得使用碱活性骨料；石子的质量要求应符合国家现行标准《普通混凝土用砂、石质量及检验方法标准》JGJ 52—2006的有关规定。

2）砂宜选用坚硬、抗风化性强、洁净的中粗砂，细骨料不得使用海砂；砂的质量要求应符合国家现行标准《普通混凝土用砂、石质量及检验方法标准》JGJ 52—2006的有关规定。

3）用于拌制混凝土的水，应符合国家现行标准《混凝土用水标准》JGJ 63—2006的有关规定。

（7）混凝土的化学外加剂及其使用应符合以下要求：

1）防水混凝土可根据工程需要掺入减水剂、膨胀剂、防水剂、密实剂、引气剂、复合型外加剂及水泥基渗透结晶型材料，其品种和用量应经试验确定，所用外加剂的技术性能应符合国家现行有关标准的质量要求。注意各种外加剂的推荐掺量与相应减水率，主要成分（包括复配组分）的化学名称，氯离子含量百分比，含碱量，以及施工中必要的注意事项，如超量或欠量使用时的有害影响、掺和方法等。

2）当混合使用各种外加剂时，应事先测定它们之间的相容性。

3）应严格控制各类材料的氯离子含量及总碱量。

（四）车站建筑专业设计技术要求

1. 工程概况（略）

2. 设计范围

（1）项目组成及设计范围。（略）

（2）分期建设情况说明。（略）

3. 设计依据、设计标准

（1）设计依据。（略）

（2）设计标准。

1）站厅层：

公共区装修后地坪面至结构顶板底面净高：≥5 600mm。

公共区地坪装修层厚：150mm。

公共区装修后净高：≥5 000mm，站厅装修后高度为4 000mm。

上部悬挂物距地坪装修面净高：≥2 400mm。

车站控制室与站厅之间设固定式甲级防火窗（达到A级1.5h）。

2）站台层：

公共区装修后地坪面至结构顶板底面净高：一般情况下采用5 950mm。

公共区装修后净高：≥3 000mm。

地坪装修层厚度：100mm。

站台装修面至轨顶面高度：1 080mm。

轨面至结构底板（不含曲线）：800mm/900mm/1 050mm（具体以轨道专业提资为准）。

站台边缘到线路中心线：1 600mm/2 400mm，本站为非越行车站，采用1 600mm。

线路中心线到侧墙净距：≥2 250mm。

上部悬挂物距地坪装修面净高：≥2 400mm。

3）地下车站纵坡设置标准：

地下车站顶板、中板、站台板及轨面采用平坡设计。

车站底板分段找坡排水，从有效站台中心线分别下坡，坡向两端废水泵房，本站以有效站台中心线及大小里程端往废水泵房位置找“W”形坡。

4）楼梯：

单向公共区人行楼梯最小宽度：≥1 800mm。

双向公共区人行楼梯最小宽度：≥2 400mm。

消防专用楼梯最小宽度：≥1 200mm。

站台至轨行区的工作梯最小宽度：≥1 100mm。

当车站设备管理区分为上下层时，应有一部上下联系及火灾时作为消防及疏散的封闭式楼梯，楼梯净宽不小于1 200mm，供工作人员和消防人员使用。

5）自动扶梯。（略）

6）检票机、自动售票机、验票机。（略）

7）车站系统设计要求：

根据行车组织，本站设站前双停车线。根据供电系统设计要求，本站为降压变电所。根据运营管理要求，本站为中心站。根据信号系统设计要求，本站为信号集中站。根据防淹门系统设计要求，本站无防淹门。根据人防系统要求，防护单元为本站，车站两端设人防区间隔断门。本站两端区间均为盾构法区间。

4. 车站建筑设计

（1）车站坐标系统及尺寸单位。（略）

（2）总平面。（略）

（3）站厅层。

站厅层位于地下一层，车站中部为公共区、两端为设备管理用房区，并在北端配线区上方预留备用空间。公共区划分为非付费区和付费区，付费区内共设6组楼、扶梯（4部上行、4部下行及2部楼梯）及2部无障碍电梯分别与站台层上下连通。付费区两侧为非付费区，两个区域之间设有进出闸机和固定栅栏分隔，在分隔带上靠近出站闸机附近设有票务室（内设半自动售票机）。

设备用房区主要设置弱电系统设备用房和管理用房，包括车站控制室、弱电整合房间、民用通信拉远机房、AFC票务管理室、站长室、会议室等。主要设备管理用房区位于车站小里程端，设一部直达地面的楼梯，并直达地下各层。

（4）设备层。

本层除公共区楼、扶梯、电梯穿越区域，以及中部公共区楼、扶梯转换平台以外（均以防火墙或钢筋混凝土夹层板围合），均为设备管理用房。

（5）站台层。（略）

（6）换乘方式及预留条件。（略）

（7）出入口、通道。

本站共设置4个出入口，前期实施的××线设置G、H号2个出入口，均设置在车站西侧，占用停车场现状车位，设置一扶一楼出入口。车站无障碍电梯设置于外挂换乘大厅内靠近H号出入口，占用停车场现状车位。站厅非付费区公共区卫生间位于外挂换乘大厅内，车站消防专用出入口位于站厅层小端设备区，同时临近设置消防泵房及消防水池。

本站共设置10个安全出入口，除1号安全出入口外，均布置在××楼前停车场内。

（8）风道、风亭、冷却塔。

北端1号风亭组共2个风亭，均布置在市政道路绿地内；中部3号风亭组共2个风亭，南侧4号风亭组共3个风亭，均顶出布置在现状停车场内。所有风亭均为低矮风亭。车站设置蒸发冷凝式冷却塔，1个消防水箱，均布置于3号排风道内。

（9）车站规模。（略）

（10）车站无障碍设计。

在出入口、售检票系统、站厅、站台、公共厕所等乘客到达区均应考虑无障碍设计，同时在地面出入口处设置盲道与市政路盲道相接。

1）车站无障碍设备的设置情况：在站厅层非付费区与付费区的分隔带上每端各设2个1 000mm宽的员工通道，障碍人士可在工作人员帮助下从此通道进出付费区。

电梯设置在外挂换乘厅内，由站厅层非付费区到地面，障碍人士可在电梯的辅助下自由进出车站，沿途有高差处均设坡道顺接，坡道坡度设计为1/12，宽度为1.5m；电梯内部设施按《无障碍设计规范》GB 50763—2012 3.7节内容设置。

2）车站无障碍卫生间的设置情况：在车站站厅层G号出入口通道旁设置的一处及两线站台层公共区端头设置的两处公共卫生间均设有无障碍卫生间，内设有专用蹲位、洗手池等，供障碍人士使用。内部设施符合《无障碍设计规范》GB 50763—2012 3.9节的要求。

3）提示盲道设置情况：在车站的出入口、通道、售票处、检票处、垂直电梯和站台上临近的候车门以及无障碍卫生间处均设置提示盲道，提示盲道间设导盲带，盲道采用宽300mm的燃烧性能为A级的材料，设置方法参照《无障碍设计规范》GB 50763—2012 3.2节及4.2节内容。邻近导盲带一侧的通路围护设施（墙体，扶手栏杆等）应在转折处设置盲文标记与声讯提示装置。

5. 车站防灾设计（略）

6. 车站构造做法

（1）建筑墙体。

1）工程按抗震设防烈度 7 度设防，墙体抗震构造柱及墙体抗震拉结等构造措施，构造柱、圈梁、过梁、门槛的布置及墙体与主体的拉结均应符合《砌体结构设计规范》GB 50003—2011、《建筑抗震设计规范（2016 版）》GB 50011—2010、西南地区建筑标准设计通用图集的要求。

2）在走道、电缆间、有水或墙面后期有重物悬挂需求的砌筑墙体采用 200mm 厚页岩砖砌筑或钢筋混凝土墙体，其他区域的砌筑墙体可采用混凝土实心砌块进行砌筑，面向公共区砌筑墙体采用 240mm 厚页岩砖砌筑，墙体做法详见西南地区建筑标准设计通用图集《墙》西南 11J112；对于有风压的房间隔墙均应考虑大于 3. 5kPa 的侧压；采用不小于 MU10 的块体，Mb7. 5 的混合砂浆砌筑；所有墙体在根部均设置高于地面完成面 100mm 的 C30 素混凝土条带以满足穿管防潮要求。风阀墙采用钢筋混凝土墙体或不小于 400mm 宽钢筋混凝土门框，并应符合结构受力需求，由于风阀招标相对滞后，风阀墙需在风阀招标后施工。

3）车站临轨行区的隔墙均采用钢筋混凝土浇筑；设备用房区走道内侧的墙体采用钢筋混凝土浇筑。临轨行区如有运输门洞采用后砌砖墙的，洞口两侧每隔 500~600mm 设 2 根直径 8mm 长 1m 的拉筋。配线区设置隔墙有柱的采用 300mm 厚钢筋混凝土墙，无柱的采用 500mm 厚钢筋混凝土墙。

4）对其余隔墙，具体抗震构造措施如下：

构造柱设置间距不大于 4m；当墙体高度超过 4m 时，设置钢筋混凝土圈梁，圈梁间距不应大于 4m，建议第一道圈梁在墙体 3m 高度处设置；墙体沿框架柱全高每隔 500~600mm 设 2 根直径 8mm 沿墙全长贯通的拉筋；墙体顶部与主体结构的连接做法按框架轻质填充墙构造图集《第四分册　烧结空心砖填充墙》西南 05G701（四）第 34、35 页大样执行；洞口抗震构造按西南框架轻质填充墙构造图集《第四分册　烧结空心砖填充墙》05G701（四）第 28 页执行；应避免出现顶部悬臂的砌体隔墙。

5）圈梁设置要求：当砌体隔墙高度超过 4. 5m 时，设置钢筋混凝土圈梁。圈梁采用 C30 混凝土，HPB300、HRB400 钢筋，钢筋混凝土保护层厚 25mm，圈梁兼过梁时，圈梁高度应根据门窗高度相应调整；洞口小于 3. 6m 时底部附加 2 根直径为 12mm 的钢筋，长度为洞口宽度每边各伸出 0. 5m；洞口大于或等于 3. 6m 且小于或等于 5m 时，底部附加 2 根直径为 16mm 的钢筋，长度为洞口每边各伸出 0. 5m。

6）过梁设置要求：墙上留洞（门、窗洞及设备管线穿洞），洞宽大于 250mm，其洞顶均应设钢筋混凝土过梁，过梁与墙厚相等；当洞口小于 250mm 时，用配筋砖过梁，梁底设 3 根直径 6. 5mm 钢筋，两端深入支座 400mm，并弯直钩 40mm，用 1∶2. 5 水泥砂浆做 20mm 厚保护层。

（2）楼地面。

1）穿楼板预埋钢套管为给排水专业地漏时，钢管突出装修面 20mm，其余突出装修面 50mm。

2）地漏及穿地管道安装完毕后须用细石混凝土封严，管根及地漏周围须用防水胶封严，并与防水层闭合。

3）挡水槛：各层楼板上环控风孔四周（有风阀的除外）、电缆井孔洞四周均设置200mm×100mm 挡水槛，主体结构内侧设 150mm×100mm 的挡水槛，挡水槛应与主体结构板一同浇注，不得采用后浇方式。

4）设备基础的位置、预留插筋的位置及规格待设备招标后确定。

5）站台板下排水沟及水泥砂浆找坡垫层等由土建施工单位实施，并应保证底板排水的顺畅。

6）变电所范围（控制室、0.4kV 开关柜室、35kV 开关柜室、跟随式降压变电所、分区所）的站台结构板上需进行设备开孔。

（3）建筑防火构造、材料做法。

墙体：防火墙耐火极限不小于 3h。

楼板：采用钢筋混凝土浇筑。

防火门窗：防火门等级选用甲级，采用防火卷帘门时应达到背火面升温耐火极限大于或等于 3h，车控室观察窗采用固定式甲级防火窗（达到 A 级 1.5h）。

防火卷帘及其周边的处理：①防火卷帘与建筑构件之间的缝隙及设备管道穿越防火墙、楼板或防火分隔物的缝隙采用防火封堵材料密封填实，并达到防火分隔物的耐火极限。②防火卷帘应安装在承重构件上，当卷筒不到结构梁板底且上部空隙较大时，应在卷筒上部设过梁，梁上砌不小于 200mm 厚的加气混凝土砌块封堵。③设在防火墙上的防火卷帘，应采用背火面升温耐火极限判定条件的特级防火卷帘，并具有停滞功能，其耐火等级为甲级防火卷帘，耐火极限不低于 3h。

挡烟垂壁：挡烟垂壁采用耐火极限不小于 0.5h 防火板，燃烧性能为不燃烧 A 级。

7. 车站设备及管理用房（略）

8. 门窗选型及数量表（略）

9. 车站客运设备及要素

扶梯设计通过能力为 8 190 人/h，参与紧急疏散，扶梯额定速度为 0.65m/s。电梯为 1.6t 透明井道电梯。

车站付费区与非付费区之间进出站闸机、自动售票机等设备的数量、位置、管线预埋及相关具体做法由 AFC 专业另行提供。

区间，轨道，通信系统，主变电站，供电系统，动力与照明工程，综合监控系统，环境与设备监控系统，火灾自动报警系统，安防、门禁系统，通风、空调与供暖工程，给水与排水、消防工程，自动售检票系统，站内客运设备、站台门，人防工程，车辆基地，施工技术要求，竣工验收等设计技术要求略。

（五）主要材料、设备、构配件技术要求

1. 土建工程

土建工程主要材料如表 A-4 所示。

表 A-4 土建工程主要材料

序号	材料名称	品质要求	备注
1	水泥		1. 普通硅酸盐水泥； 2. 符合《通用硅酸盐水泥》GB 175—2007/XG1—2009 要求
2	水泥基渗透结晶型防水涂料		符合《水泥基渗透结晶型防水材料》GB 18445—2012 要求
3	自粘高分子防水卷材（Ⅱ型、湿铺）		1. 满足《预铺防水卷材》GB/T 23457—2017 要求，并满足设计及相关规范要求； 2. 参照《BAC 双面自粘卷材和 SPU 涂料防水系统构造图集》西南 09J/T-303； 3. 能防植物根穿刺

注：投标人应在投标文件中列出拟采用的品牌及供应商。

2. 装饰装修工程

装饰装修工程主要材料如表 A-5 所示。

表 A-5 装饰装修工程主要材料

序号	材料名称	参考品牌	备注
1	无机涂料		1. 防火标准：A 级、不燃，水性无毒； 2. 主要用于管理用房区域； 3. 不低于××档次品牌，品牌需经发包方审核确定
2	铝平板		1. 材料必须满足相关国家防火和环保要求； 2. 龙骨需使用板材品牌配套产品； 3. 涂层应达到《铝合金建筑型材 第 5 部分：喷漆型材》GB/T 5237.5—2017 要求（适用于室外、墙面铝合金板）； 4. 公共区：厚度不低于 3mm，分割尺寸大于 1 000mm×2 000mm（收口处除外）；设备区及管理用房：厚度不低于 1mm，分割尺寸大于 600mm×600mm（收口处除外）
3	铝方通、铝垂片		1. 材料必须满足相关国家防火和环保要求； 2. 龙骨需使用板材品牌配套产品； 3. 厚度不低于 1.2mm
4	纸面石膏板/防水纸面石膏板		1. 符合《纸面石膏板》GB/T 9775—2008 的要求； 2. 龙骨需使用同一板材品牌配套产品； 3. 厚度不低于 9.5mm

表A-5(续)

序号	材料名称	参考品牌	备注
5	穿孔吸音矿棉板		1. 满足设计、国家和地区相关规范及标准的要求； 2. 龙骨需使用板材品牌配套产品
6	瓷砖		1. 满足设计、国家和地区相关规范及标准的要求； 2. 满足《陶瓷砖》GB/T 4100—2015 及《建筑材料放射性核素限量》GB 6566—2010 要求； 3. 材质为瓷质，瓷砖粘结面不能有白色粉末状物质； 4. 卫生间：块料尺寸大于 300mm×300mm（收边收口处除外）；除卫生间外的设备区及管理用房：块料尺寸大于 600mm×600mm（收边收口处除外）
7	花岗石		1. 满足设计、国家和地区相关规范及标准的要求； 2. 板材质量应保证坚固耐用，无损害强度和明显外观缺陷。板材的色调、花纹应保证调和统一，正面外观不允许出现坑窝缺棱、缺角、裂纹、色斑、色线等缺陷； 3. 为防止石材年久风化变色，以及石材的吸水和吸潮对建筑物的美观带来影响，必须对石材进行六面保护处理，保护剂用进口产品； 4. 厚度不低于 25mm； 5. 公共区：块料尺寸大于 800mm×800mm（收边收口处除外）；设备区及管理用房：块料尺寸大于 600mm×600mm（收边收口处除外）

注：投标人应在投标文件中列出拟采用的品牌及供应商。

（六）发包范围

1. 勘察设计内容及范围界面

（1）勘察内容包括施工勘察，提交符合勘察规范的勘察文件。

（2）设计内容包括施工图设计和专项设计等全部内容，提交符合设计规范和设计深度规定的设计文件并取得相关部门的审批。

2. 施工内容及范围界面

施工内容包括车站，区间，轨道工程，通信系统，信号系统，主变电站，供电系统，动力与照明工程，综合监控系统，环境与设备监控系统，火灾自动报警系统，安防，门禁系统，通风，空调与供暖工程，给水与排水，消防工程，自动售检票系统，站内客运设备，站台门，人防工程，地铁骨干网系统及车辆基地等，范围界面与设计范围一致。

3. 技术服务内容及范围界面

（1）采用新材料、新技术、新工艺、新设备等的研究试验由承包人负责。

（2）除建安工程费用的检测费之外的检验检测费由发包人负责，若经检验检测的项目未达到本项目合同约定的标准、国家强制性标准的，检验检测费由承包人承担。

4. 代办服务内容及范围界面

在项目建设期内代办工程报建报批以及与建设、供电、规划、消防、水务、城管等部门相关的技术与审批工作等由承包人负责。

5. 采购内容及范围界面

（1）本项目范围内需要的原材料、构配件、设备等由承包人负责采购。

（2）需要定制的材料、构配件、非标准设备的设计、加工由承包人负责。

（七）合同价款结算与支付

1. 预付款

（1）预付款支付比例：按签约合同价（扣除预备费）的 10%。

（2）预付款支付时间：发包人在收到支付申请的 7 天内进行核实，并在核实后的 7 天内向承包人支付预付款。

（3）预付款支付担保：承包人在发包人支付预付款 7 天前提供银行保函。

（4）预付款的扣回：工程预付款从应支付给承包人的进度款中扣回（按每次应支付给承包人的进度款的 20% 进行扣回），直到扣回的金额达到发包人支付的预付款金额为止。

2. 进度款

（1）进度款支付方式：按项目完成的里程碑节点支付，支付节点见表 A-6、表 A-7。

（2）进度款支付比例：按签约合同价的 90%。

表 A-6　建筑工程费支付分解表

工程名称：某地铁工程

序号	项目名称	支付					
		里程碑节点	金额占比（%）	里程碑节点	金额占比（%）	里程碑节点	金额占比（%）
C010101	××站	车站主体围护结构完成	0.32	车站主体底板浇筑长度超过车站长度 50%	0.41	车站主体底板浇筑完成	0.48
		车站主体顶板浇筑完成	0.37	车站附属底板浇筑完成	0.31	车站附属顶板浇筑完成	0.17
		装修开始施工	0.12	站台层装修完成	0.12	站厅层装修完成	0.13
……	……	……	……	……	……	……	……

表A-6(续)

序号	项目名称	支付					
		里程碑节点	金额占比(%)	里程碑节点	金额占比(%)	里程碑节点	金额占比(%)
C010401	××盾构区间	盾构始发	0.69	掘进长度超过本区间双线长度的25%	1.37	掘进长度超过本区间双线长度50%	1.00
		掘进长度超过本区间双线长度75%	1.74	双线洞通	1.37	盾构机退场、转场或完成空推	1.00
……	……	……	……	……	……	……	……
C011300	轨道	道床完成长度超过总长度25%	2.06	道床完成长度超过总长度50%	2.58	道床完成长度超过总长度75%	3.00
		全线道床浇筑完成	1.65	线路有关安装完成	1.03		
C011400	通信系统	管道、桥架敷设完成	0.80	机柜及柜内设备、核心设备安装完成	0.80	末端设备、接口和联合调试完成	0.80
C011500	信号系统	管道、桥架敷设完成	1.89	机柜及柜内设备、核心设备安装完成	1.89	末端设备、接口和联合调试完成	1.89

表A-6(续)

序号	项目名称	支付					
		里程碑节点	金额占比(%)	里程碑节点	金额占比(%)	里程碑节点	金额占比(%)
C011601	××主变电站	主变电站主体封顶	1.00	主变电站装修完毕	0.50	送电手续办理完成	0.06
		外电通道结构施工长度超过外电通道总长度的25%	0.25	外电通道结构施工长度超过外电通道总长度的50%	0.25	外电通道结构施工完成	0.25
C011700	供电系统	变电所工程设备安装、调试完毕	2.22	环网及接触网按分区电通	2.22	完成热滑试验	1.10
……	……	……	……	……	……	……	……
其他		开通试运行	3.00				
合计		100%					

注：金额占比（%）指里程碑节点应支付金额占建筑工程费合同金额的比例。

表 A-7　工程总承包其他费支付分解表

工程名称：某地铁工程

序号	项目名称	支付					
		里程碑节点	金额占比(%)	里程碑节点	金额占比(%)	里程碑节点	金额占比(%)
1	勘察费	所有车站底板浇筑完成	0.30	所有地下区间洞通	0.33		
2	设计费	土建施工图完成	9.30	机电施工图完成	4.65	开通试运行	1.53
3	工程总承包管理费	所有车站完成打围	3.50	机电专业进场	3.50	开通试运行	3.55

表A-7(续)

序号	项目名称	支付					
		里程碑节点	金额占比（%）	里程碑节点	金额占比（%）	里程碑节点	金额占比（%）
4	研究试验费	所有车站顶板浇筑完成	0.24	开通试运行	0.24		
5	临时用地及占道使用补偿费	所有车站完成打围	39.13	路面恢复完成	16.74		
6	场地准备及临时设施费	所有车站完成打围	8.26	机电专业进场	3.58		
7	试运转费	开通试运行	1.15				
8	工程保险费	所有车站完成打围	3.95				
9	代办服务费	所有车站完成打围	0.05				
合计		100%					

注：金额占比（%）指里程碑节点应支付金额占工程总承包其他费对应合同金额的比例。

3. 竣工结算

（1）竣工验收合格后办理竣工结算。

（2）质量缺陷期满后办理最终结清。

（八）工期要求

（1）该项目计划总工期 1 550 个日历天。

（2）计划的开工、竣工时间见本项目合同条件。

（3）承包人在投标文件中应列出本项目总进度计划，并附横道图/网络图。对“合同价款支付分解表”中的里程碑节点作出确认或修改。

（九）风险提示

（1）本项目采用总价合同。承包人关于各项目的报价均包括成本和利润，成本中的税金不因国家税率的变化而调整。

承包人应确信合同约定金额的正确性和充分性，应包括承包人按照合同约定进行正确施工所需的全部有关事项的费用。除提示由发包人承担的风险并在专用合同条件中约定外，合同价款不予调整。

（2）勘察中除发现古墓、化石、溶洞、暗河外，风险由承包人承担。

（3）项目清单中土石方的土石类别、土与石方的比例、土石方的数量、土石方开挖方法、运输方式、运输距离等均由承包人通过勘察自行确定，自主报价，合同价款不予调整。

（4）除发包人要求、初步设计变更以及合同约定的人工费、主要材料设备价格调整外，合同价款不作调整。

（5）人工、主要材料价格采用指数法调整，价格指数权重见表 A-8，投标人可在投标文件对权重表提出修改建议，双方协商后作调整。

表 A-8 价格指数权重表（发包人提出，承包人确认）

工程名称：某地铁工程

序号	名称		变值权重 B			基本价格指数		现行价格指数	
			代号	建议	确认	代号	指数	代号	指数
1	变值部分	人工费	B_1	0.09	0.09	F_{01}	1.15	F_{t1}	
2		混凝土	B_2	0.08	0.08	F_{02}	560	F_{t2}	
3		钢筋	B_3	0.05	0.05	F_{03}	3 400	F_{t3}	
4		钢材	B_4	0.02	0.02	F_{04}	69 000	F_{t4}	
定值部分权重 A			0.76			—	—	—	—
合计			1			—		—	

注：1. “名称”“基本价格指数”栏由发包人填写，没有“价格指数”时，可采用价格计算。

2. “变值权重”由发包人根据该项目人工、主要材料等价值在预估总价中所占的比例提出建议权重填写，由发承包双方在合同签订阶段确认最终权重，1 减去变值权重为定值权重。

3. “现行价格指数”按约定的付款周期最后一天的前 42 天的各项价格指数填写，没有时，可采用价格代替计算。

4. F_{01}、F_{t1} 按××市造价站发布的人工费调整幅度计取。

5. F_{02}、F_{t2} 按××市造价站发布的《工程造价信息》中××市××区各种标号混凝土的算术平均价格（元/m^3）计取。

6. F_{03}、F_{t3} 按××市造价站发布的《工程造价信息》中××市××区各种规格钢筋的算术平均价格（元/t）计取。

7. F_{04}、F_{t4} 按××网站发布的 1#铜均价（元/t）计取。

（6）除上述风险提示外，未尽内容参考《建设项目工程总承包计价规范》T/CCEAS 001—2022 关于 DB 的规定。

二、项目清单

总说明、总费用汇表总、工程费用汇总表、建筑工程费项目清单、工程总承包其他费项目清单、预备费见表 A-9~表 A-18。

表 A-9 总说明

一、工程概况 详见发包人要求。 二、工程发包范围 详见发包人要求。 三、项目清单编制依据 (1) 初步设计文件。 (2)《城市轨道交通工程总承包工程量计算规范》T/CCEAS 004—2022。 (3)《建设项目工程总承包计价规范》T/CCEAS 001—2022。 (4) 发包人要求及相关技术标准。 (5) 初勘报告。 (6) 详勘报告。 (7) 现场踏勘情况。 (略) 四、投标报价要求 1. 中标人应按照合同约定的品牌、规格提供材料和设备，并应满足合同约定的质量标准。若需更换时，应报招标人核准；若中标人擅自更换，中标人应进行改正，并应承担由此造成的返工损失，延误的工期不应顺延。招标人发现后予以核准时，因更换而导致的费用增加，招标人不应另行支付。因更换而导致的费用减少，招标人应核减相应费用。 2. 价格清单列出的建筑安装工程量仅为估算的数量，不得将其视为要求承包人实施工程的实际或准确的数量。 3. 投标人应依据招标文件、发包人要求、项目清单、补充通知、招标答疑、可行性研究、初步设计文件、本企业积累的同类或类似工程的价格自主确定工程费用和工程总承包其他费用投标报价，但不得低于成本。 (略) 五、其他需要说明的问题 本项目为设计、施工总承包（DB），采用可调总价合同。 (略)

表 A-10 总费用汇总表

工程名称：某地铁工程　　　　单位：元

序号	项目名称	金额
1	工程费用	
2	工程总承包其他费	
3	预备费	686 400 322.00
	合计	

表 A-11　工程费用汇总表

工程名称：某地铁工程　　　　　　　　　　　　　　　　　　　　　单位：元

序号	项目名称	建筑工程费	设备购置费	安装工程费	合计
1	地下车站				
2	高架车站				
3	盾构区间				
4	暗挖区间				
5	明挖区间				
6	高架区间				
7	地面区间				
8	轨道工程				
9	通信系统				
10	信号系统				
11	主变电站				
12	供电系统				
13	动力与照明工程				
14	综合监控系统				
15	环境与设备监控系统				
16	火灾自动报警系统				
17	安防、门禁系统				
18	通风、空调与供暖工程				
19	给水与排水、消防工程				
20	自动售检票系统				
21	站内客运设备、站台门				
22	人防工程				
23	车辆基地				
合计					

表 A-12 建筑工程费项目清单

工程名称：某地铁工程　　　　单位：元

序号	项目编码	项目名称	工程内容	计量单位	数量	单价	合价
1		地下车站					
1.1	C010101	地下车站—××站	包括车站主体、出入口通道、风道、风井、车站房屋、车站装修、车站附属设施、加固及建（构）筑物保护、管线悬吊保护、各类迁改及恢复等全部工程内容	m^2	12 294		
		（其他略）					
2		高架车站					
2.1	C010201	高架车站—××站	包括车站主体、出入口通道、风道、风井、车站房屋、车站装修、车站附属设施、加固及建（构）筑物保护、管线悬吊保护、各类迁改及恢复等全部工程内容	m^2	6 267		
		（其他略）					
3		盾构区间					
3.1	C010401	××站～××站盾构区间	包括区间主体、联络通道、加固及建（构）筑物保护、噪声防护、管线悬吊保护、各类迁改及恢复等全部工程内容	双延长米	1 432		
		（其他略）					
4		暗挖区间					
4.1	C010501	××站～××站暗挖区间	包括区间主体、联络通道、加固及建（构）筑物保护、噪声防护、管线悬吊保护、各类迁改及恢复等全部工程内容	双延长米	226		
		（其他略）					

表A-12(续)

序号	项目编码	项目名称	工程内容	计量单位	数量	单价	合价
5		明挖区间					
5.1	C010601	××站～××站明挖区间	包括区间主体、联络通道、加固及建（构）筑物保护、噪声防护、管线悬吊保护、各类迁改及恢复等全部工程内容	双延长米	80		
		(其他略)					
6		高架区间					
6.1	C010701	××站～××站高架区间	包括区间主体、联络通道、加固及建（构）筑物保护、噪声防护、管线悬吊保护、各类迁改及恢复等全部工程内容	双延长米	5 176		
		(其他略)					
7		地面区间					
7.1	C010801	××站～××站地面区间	包括区间主体、联络通道、加固及建（构）筑物保护、噪声防护、管线悬吊保护、各类迁改及恢复等全部工程内容	双延长米	2 529		
		(其他略)					
8		轨道工程					
8.1	C011300	轨道工程	包括铺轨、道岔、道床、线路有关工程等全部工程内容	铺轨公里	38.700		
9		通信系统					
9.1	C011400	通信系统	包括设备、线缆及线缆载体、设备（管道）支架、设备基础及接地、软件、系统调试与试运行等全部工程内容	正线公里	38.700		

表A-12(续)

序号	项目编码	项目名称	工程内容	计量单位	数量	单价	合价
10		信号系统					
10.1	C011500	信号系统	包括设备、线缆及线缆载体、设备（管道）支架、设备基础及接地、软件、系统调试与试运行等全部工程内容	正线公里	38.700		
11		主变电站					
11.1	C011601	××主变电站	包括主变电站、电力进线、电力通道等全部工程内容	座	1		
12		供电系统					
12.1	C011700	供电系统	包括设备、线缆及线缆载体、设备（管道）支架、设备基础及接地、软件、系统调试与试运行等全部工程内容	正线公里	38.700		
13		动力与照明工程					
13.1	C011800	动力与照明工程	包括设备、线缆及线缆载体、设备（管道）支架、设备基础及接地、系统调试等全部工程内容	正线公里	38.700		
14		综合监控系统					
14.1	C011900	综合监控系统	包括设备、线缆及线缆载体、设备（管道）支架、设备基础及接地、软件、系统调试与试运行等全部工程内容	正线公里	38.700		
15		环境与设备监控系统					
15.1	C012000	环境与设备监控系统	包括设备、线缆及线缆载体、设备（管道）支架、设备基础及接地、软件、系统调试与试运行等全部工程内容	正线公里	38.700		

表A-12(续)

序号	项目编码	项目名称	工程内容	计量单位	数量	单价	合价
16		火灾自动报警系统					
16.1	C012100	火灾自动报警系统	包括设备、线缆及线缆载体、设备（管道）支架、设备基础及接地、软件、系统调试与试运行等全部工程内容	正线公里	38.700		
17		安防、门禁系统					
17.1	C012200	安防、门禁系统	包括设备、线缆及线缆载体、设备（管道）支架、设备基础及接地、软件、系统调试与试运行等全部工程内容	正线公里	38.700		
18		通风、空调与供暖工程					
18.1	C012300	通风、空调与供暖工程	包括设备、管道、阀门、支架、套管及附件、系统性试验等全部工程内容	正线公里	38.700		
19		给水与排水、消防工程					
19.1	C012400	给水与排水、消防工程	包括设备、管道、阀门、支架、套管及附件、系统性试验、市政接驳工程等全部工程内容	正线公里	38.700		
20		自动售检票系统					
20.1	C012500	自动售检票系统	包括设备、线缆及线缆载体、设备（管道）支架、设备基础及接地、软件、系统调试等全部工程内容	正线公里	38.700		
21		站内客运设备、站台门					
21.1	C012600	站内客运设备、站台门	包括设备安装、电气安装、调试等全部工程内容	站	7		

表A-12(续)

序号	项目编码	项目名称	工程内容	计量单位	数量	单价	合价
22		人防工程					
23.1	C012700	人防工程	包括人防门、防淹门、机电设备安装等全部工程内容	站	7		
23		车辆基地					
23.1	A761000	竖向土石方工程	包括竖向土石方（含障碍物）开挖、竖向土石方回填、余方处置等全部工程内容	m^3	2 125 118		
23.2	A762000	土建工程	包括基础土石方工程、地基处理、基坑支护及降排水工程、地下室防护工程、桩基工程、砌筑工程、钢筋混凝土工程、装配式混凝土工程、钢结构工程、木结构工程、屋面工程和建筑附属构件等全部工程内容	m^2	59 142		
23.3	A763000	装饰工程	包括建筑外立面装饰工程、室内装饰工程等全部工程内容	m^2	59 142		
23.4	A764000	机电安装工程	包括给排水工程、消防工程、通风与空调工程、电气工程、建筑智能化工程、电梯工程等机电安装工程内容	m^2	59 142		
23.5	A765000	总图工程	包括用地红线范围内的绿化工程、道路铺装、景观小品、总图安装及总图其他工程等全部工程内容	m^2	67 110		
		（其他略）					
	合计						

表 A-13 ××站建筑工程费项目清单

工程名称：某地铁工程—地下车站—××站　　　　单位：元

序号	项目编码	项目名称	工程内容	计量单位	数量	单价	合价
1		地基、围护结构					
1.1	C010101010100	灌注桩	包括成孔、固壁、钢筋、混凝土、桩尖、截桩、场地清理等全部工程内容	m^3	7 900		
1.2	C010101010800	冠梁、压顶梁	包括钢筋混凝土、模板、脚手架或支架（含基础）、预埋件、场地清理等全部工程内容	m^3	1 542		
1.3	C010101010900	挡土墙	包括钢筋混凝土、模板、脚手架或支架（含基础）、预埋件、场地清理等全部工程内容	m^3	904		
1.4	C010101011000	钢支撑、钢围檩、钢立柱	包括钢支撑、钢围檩、格构柱、钢管柱、横撑、斜撑、预埋件等全部工程内容	t	1 078		
1.5	C010101011100	喷射混凝土	包括混凝土喷射、钢筋、排水孔等全部工程内容	m^2	21 467		
1.6	C010101011200	混凝土支撑	包括混凝土、钢筋、预埋件、场地清理等全部工程内容	m^3	422		
2		土石方工程					
2.1	C010101020100	土石方开挖	包括基底钎探、土石方开挖、运输、余方处置等全部工程内容	m^3	131 405		
2.2	C010101020200	土石方回填	包括取土、运输、回填、压实、土工合成材料等全部工程内容	m^3	36 682		
2.3	C010101020300	砂砾石、碎石回填	包括填料、运输、回填、压实等全部工程内容	m^3	11 787		

表A-13(续)

序号	项目编码	项目名称	工程内容	计量单位	数量	单价	合价
3	现浇钢筋混凝土工程						
3.1	C010101030100	现浇钢筋混凝土基础	包括钢筋混凝土、模板、脚手架或支架（含基础）、场地清理等全部工程内容	m^3	23		
3.2	C010101030200	现浇钢筋混凝土柱	包括钢筋混凝土、模板、脚手架或支架（含基础）、场地清理等全部工程内容	m^3	524		
3.3	C010101030300	现浇钢筋混凝土梁、板	包括钢筋混凝土、模板、脚手架或支架（含基础）、场地清理等全部工程内容	m^3	15 614		
3.4	C010101030400	现浇钢筋混凝土墙	包括钢筋混凝土、模板、脚手架或支架（含基础）、场地清理等全部工程内容	m^3	11 330		
3.5	C010101030500	现浇钢筋混凝土楼梯	包括钢筋混凝土、模板、脚手架或支架（含基础）、场地清理等全部工程内容	m^2	418		
4	防水工程						
4.1	C010101110100	地下底板防水	包括基层处理、防水、保护层等全部工程内容	m^2	10 726		
4.2	C010101110200	地下侧墙防水	包括基层处理、防水、保护层等全部工程内容	m^2	14 735		
4.3	C010101110300	地下顶板防水	包括基层处理、防水、保护层等全部工程内容	m^2	9 336		

表A-13(续)

序号	项目编码	项目名称	工程内容	计量单位	数量	单价	合价
5		建筑装饰工程					
5.1	C010101120101	公共区装修—站厅层及出入口	包括地面、墙（柱）面、天棚、砌筑工程（含圈梁、过梁、构造柱、挡水坎等）、防水、隔断、门窗、栏杆、扶手、盖板、票亭、灯箱、独立艺术品等全部工程内容	m^2	2 589		
5.2	C010101120102	公共区装修—站台层	包括地面、墙（柱）面、天棚、砌筑工程（含圈梁、过梁、构造柱、挡水坎等）、防水、隔断、门窗、栏杆、扶手、盖板、票亭、灯箱、独立艺术品等全部工程内容	m^2	1 644		
5.3	C010101120200	设备区及管理用房装修	包括地面、墙（柱）面、天棚、砌筑工程（含圈梁、过梁、构造柱、挡水坎等）、防水、隔断、门窗、栏杆、扶手、盖板、票亭、灯箱、独立艺术品等全部工程内容	m^2	2 450		
5.4	C010101120300	轨行区及风道装修	包括地面、墙（柱）面、天棚、砌筑工程（含圈梁、过梁、构造柱、挡水坎等）、防水、隔断、门窗、栏杆、扶手、盖板、票亭、灯箱、独立艺术品等全部工程内容	m^2	5 343		
6		附属工程					
6.1	C010101130100	标志导向	包括站内标志、站外定位标志、引导标志及相应配电工程的采购、安装等全部工程内容	项	1		

表A-13(续)

序号	项目编码	项目名称	工程内容	计量单位	数量	单价	合价
6.2	C010101130300	站前广场	包括地面铺装、绿化、景观小品、配套建（构）筑物、配套机电工程等全部工程内容	m^2	637		
6.3	C010101130500	风亭	包括风亭结构、风亭外装饰、栏杆等全部工程内容	组	2		
6.4	C010101130600	出入口上盖	包括出入口上盖结构、外装饰等全部工程内容	个	4		
6.5	C010101130700	出入口绿化	包括花池（箱）、外装饰、种植土、苗木等全部工程内容	个	4		
6.6	C010101130900	车站站内附属设施	包括站内垃圾桶、座椅等全部工程内容	项	1		
6.7	C010101131000	建筑附属构件	包括散水、排水沟、地沟、台阶、坡道及其他零星构件等全部工程内容	项	1		
7		管线迁改					
7.1	C010101350100	排水管线迁改	包括土石方、废弃管线处置、铺设新管线及设备、各类管井、新旧管线连接、场地恢复等全部工程内容	m	200		
7.2	C010101350200	给水管线迁改	包括土石方、废弃管线处置、铺设新管线及设备、各类管井、新旧管线连接、场地恢复等全部工程内容	m	400		
		（其他略）					
8		管线悬吊保护					
8.1	C010101360100	排水管线悬吊保护	包括管线保护、恢复、移交等全部工程内容	m	92		

表A-13(续)

序号	项目编码	项目名称	工程内容	计量单位	数量	单价	合价
8.2	C010101360200	给水管线悬吊保护	包括管线保护、恢复、移交等全部工程内容	m	100		
		(其他略)					
9		道路及市政设施拆除及恢复					
9.1	C010101370100	道路拆除及恢复	包括拆除、恢复、移交等全部工程内容	m^2	20 210		
10		措施项目					
10.1	C010101400100	安全文明施工	包括环境保护、安全施工、文明施工、临时设施等全部工程内容	项	1		
10.2	C010101400200	监测	包括对工程本身及周边风险源的监测等全部工程内容	项	1		
10.3	C010101400300	降水、排水工程	包括施工场地的降水、排水等全部工程内容	项	1		
10.4	C010101400500	交通疏解	包括便道、便桥、临时交通安全设施及管理设施、交通协管人员等全部工程内容	项	1		
10.5	C010101400900	风险源加固	包括穿越、跨、临近风险源引起的加固等全部内容	项	1		
10.6	C010101401101	其他措施项目—排洪渠	发、承包人认为需要单列的措施项目	项	1		
	合计						

表A-14　××站～××站盾构区间建筑工程费项目清单

工程名称：某地铁工程—盾构区间—××站～××站盾构区间　　　　单位：元

序号	项目编码	项目名称	工程内容	计量单位	数量	单价	合价
1		盾构工程					
1.1	C010401090100	盾构机吊装及吊拆	包括吊装、吊拆等全部工程内容	台·次	2		

表A-14(续)

序号	项目编码	项目名称	工程内容	计量单位	数量	单价	合价
1.2	C010401090200	盾构掘进	包括掘进、管片拼装、压浆、渣土处置等全部工程内容	m	2 864		
1.3	C010401090300	预制混凝土管片	包括成品管片及配件等全部工程内容	m^3	27 001		
1.4	C010401090600	盾构机进场	包括进场、出场、转场、掉头、平移、空推等全部工程内容	台·次	2		
1.5	C010401090700	盾构机出场	包括进场、出场、转场、掉头、平移、空推等全部工程内容	台·次	2		
1.6	C010401090800	盾构机转场	包括进场、出场、转场、掉头、平移、空推等全部工程内容	台·次	1		
1.7	C010401091200	洞门加固	包括盾构洞门范围的土体加固、洞门措施等全部工程内容	项	1		
1.8	C010401091300	联络通道	包括联络通道的主体结构、降水、加固等全部工程内容	处	1		
2		措施项目					
2.1	C010401400100	安全文明施工	包括环境保护、安全施工、文明施工、临时设施等全部工程内容	项	1		
2.2	C010401400200	监测	包括对工程本身及周边风险源的监测等全部工程内容	项	1		
2.3	C010401400300	降水、排水工程	包括施工场地的降水、排水等全部工程内容	项	1		
2.4	C010401400900	风险源加固	包括穿越、跨、临近风险源引起的加固等全部内容	项	1		
	合计						

表 A-15 供电系统建筑工程费项目清单

工程名称：某地铁工程—供电系统　　　　单位：元

序号	项目编码	项目名称	工程内容	计量单位	数量	单价	合价
1		供电系统					
1.1	C011700220100	变电所	包括设备、软件、母线、绝缘测试、金属构件及辅助项目等全部工程内容	所	13		
1.2	C011700220200	环网电缆	包括电缆、电缆头、标志牌、保护管、试验、金属构件及辅助项目等全部工程内容	km	29.610		
1.3	C011700220300	接触网（轨）	包括设备、接触网、接触轨、支柱、悬挂、馈线、锚接、地线、限界门、土石方工程、调整、调试、检测、试验、场地清理等全部工程内容	条公里	119.840		
1.4	C011700220400	电力监控	包括设备、软件、线缆及线缆载体、金属构件及辅助项目等全部工程内容	项	1		
1.5	C011700220600	供电车间	包括设备、软件、线缆及线缆载体、试验、金属构件及辅助项目等全部工程内容	项	1		
2		措施项目					
2.1	C011700400100	安全文明施工	包括环境保护、安全施工、文明施工、临时设施等全部工程内容	项	1		
	合计						

表 A-16 给水与排水、消防工程建筑工程费项目清单

工程名称：某地铁工程—给水与排水、消防工程　　　　单位：元

序号	项目编码	项目名称	工程内容	计量单位	数量	单价	合价
1		给水与排水、消防工程					
1.1		车站给水与排水					
1.1.1	C012400300101	车站给水与排水—××站	包括设备、管道、支架及其他、管道附件、卫生器具、消防组件等全部工程内容	m^2	12 294		
		(其他略)					
1.2		车站给消防水					
1.2.1	C012400300201	车站给消防水—××站	包括设备、管道、支架及其他、管道附件、卫生器具、消防组件等全部工程内容	m^2	12 294		
		(其他略)					
1.3	C012400300300	区间给水与排水	包括设备、管道、支架及其他、管道附件、卫生器具、消防组件等全部工程内容	正线公里	38.700		
1.4	C012400300400	区间消防水	包括设备、管道、支架及其他、管道附件、卫生器具、消防组件等全部工程内容	正线公里	38.700		
1.5	C012400300500	自动灭火系统	包括设备、管道、支架及其他、管道附件、卫生器具、消防组件等全部工程内容	站	7		
1.6	C012400300600	景观绿化喷灌系统	包括设备、管道、支架及其他、管道附件、卫生器具、消防组件等全部工程内容	站	7		
2		措施项目					
2.1	C012400400100	安全文明施工	包括环境保护、安全施工、文明施工、临时设施等全部工程内容	项	1		

表A-16(续)

序号	项目编码	项目名称	工程内容	计量单位	数量	单价	合价
2.2	C012400401100	其他措施项目	发、承包人认为需要单列的措施项目	项	1		
	合计						

表 A-17 工程总承包其他费项目清单

工程名称：某地铁工程　　　　单位：元

序号	项目名称	金额	备注
1	勘察费		
1.1	施工勘察费		
2	设计费		
2.1	施工图设计费		
2.2	专项设计费		
3	工程总承包管理费		
4	研究试验费		
5	临时用地及占道使用补偿费		
6	场地准备及临时设施费		
7	试运转费		
8	工程保险费		
9	代办服务费		
10	其他专项费		
	合计		

注：承包人认为需要增加的有关项目，请在“其他专项费”下面列明该项目的名称及金额。

表 A-18 预备费

工程名称：某地铁工程　　　　单位：元

序号	项目名称	金额	备注
1	基本预备费	447 892 033.15	
2	涨价预备费	238 508 288.85	
合计		686 400 322.00	

注：发包人应将预备费列入项目清单中。投标人应将上述预备费计入投标总价中。

三、标底/最高投标限价

总说明、标底/最高投标限价汇总表、工程费用汇总表、建筑工程费、工程总承包其他费、预备费见表 A-19~表 A-28。

表 A-19 总说明

一、工程概况

详见发包人要求。

二、工程发包范围

详见发包人要求。

三、标底（最高投标限价）编制依据

(1) 发包人要求及相关技术标准。

(2) 初步设计文件。

(3)《城市轨道交通工程总承包工程量计算规范》T/CCEAS 004—2022。

(4)《建设项目工程总承包计价规范》T/CCEAS 001—2022。

(5) 初勘报告。

(6) 详勘报告。

(7) 现场踏勘情况。

(8) 经批复的初步设计概算。

(略)

四、标底/最高投标限价编制

1. 建筑工程费按本项目初步设计概算中对应的建筑工程费进行计列。

2. 勘察费按本项目初步设计概算中对应的施工勘察费进行计列。

3. 设计费按本项目初步设计概算设计费中的施工图设计费、专项设计费进行计列。

4. 工程保险费根据初步设计概算中对应的工程保险费计列。

5. 场地准备及临时设施费根据初步设计概算中对应的金额计列。

6. 工程总承包管理费根据初步设计概算建设单位管理费的 50% 计取。

7. 试运转费根据初步设计概算中对应的试运转费计列。

8. 代办服务费根据初步设计概算中建设单位管理费的 10% 计取。

9. 本项目不涉及系统集成费、其他专项费。

10. 预备费按本项目初步设计概算预备费中的基本预备费、涨价预备费计列。

五、特别说明

本项目为设计、施工总承包（DB），采用可调总价合同。

(略)

表 A-20 标底/最高投标限价汇总表

工程名称：某地铁工程　　　　单位：元

序号	项目名称	金额
1	工程费用	7 950 276 295.00
2	工程总承包其他费	1 007 564 367.00
3	预备费	686 400 322.00
	合计	9 644 240 984.00

表 A-21　工程费用汇总表

工程名称：某地铁工程　　　　单位：元

序号	项目名称	建筑工程费	设备购置费	安装工程费	合计
1	地下车站	662 706 400. 00			662 706 400. 00
2	高架车站	108 638 900. 00			108 638 900. 00
3	盾构区间	1 245 992 600. 00			1 245 992 600. 00
4	暗挖区间	98 003 800. 00			98 003 800. 00
5	明挖区间	102 841 400. 00			102 841 400. 00
6	高架区间	2 072 455 131. 20			2 072 455 131. 20
7	地面区间	294 454 700. 00			294 454 700. 00
8	轨道工程	820 629 630. 00			820 629 630. 00
9	通信系统	191 888 183. 70			191 888 183. 70
10	信号系统	450 217 804. 50			450 217 804. 50
11	主变电站	183 714 400. 00			183 714 400. 00
12	供电系统	440 439 901. 20			440 439 901. 20
13	动力与照明工程	115 581 420. 00			115 581 420. 00
14	综合监控系统	37 945 350. 00			37 945 350. 00
15	环境与设备监控系统	20 356 200. 00			20 356 200. 00
16	火灾自动报警系统	29 218 500. 00			29 218 500. 00
17	安防、门禁系统	24 086 880. 00			24 086 880. 00
18	通风、空调与供暖工程	56 014 380. 00			56 014 380. 00
19	给水与排水、消防工程	64 930 860. 00			64 930 860. 00
20	自动售检票系统	34 833 870. 00			34 833 870. 00
21	站内客运设备、站台门	77 321 300. 00			77 321 300. 00
22	人防工程	40 099 801. 00			40 099 801. 00
23	车辆基地	777 904 883. 40			777 904 883. 40
合计		7 950 276 295. 00	0. 00	0. 00	7 950 276 295. 00

表 A-22　建筑工程费

工程名称：某地铁工程　　　　单位：元

序号	项目编码	项目名称	计量单位	数量	单价	合价
1	地下车站					662 706 400. 00
1. 1	C010101	地下车站—××站	m^2	12 294	12 030. 00	147 896 820. 00
	(其他略)					

表A-22(续)

序号	项目编码	项目名称	计量单位	数量	单价	合价
2		高架车站				108 638 900.00
2.1	C010201	高架车站—××站	m^2	6 267	7 200.00	45 122 400.00
		(其他略)				
3		盾构区间				1 245 992 600.00
3.1	C010401	××站~××站盾构区间	双延长米	1 432	139 672.00	200 010 304.00
		(其他略)				
4		暗挖区间				98 003 800.00
4.1	C010501	××站~××站暗挖区间	双延长米	226	217 900.00	49 245 400.00
		(其他略)				
5		明挖区间				102 841 400.00
5.1	C010601	××站~××站明挖区间	双延长米	80	445 900.00	35 672 000.00
		(其他略)				
6		高架区间				2 072 455 131.20
6.1	C010701	××站~××站高架区间	双延长米	5 176	82 900.00	429 090 400.00
		(其他略)				
7		地面区间				294 454 700.00
7.1	C010801	××站~××站地面区间	双延长米	2 529	44 200.00	111 781 800.00
		(其他略)				
8		轨道工程				820 629 630.00
8.1	C011300	轨道工程	铺轨公里	38.700	21 204 900.00	820 629 630.00
9		通信系统				191 888 183.70
9.1	C011400	通信系统	正线公里	38.700	4 958 351.00	191 888 183.70
10		信号系统				450 217 804.50
10.1	C011500	信号系统	正线公里	38.700	11 633 535.00	450 217 804.50
11		主变电站				183 714 400.00
11.1	C011601	××主变电站	座	1	183 714 400.00	183 714 400.00
12		供电系统				440 439 901.20
12.1	C011700	供电系统	正线公里	38.700	11 380 876.00	440 439 901.20

表A-22(续)

序号	项目编码	项目名称	计量单位	数量	单价	合价
13	动力与照明工程					115 581 420.00
13.1	C011800	动力与照明工程	正线公里	38.700	2 986 600.00	115 581 420.00
14	综合监控系统					37 945 350.00
14.1	C011900	综合监控系统	正线公里	38.700	980 500.00	37 945 350.00
15	环境与设备监控系统					20 356 200.00
15.1	C012000	环境与设备监控系统	正线公里	38.700	526 000.00	20 356 200.00
16	火灾自动报警系统					29 218 500.00
16.1	C012100	火灾自动报警系统	正线公里	38.700	755 000.00	29 218 500.00
17	安防、门禁系统					24 086 880.00
17.1	C012200	安防、门禁系统	正线公里	38.700	622 400.00	24 086 880.00
18	通风、空调与供暖工程					56 014 380.00
18.1	C012300	通风、空调与供暖工程	正线公里	38.700	1 447 400.00	56 014 380.00
19	给水与排水、消防工程					64 930 860.00
19.1	C012400	给水与排水、消防工程	正线公里	38.700	1 677 800.00	64 930 860.00
20	自动售检票系统					34 833 870.00
20.1	C012500	自动售检票系统	正线公里	38.700	900 100.00	34 833 870.00
21	站内客运设备、站台门					77 321 300.00
21.1	C012600	站内客运设备、站台门	站	7	11 045 900.00	77 321 300.00
22		人防工程				40 099 801.00
22.1	C012700	人防工程	站	7	5 728 543.00	40 099 801.00
23	车辆基地					777 904 883.40
23.1	A761000	竖向土石方工程	m^3	2 125 118	80.00	170 009 440.00
23.2	A762000	土建工程	m^2	59 142	6 631.00	392 170 602.00
23.3	A763000	装饰工程	m^2	59 142	1 140.00	67 421 880.00
23.4	A764000	机电安装工程	m^2	59 142	1 590.00	94 035 780.00
23.5	A765000	总图工程	m^2	67 110	780.00	52 345 800.00
		(其他略)				
	合计					7 950 276 295.00

注：承包人认为需要增加的项目，请在“其他”下面列明该项目的名称、单位、数量、单价和合价。

表 A-23 ××站建筑工程费

工程名称：某地铁工程—地下车站—××站　　　　单位：元

序号	项目编码	项目名称	计量单位	数量	单价	合价
1	地基、围护结构					33 491 207.00
1.1	C010101010100	灌注桩	m^3	7 900	2 336.00	18 454 400.00
1.2	C010101010800	冠梁、压顶梁	m^3	1 542	2 149.00	3 313 758.00
1.3	C010101010900	挡土墙	m^3	904	3 261.00	2 947 944.00
1.4	C010101011000	钢支撑、钢围檩、钢立柱	t	1 078	2 875.00	3 099 250.00
1.5	C010101011100	喷射混凝土	m^2	21 467	231.00	4 958 877.00
1.6	C010101011200	混凝土支撑	m^3	422	1 699.00	716 978.00
2	土石方工程					18 100 940.00
2.1	C010101020100	土石方开挖	m^3	131 405	107.00	14 060 335.00
2.2	C010101020200	土石方回填	m^3	36 682	25.00	917 050.00
2.3	C010101020300	砂砾石、碎石回填	m^3	11 787	265.00	3 123 555.00
3	现浇钢筋混凝土工程					51 016 542.00
3.1	C010101030100	现浇钢筋混凝土基础	m^3	23	1 802.00	41 446.00
3.2	C010101030200	现浇钢筋混凝土柱	m^3	524	3 208.00	1 680 992.00
3.3	C010101030300	现浇钢筋混凝土梁、板	m^3	15 614	1 767.00	27 589 938.00
3.4	C010101030400	现浇钢筋混凝土墙	m^3	11 330	1 889.00	21 402 370.00
3.5	C010101030500	现浇钢筋混凝土楼梯	m^2	418	722.00	301 796.00
4	防水工程					5 486 679.00
4.1	C010101110100	地下底板防水	m^2	10 726	158.00	1 694 708.00
4.2	C010101110200	地下侧墙防水	m^2	14 735	149.00	2 195 515.00
4.3	C010101110300	地下顶板防水	m^2	9 336	171.00	1 596 456.00
5	建筑装饰工程					12 341 200.00
5.1	C010101120101	公共区装修—站厅层及出入口	m^2	2 589	2 200.00	5 695 800.00
5.2	C010101120102	公共区装修—站台层	m^2	1 644	2 200.00	3 616 800.00
5.3	C010101120200	设备区及管理用房装修	m^2	2 450	800.00	1 960 000.00
5.4	C010101120300	轨行区及风道装修	m^2	5 343	200.00	1 068 600.00

表A-23(续)

序号	项目编码	项目名称	计量单位	数量	单价	合价
6	附属工程					3 737 940.00
6.1	C010101130100	标志导向	项	1	1 000 000.00	1 000 000.00
6.2	C010101130300	站前广场	m^2	637	320.00	203 840.00
6.3	C010101130500	风亭	组	2	200 000.00	400 000.00
6.4	C010101130600	出入口上盖	个	4	400 000.00	1 600 000.00
6.5	C010101130700	出入口绿化	个	4	20 000.00	80 000.00
6.6	C010101130900	车站站内附属设施	项	1	120 000.00	120 000.00
6.7	C010101131000	建筑附属构件	项	1	334 100.00	334 100.00
7	管线迁改					3 400 000.00
7.1	C010101350100	排水管线迁改	m	200	8 000.00	1 600 000.00
7.2	C010101350200	给水管线迁改	m	400	4 500.00	1 800 000.00
	(其他略)					
8	管线悬吊保护					159 228.00
8.1	C010101360100	排水管线悬吊保护	m	92	734.00	67 528.00
8.2	C010101360200	给水管线悬吊保护	m	100	917.00	91 700.00
	(其他略)					
9	道路及市政设施拆除及恢复					9 559 330.00
9.1	C010101370100	道路拆除及恢复	m^2	70 210	473.00	9 559 330.00
10	措施项目					10 603 754.00
10.1	C010101400100	安全文明施工	项	1	7 233 698.00	7 233 698.00
10.2	C010101400200	监测	项	1	704 108.00	704 108.00
10.3	C010101400300	降水、排水工程	项	1	220 803.00	220 803.00
10.4	C010101400500	交通疏解	项	1	1 525 929.00	1 525 929.00
10.5	C010101400900	风险源加固	项	1	419 216.00	419 216.00
10.6	C010101401101	其他措施项目—排洪渠	项	1	500 000.00	500 000.00
	合计					147 896 820.00

注：承包人认为需要增加的项目，请在“其他”下面列明该项目的名称、单位、数量、单价和合价。

表 A-24 ××站～××站盾构区间建筑工程费

工程名称：某地铁工程—盾构区间—××站～××站盾构区间　　单位：元

序号	项目编码	项目名称	计量单位	数量	单价	合价
1	盾构工程					192 656 854.00
1.1	C010401090100	盾构机吊装及吊拆	台·次	2	455 741.00	911 482.00
1.2	C010401090200	盾构掘进	m	2 864	36 173.00	103 599 472.00
1.3	C010401090300	预制混凝土管片	m^3	27 001	3 000.00	81 003 000.00
1.4	C010401090600	盾构机进场	台·次	2	700 000.00	1 400 000.00
1.5	C010401090700	盾构机出场	台·次	2	700 000.00	1 400 000.00
1.6	C010401090800	盾构机转场	台·次	1	700 000.00	700 000.00
1.7	C010401091200	洞门加固	项	1	1 867 800.00	1 867 800.00
1.8	C010401091300	联络通道	处	1	1 775 100.00	1 775 100.00
2	措施项目					7 353 450.00
2.1	C010401400100	安全文明施工	项	1	5 779 502.00	5 779 502.00
2.2	C010401400200	监测	项	1	1 145 600.00	1 145 600.00
2.3	C010401400300	降水、排水工程	项	1	199 839.00	199 839.00
2.4	C010401400900	风险源加固	项	1	228 509.00	228 509.00
	合计					200 010 304.00

注：承包人认为需要增加的项目，请在“其他”下面列明该项目的名称、单位、数量、单价和合价。

表 A-25 供电系统建筑工程费

工程名称：某地铁工程—供电系统　　单位：元

序号	项目编码	项目名称	计量单位	数量	单价	合价
1	供电系统					439 382 200.00
1.1	C011700220100	变电所	所	13	4 900 000.00	63 700 000.00
1.2	C011700220200	环网电缆	km	29.610	2 700 000.00	79 947 000.00
1.3	C011700220300	接触网（轨）	条公里	119.840	2 110 000.00	252 862 400.00
1.4	C011700220400	电力监控	项	1	21 667 600.00	21 667 600.00
1.5	C011700220600	供电车间	项	1	21 205 200.00	21 205 200.00

表A-25(续)

序号	项目编码	项目名称	计量单位	数量	单价	合价
2	措施项目					1 057 701. 02
2. 1	C011700400100	安全文明施工	项	1	1 057 701. 02	1 057 701. 02
	合计					440 439 901. 02

注：承包人认为需要增加的项目，请在“其他”下面列明该项目的名称、单位、数量、单价和合价。

表 A-26 给水与排水、消防工程建筑工程费

工程名称：某地铁工程—给水与排水、消防工程　　单位：元

序号	项目编码	项目名称	计量单位	数量	单价	合价
1	给水与排水、消防工程					62 475 060. 00
1. 1	车站给水与排水					29 964 224. 00
1. 1. 1	C012400300101	车站给水与排水—××站	m^2	12 294	120. 00	1 475 280. 00
	(其他略)					
1. 2	车站给消防水					16 068 416. 00
1. 2. 1	C012400300201	车站给消防水—××站	m^2	12 294	110. 00	1 352 340. 00
	(其他略)					
1. 3	C012400300300	区间给水与排水	正线公里	38. 700	166 200. 00	6 431 940. 00
1. 4	C012400300400	区间消防水	正线公里	38. 700	222 200. 00	8 599 140. 00
1. 5	C012400300500	自动灭火系统	站	7	16 000. 00	112 000. 00
1. 6	C012400300600	景观绿化喷灌系统	站	7	185 620. 00	1 299 340. 00
2	措施项目					2 455 800. 00
2. 1	C012400400100	安全文明施工	项	1	812 330. 00	812 330. 00
2. 2	C012400401100	其他措施项目	项	1	1 643 470. 00	1 643 470. 00
	合计					64 930 860. 00

注：承包人认为需要增加的项目，请在“其他”下面列明该项目的名称、单位、数量、单价和合价。

表 A-27　工程总承包其他费

工程名称：某地铁工程　　　　单位：元

序号	项目名称	金额	备注
1	勘察费	6 360 221.04	
1.1	施工勘察费	6 360 221.04	按初步设计概算勘察设计费的10%计入
2	设计费	155 984 420.91	
2.1	施工图设计费	155 984 420.91	按初步设计概算勘察设计费的60%计入
3	工程总承包管理费	106 248 500.00	根据初步设计概算中建设单位管理费的50%计取
4	研究试验费	4 900 000.00	按初步设计概算研究试验费计列
5	临时用地及占道使用补偿费	562 955 700.00	按初步设计概算中的临时用地及占道使用补偿费计列
6	场地准备及临时设施费	119 254 144.43	按初步设计概算中的场地准备及临时设施费计列
7	试运转费	11 610 000.00	按初步设计概算中的试运转费计列
8	工程保险费	39 751 381.48	按初步设计概算中的工程保险费计列
9	代办服务费	499 999.14	
10	其他专项费	0.00	
	合计	1 007 564 367.00	

注：承包人认为需要增加的有关项目，请在“其他专项费”下面列明该项目的名称及金额。

表 A-28　预备费

工程名称：某地铁工程　　　　单位：元

序号	项目名称	金额	备注
1	基本预备费	447 892 033.15	根据设计概算扣除非工程总承包范围对应的基本预备费后计入
2	涨价预备费	238 508 288.85	根据设计概算计入
合计		686 400 322.00	

注：发包人应将预备费列入项目清单中，投标人应将上述预备费计入投标总价中。

四、价格清单

总说明、投标报价汇总表、工程费用汇总表、建筑工程费价格清单、工程总承包其他费价格清单、预备费见表 A-29～表 A-36。

表 A-29　总说明

一、工程概况 详见发包人要求。 二、工程发包范围 详见发包人要求。 三、投标报价编制依据 （1）发包人要求及相关技术标准。 （2）初步设计文件。 （3）《城市轨道交通工程总承包工程量计算规范》T/CCEAS 004—2022。 （4）《建设项目工程总承包计价规范》T/CCEAS 001—2022。 （5）项目清单。 （6）初勘报告。 （7）详勘报告。 （8）现场踏勘情况。 （9）承包人建议书。 （略） 四、其他说明 本项目投标报价为根据发包人要求、初步设计文件、承包人建议书、企业成本及自身管理水平进行报价。

表 A-30　投标报价汇总表

工程名称：某地铁工程　　　　单位：元

序号	项目名称	金额
1	工程费用	7 348 682 932.00
2	工程总承包其他费	921 222 969.00
3	预备费	686 400 322.00
	合计	8 956 306 223.00

表 A-31　工程费用汇总表

工程名称：某地铁工程　　　　单位：元

序号	项目名称	建筑工程费	设备购置费	安装工程费	合计
1	地下车站	596 435 760.00			596 435 760.00

表A-31(续)

序号	项目名称	建筑工程费	设备购置费	安装工程费	合计
2	高架车站	99 947 788.00			99 947 788.00
3	盾构区间	1 196 152 896.00			1 196 152 896.00
4	暗挖区间	89 183 458.00			89 183 458.00
5	明挖区间	97 699 330.00			97 699 330.00
6	高架区间	1 906 658 721.00			1 906 658 721.00
7	地面区间	267 953 777.00			267 953 777.00
8	轨道工程	763 185 555.90			763 185 555.90
9	通信系统	172 699 369.20			172 699 369.20
10	信号系统	414 200 372.40			414 200 372.40
11	主变电站	167 180 104.00			167 180 104.00
12	供电系统	404 148 705.30			404 148 705.30
13	动力与照明工程	107 490 720.60			107 490 720.60
14	综合监控系统	34 150 815.00			34 150 815.00
15	环境与设备监控系统	18 727 704.00			18 727 704.00
16	火灾自动报警系统	26 734 927.50			26 734 927.50
17	安防、门禁系统	22 400 798.40			22 400 798.40
18	通风、空调与供暖工程	52 765 553.70			52 765 553.70
19	给水与排水、消防工程	59 557 790.70			59 557 790.70
20	自动售检票系统	32 743 837.80			32 743 837.80
21	站内客运设备、站台门	69 589 170.00			69 589 170.00
22	人防工程	37 292 815.00			37 292 815.00
23	车辆基地	711 782 962.50			711 782 962.50
合计		7 348 682 932.00	0.00	0.00	7 348 682 932.00

表 A-32　建筑工程费价格清单

工程名称：某地铁工程　　　　单位：元

序号	项目编码	项目名称	工程内容	计量单位	数量	单价	合价
1		地下车站					596 435 760.00
1.1	C010101	地下车站——××站	包括车站主体、出入口通道、风道、风井、车站房屋、车站装修、车站附属设施、加固及建（构）筑物保护、管线悬吊保护、各类迁改及恢复等全部工程内容	m^2	12 294	11 235.00	138 123 090.00
		（其他略）					
2		高架车站					99 947 788.00
2.1	C010201	高架车站——××站	包括车站主体、出入口通道、风道、风井、车站房屋、车站装修、车站附属设施、加固及建（构）筑物保护、管线悬吊保护、各类迁改及恢复等全部工程内容	m^2	6 267	6 840.00	42 866 280.00
		（其他略）					
3		盾构区间					1 196 152 896.00
3.1	C010401	××站～××站盾构区间	包括区间主体、联络通道、加固及建（构）筑物保护、噪声防护、管线悬吊保护、各类迁改及恢复等全部工程内容	双延长米	1 432	130 129.00	186 344 728.00
		（其他略）					

表A-32(续)

序号	项目编码	项目名称	工程内容	计量单位	数量	单价	合价
4		暗挖区间					89 183 458.00
4.1	C010501	××站～××站暗挖区间	包括区间主体、联络通道、加固及建（构）筑物保护、噪声防护、管线悬吊保护、各类迁改及恢复等全部工程内容	双延长米	226	200 468.00	45 305 768.00
		(其他略)					
5		明挖区间					97 699 330.00
5.1	C010601	××站～××站明挖区间	包括区间主体、联络通道、加固及建（构）筑物保护、噪声防护、管线悬吊保护、各类迁改及恢复等全部工程内容	双延长米	80	445 900.00	35 672 000.00
		(其他略)					
6		高架区间					1 906 658 721.00
6.1	C010701	××站～××站高架区间	包括区间主体、联络通道、加固及建（构）筑物保护、噪声防护、管线悬吊保护、各类迁改及恢复等全部工程内容	双延长米	5 176	82 900.00	429 090 400.00
		(其他略)					
7		地面区间					267 953 777.00
7.1	C010801	××站～××站地面区间	包括区间主体、联络通道、加固及建（构）筑物保护、噪声防护、管线悬吊保护、各类迁改及恢复等全部工程内容	双延长米	2 529	44 200.00	111 781 800.00
		(其他略)					

表A-32(续)

序号	项目编码	项目名称	工程内容	计量单位	数量	单价	合价
8		轨道工程					763 185 555.90
8.1	C011300	轨道工程	包括铺轨、道岔、道床、线路有关工程等全部工程内容	铺轨公里	38.700	19 720 557.00	763 185 555.90
9		通信系统					172 699 369.20
9.1	C011400	通信系统	包括设备、线缆及线缆载体、设备（管道）支架、设备基础及接地、软件、系统调试与试运行等全部工程内容	正线公里	38.700	4 462 516.00	172 699 369.20
10		信号系统					414 200 372.40
10.1	C011500	信号系统	包括设备、线缆及线缆载体、设备（管道）支架、设备基础及接地、软件、系统调试与试运行等全部工程内容	正线公里	38.700	10 702 852.00	414 200 372.40
11		主变电站					167 180 104.00
11.1	C011601	××主变电站	包括主变电站、电力进线、电力通道等全部工程内容	座	1	167 180 104.00	167 180 104.00
12		供电系统					404 148 705.30
12.1	C011700	供电系统	包括设备、线缆及线缆载体、设备（管道）支架、设备基础及接地、软件、系统调试与试运行等全部工程内容	正线公里	38.700	10 443 119.00	404 148 705.30

表A-32(续)

序号	项目编码	项目名称	工程内容	计量单位	数量	单价	合价
13		动力与照明工程					107 490 720. 60
13. 1	C011800	动力与照明工程	包括设备、线缆及线缆载体、设备（管道）支架、设备基础及接地、系统调试等全部工程内容	正线公里	38. 700	2 777 538. 00	107 490 720. 60
14		综合监控系统					34 150 815. 00
14. 1	C011900	综合监控系统	包括设备、线缆及线缆载体、设备（管道）支架、设备基础及接地、软件、系统调试与试运行等全部工程内容	正线公里	38. 700	882 450. 00	34 150 815. 00
15		环境与设备监控系统					18 727 704. 00
15. 1	C012000	环境与设备监控系统	包括设备、线缆及线缆载体、设备（管道）支架、设备基础及接地、软件、系统调试与试运行等全部工程内容	正线公里	38. 700	483 920. 00	18 727 704. 00
16		火灾自动报警系统					26 734 927. 50
16. 1	C012100	火灾自动报警系统	包括设备、线缆及线缆载体、设备（管道）支架、设备基础及接地、软件、系统调试与试运行等全部工程内容	正线公里	38. 700	690 825. 00	26 734 927. 50
17		安防、门禁系统					22 400 798. 40
17. 1	C012200	安防、门禁系统	包括设备、线缆及线缆载体、设备（管道）支架、设备基础及接地、软件、系统调试与试运行等全部工程内容	正线公里	38. 700	578 832. 00	22 400 798. 40

表A-32(续)

序号	项目编码	项目名称	工程内容	计量单位	数量	单价	合价
18		通风、空调与供暖工程					52 765 553.70
18.1	C012300	通风、空调与供暖工程	包括设备、管道、阀门、支架、套管及附件、系统性试验等全部工程内容	正线公里	38.700	1 363 451.00	52 765 553.70
19		给水与排水、消防工程					59 557 790.70
19.1	C012400	给水与排水、消防工程	包括设备、管道、阀门、支架、套管及附件、系统性试验、市政接驳工程等全部工程内容	正线公里	38.700	1 538 961.00	59 557 790.70
20		自动售检票系统					32 743 837.80
20.1	C012500	自动售检票系统	包括设备、线缆及线缆载体、设备(管道)支架、设备基础及接地、软件、系统调试等全部工程内容	正线公里	38.700	846 094.00	32 743 837.80
21		站内客运设备、站台门					69 589 170.00
21.1	C012600	站内客运设备、站台门	包括设备安装、电气安装、调试等全部工程内容	站	7	9 941 310.00	69 589 170.00
22		人防工程					37 292 815.00
22.1	C012700	人防工程	包括人防门、防淹门、机电设备安装等全部工程内容	站	7	5 327 545.00	37 292 815.00
23		车辆基地					711 782 962.50
23.1	A761000	竖向土石方工程	包括竖向土石方(含障碍物)开挖、竖向土石方回填、余方处置等全部工程内容	m^3	2 125 118	74.00	157 258 732.00

表A-32(续)

序号	项目编码	项目名称	工程内容	计量单位	数量	单价	合价
23.2	A762000	土建工程	包括基础土石方工程、地基处理、基坑支护及降排水工程、地下室防护工程、桩基工程、砌筑工程、钢筋混凝土工程、装配式混凝土工程、钢结构工程、木结构工程、屋面工程和建筑附属构件等全部工程内容	m^2	59 142	5 968.00	352 959 456.00
23.3	A763000	装饰工程	包括建筑外立面装饰工程、室内装饰工程等全部工程内容	m^2	59 142	1 026.00	60 679 692.00
23.4	A764000	机电安装工程	包括给排水工程、消防工程、通风与空调工程、电气工程、建筑智能化工程、电梯工程等机电安装工程内容	m^2	59 142	1 431.00	84 632 202.00
23.5	A765000	总图工程	包括用地红线范围内的绿化工程、道路铺装、景观小品、总图安装及总图其他工程等全部工程内容	m^2	67 110	702.00	47 111 220.00
		(其他略)					
	合计						7 348 682 932.00

注：承包人认为需要增加的项目，请在“其他”下面列明该项目的名称、单位、数量、单价和合价。

表 A-33 ××站建筑工程费价格清单

工程名称：某地铁工程—地下车站—××站　　　　单位：元

序号	项目编码	项目名称	工程内容	计量单位	数量	单价	合价
1		地基、围护结构					32 088 955.68
1.1	C010101010100	灌注桩	包括成孔、固壁、钢筋、混凝土、桩尖、截桩、场地清理等全部工程内容	m^3	7 900	2 261.01	17 861 979.00
其中：	说明：投标人根据发包人要求、初步设计文件、城市轨道交通工程设计文件编制深度规定进行施工设计，明确钢筋规格型号及其工程量、混凝土强度等级及其工程量，据此形成“灌注桩”项目价格清单明细						
	（1）	成孔	旋挖机，包含空桩	m^3	8 604	550.00	4 732 200.00
	（2）	混凝土浇筑	C35 水下，考虑一定充盈系数	m^3	9 875	680.00	6 715 000.00
	（3）	钢筋笼	主筋按 ϕ 25 考虑	t	1 106	5 800.00	6 414 800.00
1.2	C010101010800	冠梁、压顶梁	包括钢筋混凝土、模板、脚手架或支架（含基础）、预埋件、场地清理等全部工程内容	m^3	1 542	1 988.54	3 066 328.68
其中：	说明：投标人根据发包人要求、初步设计文件、城市轨道交通工程设计文件编制深度规定进行施工设计，明确钢筋规格型号及其工程量、混凝土强度等级及其工程量，据此形成“冠梁、压顶梁”项目价格清单明细						
	（1）	模板		m^2	3 825	45.00	172 125.00
	（2）	混凝土浇筑	C35	m^3	1 542	550.00	848 100.00
	（3）	钢筋	主筋按 ϕ22 考虑	t	269	5 600.00	1 506 400.00
	（4）	混凝土拆除	机械拆除	m^3	1 542	350.00	539 700.00

表A-33(续)

序号	项目编码	项目名称	工程内容	计量单位	数量	单价	合价
1.3	C010101010900	挡土墙	包括钢筋混凝土、模板、脚手架或支架（含基础）、预埋件、场地清理等全部工程内容	m^3	904	2 192.48	1 982 001.92
其中：	说明：投标人根据发包人要求、初步设计文件、城市轨道交通工程设计文件编制深度规定进行施工设计，明确钢筋规格型号及其工程量、混凝土强度等级及其工程量，据此形成“挡土墙”项目价格清单明细						
	(1)	模板		m^2	9 040	45.00	406 800.00
	(2)	混凝土浇筑	C35	m^3	904	550.00	497 200.00
	(3)	钢筋	主筋按 ϕ20 考虑	t	136	5 600.00	761 600.00
	(4)	混凝土拆除	机械拆除	m^3	904	350.00	316 400.00
1.4	C010101011000	钢支撑、钢围檩、钢立柱	包括钢支撑、钢围檩、格构柱、钢管柱、横撑、斜撑、预埋件等全部工程内容	t	1 078	2 520.00	2 716 560.00
其中：	说明：投标人根据发包人要求、初步设计文件、城市轨道交通工程设计文件编制深度规定进行施工设计，明确钢筋规格型号及其工程量、混凝土强度等级及其工程量，据此形成“钢支撑、钢围檩、钢立柱”项目价格清单明细						
	(1)	安装	钢支撑按 609 考虑，钢围檩按双拼工字钢考虑	t	1 078	750.00	808 500.00
	(2)	拆除		t	1 078	600.00	646 800.00
	(3)	租赁		t/月	4 851	260.00	1 261 260.00
1.5	C010101011100	喷射混凝土	包括混凝土喷射、钢筋、排水孔等全部工程内容	m^2	21 467	263.48	5 656 125.16

表A-33(续)

序号	项目编码	项目名称	工程内容	计量单位	数量	单价	合价
其中：	说明：投标人根据发包人要求、初步设计文件、城市轨道交通工程设计文件编制深度规定进行施工设计，明确钢筋规格型号及其工程量、混凝土强度等级及其工程量，据此形成“喷射混凝土”项目价格清单明细						
	(1)	混凝土	C20 150mm 厚	m^2	21 467	180.00	3 864 060.00
	(2)	钢筋	按 ϕ8 钢筋网考虑	t	320	5 600.00	1 792 000.00
1.6	C010101011200	混凝土支撑	包括混凝土、钢筋、预埋件、场地清理等全部工程内容	m^3	422	1 909.86	805 960.92
其中：	说明：投标人根据发包人要求、初步设计文件、城市轨道交通工程设计文件编制深度规定进行施工设计，明确钢筋规格型号及其工程量、混凝土强度等级及其工程量，据此形成“混凝土支撑”项目价格清单明细						
	(1)	模板		m^2	1 688	45.00	75 960.00
	(2)	混凝土浇筑	C35	m^3	422	650.00	274 300.00
	(3)	钢筋	主筋按 ϕ22 考虑	t	55	5 600.00	308 000.00
	(4)	混凝土拆除	机械拆除	m^3	422	350.00	147 700.00
2		土石方工程					10 426 643.50
2.1	C010101020100	土石方开挖	包括基底钎探、土石方开挖、运输、余方处置等全部工程内容	m^3	131 405	50.50	6 635 952.50
其中：	说明：投标人根据发包人要求、初步设计文件、城市轨道交通工程设计文件编制深度规定进行施工设计，明确土石方开挖方式、外弃运距及其工程量，据此形成“土石方开挖”项目价格清单明细						
	(1)	开挖	机械开挖	m^3	131 405	10.00	1 314 050.00
	(2)	外弃	按 30km 考虑	m^3	118 265	45.00	5 321 925.00

表A-33(续)

序号	项目编码	项目名称	工程内容	计量单位	数量	单价	合价
2.2	C010101020200	土石方回填	包括取土、运输、回填、压实、土工合成材料等全部工程内容	m^3	36 682	45.50	1 669 031.00
其中：	说明：投标人根据发包人要求、初步设计文件、城市轨道交通工程设计文件编制深度规定进行施工设计，明确土石方回填方式、取土运距及其工程量，据此形成“土石方回填”项目价格清单明细						
	(1)	回填	机械回填	m^3	36 682	5.00	183 410.00
	(2)	取土	按 30km 考虑	m^3	33 014	45.00	1 485 630.00
2.3	C010101020300	砂砾石、碎石回填	包括填料、运输、回填、压实等全部工程内容	m^3	11 787	180.00	2 121 660.00
3		现浇钢筋混凝土工程					54 054 197.84
3.1	C010101030100	现浇钢筋混凝土基础	包括钢筋混凝土、模板、脚手架或支架（含基础）、场地清理等全部工程内容	m^3	23	1 315.00	30 245.00
其中：	(1)	模板		m^2	91	45.00	4 095.00
	(2)	混凝土浇筑	C35	m^3	23	650.00	14 950.00
	(3)	钢筋	主筋按 $\phi25$ 考虑	t	2	5 600.00	11 200.00
3.2	C010101030200	现浇钢筋混凝土柱	包括钢筋混凝土、模板、脚手架或支架（含基础）、场地清理等全部工程内容	m^3	524	2 657.86	1 392 718.64

表A-33(续)

序号	项目编码	项目名称	工程内容	计量单位	数量	单价	合价
其中：	说明：投标人根据发包人要求、初步设计文件、城市轨道交通工程设计文件编制深度规定进行施工设计，明确钢筋规格型号及其工程量、混凝土标号及其工程量，据此形成“现浇钢筋混凝土柱”项目价格清单明细						
	(1)	模板		m^2	2 096	45.00	94 320.00
	(2)	混凝土浇筑	C35	m^3	524	800.00	419 200.00
	(3)	钢筋	主筋按 $\phi28$ 考虑	t	157	5 600.00	879 200.00
3.3	C010101030300	现浇钢筋混凝土梁、板	包括钢筋混凝土、模板、脚手架或支架（含基础）、场地清理等全部工程内容	m^3	15 614	2 016.97	31 492 969.58
其中：	(1)	模板		m^2	46 842	45.00	2 107 890.00
	(2)	混凝土浇筑	C35	m^3	15 614	650.00	10 149 100.00
	(3)	钢筋	主筋按 $\phi25$ 考虑	t	3 435	5 600.00	19 236 000.00
3.4	C010101030400	现浇钢筋混凝土墙	包括钢筋混凝土、模板、脚手架或支架（含基础）、场地清理等全部工程内容	m^3	11 330	1 837.50	20 818 875.00
其中：	(1)	模板		m^2	16 995	45.00	764 775.00
	(2)	混凝土浇筑	C35 P8	m^3	11 330	650.00	7 364 500.00
	(3)	钢筋	主筋按 $\phi22$ 考虑	t	2 266	5 600.00	12 689 600.00
3.5	C010101030500	现浇钢筋混凝土楼梯	包括钢筋混凝土、模板、脚手架或支架（含基础）、场地清理等全部工程内容	m^2	418	764.09	319 389.62

表A-33(续)

序号	项目编码	项目名称	工程内容	计量单位	数量	单价	合价
	说明：投标人根据发包人要求、初步设计文件、城市轨道交通工程设计文件编制深度规定进行施工设计，明确钢筋规格型号及其工程量、混凝土标号及其工程量，据此形成“现浇钢筋混凝土楼梯”项目价格清单明细						
其中：	(1)	模板		m^2	418	60.00	25 080.00
	(2)	混凝土浇筑	C35	m^3	125.4	650.00	81 510.00
	(3)	钢筋	主筋按 ϕ20 考虑	t	38	5 600.00	212 800.00
4		防水工程					2 462 065.00
4.1	C010101110100	地下底板防水	包括基层处理、防水、保护层等全部工程内容	m^2	10 726	80.00	858 080.00
其中：	……	……	……	……	……	……	……
4.2	C010101110200	地下侧墙防水	包括基层处理、防水、保护层等全部工程内容	m^2	14 735	55.00	810 425.00
其中：	……	……	……	……	……	……	……
4.3	C010101110300	地下顶板防水	包括基层处理、防水、保护层等全部工程内容	m^2	9 336	85.00	793 560.00
其中：	……	……	……	……	……	……	……
5		建筑装饰工程					12 604 097.62
5.1	C010101120101	公共区装修—站厅层及出入口	包括地面、墙（柱）面、天棚、砌筑工程（含圈梁、过梁、构造柱、挡水坎等）、防水、隔断、门窗、栏杆、扶手、盖板、票亭、灯箱、独立艺术品等全部工程内容	m^2	2 589	2 018.12	5 224 912.68

表A-33(续)

序号	项目编码	项目名称	工程内容	计量单位	数量	单价	合价
其中：	说明：投标人根据发包人要求、初步设计文件、城市轨道交通工程设计文件编制深度规定进行施工设计，明确天地墙面主要材质及其工程量，据此形成“公共区装修-站厅层及出入口”项目价格清单明细						
	(1)	天棚	30mm×100mm×1.2mm 铝垂片	m^2	2 589	600.00	1 553 400.00
	(2)	地面	25mm 厚白麻及绿麻石材地面	m^2	2 589	500.00	1 294 500.00
	(3)	墙面	3.0mm 烤瓷铝板	m^2	2 136	750.00	1 602 000.00
	(4)	栏杆	12mm 厚钢化夹胶玻璃、70mm×10mm 304#不锈钢	m	250	1 000	250 000
	(5)	灯箱	框 3mm 铝型材，边框宽度 60mm，箱体厚度 200mm	套	35	15 000	525 000
5.2	C010101120102	公共区装修—站台层	包括地面、墙（柱）面、天棚、砌筑工程（含圈梁、过梁、构造柱、挡水坎等）、防水、隔断、门窗、栏杆、扶手、盖板、票亭、灯箱、独立艺术品等全部工程内容	m^2	1 644	1 849.51	3 040 594.44
其中：	(1)	天棚	30mm×100mm×1.2mm 铝垂片、50mm×100mm×2.0mm 铝方通	m^2	1 644	650.00	1 068 600.00
	(2)	地面	25mm 厚白麻及绿麻石材地面	m^2	1 644	450	822 000.00
	(3)	墙面	3.0mm 烤瓷铝板	m^2	950	1 000	950 000.00
	(4)	栏杆	12mm 厚钢化夹胶玻璃、70mm×10mm 304#不锈钢	m	50	1 000	50 000
	(5)	灯箱	框 3mm 铝型材，边框宽度 60mm，箱体厚度 200mm	套	10	15 000	150 000

表A-33(续)

序号	项目编码	项目名称	工程内容	计量单位	数量	单价	合价
5.3	C010101120200	设备区及管理用房装修	包括地面、墙（柱）面、天棚、砌筑工程（含圈梁、过梁、构造柱、挡水坎等）、防水、隔断、门窗、栏杆、扶手、盖板、票亭、灯箱、独立艺术品等全部工程内容	m^2	2 450	1 334.69	3 269 990.50
其中：	(1)	天棚	600×600 铝扣板吊顶	m^2	2 450	300.00	735 000.00
	(2)	地面	房间内为防静电陶瓷架空地板；走道为耐磨陶瓷地	m^2	2 450	400.00	980 000.00
	(3)	墙面	无机涂料墙面	m^2	4 900	200	980 000
	(4)	栏杆	*DN*50 镀锌钢管、*DN*32 镀锌钢管	m	50	300	15 000
	(5)	砌体墙	页岩实心砖	m^3	800	700	560 000
5.4	C010101120300	轨行区及风道装修	包括地面、墙（柱）面、天棚、砌筑工程（含圈梁、过梁、构造柱、挡水坎等）、防水、隔断、门窗、栏杆、扶手、盖板、票亭、灯箱、独立艺术品等全部工程内容	m^2	5 343	200.00	1 068 600.00
其中：	……	……	……	……	……	……	……
6		附属工程					3 638 500.00
6.1	C010101130100	标志导向	包括站内标志、站外定位标志、引导标志及相应配电工程的采购、安装等全部工程内容	项	1	900 000.00	900 000.00
其中：	……	……	……	……	……	……	……

表A-33(续)

序号	项目编码	项目名称	工程内容	计量单位	数量	单价	合价
6.2	C010101130300	站前广场	包括地面铺装、绿化、景观小品、配套建（构）筑物、配套机电工程等全部工程内容	m^2	637	500.00	318 500.00
其中：	……	……	……	……	……	……	……
6.3	C010101130500	风亭	包括风亭结构、风亭外装饰、栏杆等全部工程内容	组	2	200 000.00	400 000.00
其中：	……	……	……	……	……	……	……
6.4	C010101130600	出入口上盖	包括出入口上盖结构、外装饰等全部工程内容	个	4	400 000.00	1 600 000.00
其中：	……	……	……	……	……	……	……
6.5	C010101130700	出入口绿化	包括花池（箱）、外装饰、种植土、苗木等全部工程内容	个	4	20 000.00	80 000.00
其中：	……	……	……	……	……	……	……
6.6	C010101130900	车站站内附属设施	包括站内垃圾桶、座椅等全部工程内容	项	1	120 000.00	120 000.00
其中：	……	……	……	……	……	……	……
6.7	C010101131000	建筑附属构件	包括散水、排水沟、地沟、台阶、坡道及其他零星构件等全部工程内容	项	1	220 000.00	220 000.00
其中：	……	……	……	……	……	……	……

表A-33(续)

序号	项目编码	项目名称	工程内容	计量单位	数量	单价	合价
7		管线迁改					2 340 000.00
7.1	C010101350100	排水管线迁改	包括土石方、废弃管线处置、铺设新管线及设备、各类管井、新旧管线连接、场地恢复等全部工程内容	m	200	4 500.00	900 000.00
其中:	……	……	……	……	……	……	……
7.2	C010101350200	给水管线迁改	包括土石方、废弃管线处置、铺设新管线及设备、各类管井、新旧管线连接、场地恢复等全部工程内容	m	400	3 600.00	1 440 000.00
其中:	……	……	……	……	……	……	……
8		管线悬吊保护					149 400.00
8.1	C010101360100	排水管线悬吊保护	包括管线保护、恢复、移交等全部工程内容	m	92	700.00	64 400.00
其中:	……	……	……	……	……	……	……
8.2	C010101360200	给水管线悬吊保护	包括管线保护、恢复、移交等全部工程内容	m	100	850.00	85 000.00
其中:	……	……	……	……	……	……	……
9		道路及市政设施拆除及恢复					11 115 500.00

表A-33(续)

序号	项目编码	项目名称	工程内容	计量单位	数量	单价	合价
9.1	C010101370100	道路拆除及恢复	包括拆除、恢复、移交等全部工程内容	m^2	20 210	550.00	11 115 500.00
其中：	……	……	……	……	……	……	……
10		措施项目					9 243 730.36
10.1	C010101400100	安全文明施工	包括环境保护、安全施工、文明施工、临时设施等全部工程内容	项	1	3 920 355.36	3 920 355.36
其中：	……	……	……	……	……	……	……
10.2	C010101400200	监测	包括对工程本身及周边风险源的监测等全部工程内容	项	1	400 000.00	400 000.00
其中：	……	……	……	……	……	……	……
10.3	C010101400300	降水、 排水工程	包括施工场地的降水、排水等全部工程内容	项	1	2 160 000.00	2 160 000.00
其中：	说明：投标人根据发包人要求、初步设计文件、城市轨道交通工程设计文件编制深度规定进行施工设计，明确降水井布置原则及规格，据此形成“降水、排水工程”项目价格清单明细						
	（1）	降水井	每25m设置1口降水井	m	1 200	600.00	720 000.00
	（2）	抽排水	5.5kW潜水泵	台/昼夜	12 000	120.00	1 440 000.00
10.4	C010101400500	交通疏解	包括便道、便桥、临时交通安全设施及管理设施、交通协管人员等全部工程内容	项	1	1 175 000.00	1 175 000.00

表A-33(续)

序号	项目编码	项目名称	工程内容	计量单位	数量	单价	合价
其中：	说明：投标人根据发包人要求、初步设计文件、城市轨道交通工程设计文件编制深度规定进行施工设计，明确新建交通疏解便道形式及主要设施，据此形成“交通疏解”项目价格清单明细						
	（1）	新建便道	混凝土路面	m^2	2 500	350.00	875 000.00
	（2）	临时设施	护栏、标线、标牌、交通协管员	项	1	300 000.00	300 000.00
10.5	C010101400900	风险源加固	包括穿越、跨、临近风险源引起的加固等全部内容	项	1	1 165 875.00	1 165 875.00
其中：	说明：投标人根据发包人要求、初步设计文件、城市轨道交通工程设计文件编制深度规定进行施工设计，明确新建加固的主要方式及其工程量，据此形成“风险源加固”项目价格清单明细						
	（1）	注浆		m^2	1 930	600.00	1 158 000.00
	（2）	袖阀管		m	175	45.00	7 875.00
10.6	C010101401100	其他措施项目—排洪渠	发、承包人认为需要单列的措施项目	项	1	422 500.00	422 500.00
其中：	说明：投标人根据发包人要求、初步设计文件、城市轨道交通工程设计文件编制深度规定进行施工设计，明确其他措施项目的主要内容及其工程量，据此形成“其他措施项目”项目价格清单明细						
	（1）	土沟渠	3m×3m	m	50	450.00	22 500.00
	（2）	混凝土箱涵	C35	m	100	4 000.00	400 000.00
	合计						138 123 090.00

注：承包人认为需要增加的项目，请在“其他”下面列明该项目的名称、单位、数量、单价和合价。

表 A-34 供电系统建筑工程费价格清单

工程名称：某地铁工程—供电系统　　　　单位：元

序号	项目编码	项目名称	工程内容	计量单位	数量	单价	合价
1		供电系统					403 178 165. 40
1. 1	C011700220100	变电所	包括设备、软件、母线、绝缘测试、金属构件及辅助项目等全部工程内容	所	13	4 491 371. 46	58 387 828. 98
其中：	说明：投标人根据发包人要求、初步设计文件、城市轨道交通工程设计文件编制深度规定进行施工设计，明确项目主要开项内容组成，包括设备材料规格型号、主要参数、工程数量，需完善各类测试调试、试验及改造内容，据此形成“变电所”项目价格清单明细。						
	（1）	变压器	配电变压器 1 000kV · A，电压等级 AC 35kV，包含基础型钢，调试（变压器单体调试、记录），变压器，接地	台	22	201 873. 00	4 441 206. 00
	（2）	高压开关柜	高压开关柜规格型号综合，电压等级（kV）：AC 1kV，包含基础型钢，开孔、屏柜接线（综合考虑），单体调试、记录，接地	台	123	209 213. 00	25 733 199. 00
	（3）	高压开关边柜	高压开关边柜规格型号综合，包含基础型钢，开孔、屏柜接线（综合考虑），单体调试、记录，接地	台	16	38 539. 00	616 624. 00
	（4）	直流充电屏	直流充电屏，电压等级（kV）：DC 1. 5kV，包含基础型钢，开孔、屏柜接线（综合考虑），单体调试、记录，接地	台	11	50 468. 00	555 148. 00
	（5）	蓄电池屏	蓄电池屏，电压等级（kV）：DC 1. 5kV，包含基础型钢，开孔、屏柜接线（综合考虑），单体调试、记录，接地	台	11	13 764. 00	151 404. 00

表A-34(续)

序号	项目编码	项目名称	工程内容	计量单位	数量	单价	合价
其中：	(6)	交流屏	交流屏，电压等级（kV）：DC 1.5kV，包含基础型钢，开孔、屏柜接线（综合考虑），单体调试、记录，接地	台	11	25 693.00	282 623.00
	(7)	直流馈电屏	直流馈电屏，电压等级（kV）：DC 1.5kV，包含基础型钢，开孔、屏柜接线（综合考虑），单体调试、记录，接地	台	11	20 187.00	222 057.00
	(8)	高压电力电缆	规格、型号：FYS-WDZA-YJY63-26/35kV-1×95mm^2	m	36 260	130.00	4 713 800.00
	(9)	高压电力电缆	规格、型号：TDWD - YJY73 - 27.5kV - 1×240mm^2	m	32 200	255.00	8 211 000.00
	(10)	高压电力电缆终端头	综合	个	66	1 641.00	108 306.00
	(11)	插入式电缆终端头安装	综合	个	108	604.00	65 232.00
	(12)	高压电力电缆中间头	综合	个	120	2 947.00	353 640.00
	(13)	低压电力电缆	规格、型号：FYS-WDZA-YJY63-0.6/1kV-1×400mm^2，含电缆头	m	14 800	329.00	4 869 200.00
	(14)	低压电力电缆	规格、型号：WDZA - YJY23 - 0.6/1kV - 3×6mm^2，含电缆头	m	31 000	23.00	713 000.00
	(15)	梯架	规格、型号：400×100，材质：热镀锌	m	3 350	170.00	569 500.00

表A-34(续)

序号	项目编码	项目名称	工程内容	计量单位	数量	单价	合价
其中：	(16)	电缆试验	综合	根	120	640.00	76 800.00
	(17)	变电所各类支架、吊架	综合	套	4 800	273.00	1 310 400.00
	(18)	变电所调试	所内所间设备整组联动调试、设备接口调试、配合其他系统联动调试	所	13	133 952.00	1 741 376.00
	(19)	变电所其他	设备基础、封堵、附属工作、工作台	所	13	252 478.00	3 282 214.00
	(20)	既有线改造		项	1	371 100.00	371 100.00
1.2	C011700220200	环网电缆	包括电缆、电缆头、标志牌、保护管、试验、金属构件及辅助项目等全部工程内容	km	29.610	2 479 669.50	73 423 014.00
其中：	说明：投标人根据发包人要求、初步设计文件、城市轨道交通工程设计文件编制深度规定进行施工设计，明确项目主要开项内容组成，包括设备材料规格型号、主要参数、工程数量，细化环网电缆所需的各类支架、接地、封堵，并且需完善各类测试调试、试验及改造内容，据此形成“环网电缆”项目价格清单明细						
	(1)	高压电力电缆	规格、型号：FYS-WDZA-YJY63-26/35kV-1×150mm^2，电压等级（kV）：AC 35kV	m	87 100	150.00	13 065 000.00
	(2)	高压电力电缆	规格、型号：FYS/FS-WDZA-YJY63-26/35kV-1×150mm^2，电压等级（kV）：AC 35kV	m	209 000	161.00	33 649 000.00
	(3)	高压电力电缆中间头	1×150mm^2，电压等级（kV）：AC 35kV	个	324	2 753.00	891 972.00
	(4)	高压电力电缆终端头	1×150mm^2，电压等级（kV）：AC 35kV	个	102	1 652.00	168 504.00
	(5)	光缆敷设	综合	m	197 400	6.00	1 184 400.00

表A-34(续)

序号	项目编码	项目名称	工程内容	计量单位	数量	单价	合价
其中：	(6)	车站电缆支架	综合	套	2 300	239.00	549 700.00
	(7)	区间电缆支架	综合	套	75 423	243.00	18 327 789.00
	(8)	场段电缆支架	综合	套	8 700	248.00	2 157 600.00
	(9)	电缆吊架	综合	套	300	367.00	110 100.00
	(10)	电气配管	管径 200mm 以内	m	2 200	226.00	497 200.00
	(11)	接地扁钢及调试	综合	m	98 830	26.00	2 569 580.00
	(12)	接地跳线	综合	处	200	505.00	101 000.00
	(13)	防火封堵	环网电缆	项	1	112 649.00	112 649.00
	(14)	电缆试验	电压等级（kV）：AC 35kV、DC 1.5kV 及以内	根	60	642.00	38 520.00
1.3	C011700220300	接触网（轨）	包括设备、接触网、接触轨、支柱、悬挂、馈线、锚接、地线、限界门、土石方工程、调整、调试、检测、试验、场地清理等全部工程内容	条公里	119.840	1 936 141.00	232 027 137.44
其中：	……	……	……	……	……	……	……
1.4	C011700220400	电力监控	包括设备、软件、线缆及线缆载体、金属构件及辅助项目等全部工程内容	项	1	19 882 242.00	19 882 242.00
其中：	……	……	……	……	……	……	……
1.5	C011700220600	供电车间	包括设备、软件、线缆及线缆载体、试验、金属构件及辅助项目等全部工程内容	项	1	19 457 943.00	19 457 943.00
其中：	……	……	……	……	……	……	……

表A-34(续)

序号	项目编码	项目名称	工程内容	计量单位	数量	单价	合价
2		措施项目					970 539.98
2.1	C011700400100	安全文明施工	包括环境保护、安全施工、文明施工、临时设施等全部工程内容	项	1	970 539.98	970 539.98
	合计						404 148 705.40

注：承包人认为需要增加的项目，请在“其他”下面列明该项目的名称、单位、数量、单价和合价。

表 A-35 工程总承包其他费价格清单

工程名称：某地铁工程　　　　单位：元

序号	项目名称	金额	备注
1	勘察费	5 878 946. 35	
1. 1	施工勘察费	5 878 946. 35	
2	设计费	144 181 159. 13	
2. 1	施工图设计费	144 181 159. 13	
3	工程总承包管理费	100 936 075. 00	
4	研究试验费	4 508 000. 00	
5	临时用地及占道使用补偿费	506 660 130. 00	
6	场地准备及临时设施费	110 230 243. 98	
7	试运转费	11 610 000. 00	
8	工程保险费	36 743 414. 66	
9	代办服务费	474 999. 88	
10	其他专项费	0. 00	
	合计	921 222 969. 00	

注：承包人认为需要增加的有关项目，请在“其他专项费”下面列明该项目的名称及金额。

表 A-36 预备费

工程名称：某地铁工程　　　　单位：元

序号	项目名称	金额	备注
1	基本预备费	447 892 033. 15	
2	涨价预备费	238 508 288. 85	
合计		686 400 322. 00	

注：发包人应将预备费列入项目清单中，投标人应将上述预备费计入投标总价中。

五、合同价款调整

（一）工程变更案例

1. 合同约定

因发包人变更发包人要求或初步设计文件，导致承包人施工图设计修改并造成成本、工期增加的，应按照合同约定调整合同价款、工期，并应由承包人提出新的价格、工期报发包人确认后调整。价格清单中列出的工程量及价格可作为变更参考。

2. 变更事项

某地铁站受规划影响，经政府主管部门会议议定增加 1 个出入口（E 出入口）。发包人函告承包人，该站增加 E 出入口，出入口宽度约为 4.5m，长约 15m，并配置电扶梯，其他标准与其他出入口相同。

3. 变更费用核定

经承包人提出、发包人确认，双方就变更费用达成一致：

鉴于新增 E 出入口的主要技术标准与其他出入口相同，故本变更费用按价格清单中的价格及调整后的设计方案计算，安全文明施工费参照价格清单中安全文明施工费占建筑工程费的占比计算，具体如表 A-37 所示。

表 A-37 ××站增加 E 出入口变更费用

工程名称：某地铁工程—××站—增加 E 出入口变更　　　　单位：元

序号	项目编码	项目名称	工程内容	计量单位	工程量	单价	合价
1		车站					
1.1	C010101010100	灌注桩	包括成孔、固壁、钢筋、混凝土、桩尖、截桩、场地清理等全部工程内容	m^3	254	2 336.00	593 344.00
1.2	C010101010800	冠梁、压顶梁	包括钢筋混凝土、模板、脚手架或支架（含基础）、预埋件、场地清理等全部工程内容	m^3	45	2 149.00	96 705.00
1.3	C010101010900	挡土墙	包括钢筋混凝土、模板、脚手架或支架（含基础）、预埋件、场地清理等全部工程内容	m^3	27	3 261.00	88 047.00
1.4	C010101011000	钢支撑、钢围檩、钢立柱	包括钢支撑、钢围檩、格构柱、钢管柱、横撑、斜撑、预埋件等全部工程内容	t	14	2 875.00	40 250.00
		（其他略）					

表A-37(续)

序号	项目编码	项目名称	工程内容	计量单位	工程量	单价	合价
1.5	C010101120101	公共区装修—站厅层及出入口	包括地面、墙（柱）面、天棚、砌筑工程（含圈梁、过梁、构造柱、挡水坎等）、防水、隔断、门窗、栏杆、扶手、盖板、票亭、灯箱、独立艺术品等全部工程内容	m^2	68	2 200.00	149 600.00
1.6	C010101400100	安全文明施工	包括环境保护、安全施工、文明施工、临时设施等全部工程内容	项	1	34 000.00	34 000.00
2		动力与照明工程					
2.1	C011800230101	车站动力与照明—××站	包括设备、线缆及线缆载体、用电器具、金属构件及辅助项目等全部工程内容	m^2	68	895.00	60 860.00
2.2	C011800400100	安全文明施工	包括环境保护、安全施工、文明施工、临时设施等全部工程内容	项	1	1 522.00	1 522.00
3		通风、空调与供暖工程					
3.1	C012300290101	车站通风、空调与供暖—××站	包括设备、管道、支架及其他、管道附件、风管部件等全部工程内容	m^2	68	700.00	47 600.00
3.2	C012300400100	安全文明施工	包括环境保护、安全施工、文明施工、临时设施等全部工程内容	项	1	1 190.00	1 190.00

表A-37(续)

序号	项目编码	项目名称	工程内容	计量单位	工程量	单价	合价
4		给水与排水、消防工程					
4.1	C012400300101	车站给水与排水—××站	包括设备、管道、支架及其他、管道附件、卫生器具、消防组件等全部工程内容	m^2	67.5	120.00	8 100.00
4.2	C012400300201	车站给消防水—××站	包括设备、管道、支架及其他、管道附件、卫生器具、消防组件等全部工程内容	m^2	67.5	110.00	7 425.00
4.3	C012400400100	安全文明施工	包括环境保护、安全施工、文明施工、临时设施等全部工程内容	项	1	388.13	388.13
5		站内客运设备、站台门					
5.1	C012600320100	自动扶梯	包括设备、线缆及线缆载体、金属构件及辅助项目等全部工程内容	部	1	90.00	90.00
	合计						1 487 175.00

4. 变更工期核定

经承包人提出、发包人确认，双方就工期达成一致：本变更不调整工期。

（二）材料价格调整案例

价格指数权重表如表 A-38 所示。

表 A-38　价格指数权重表（发包人提出，承包人确认）

序号	名称		变值权重 B			基本价格指数		现行价格指数	
			代号	建议	确认	代号	指数	代号	指数
1	变值部分	人工费	B_1	0.09	0.09	F_{01}	1.15	F_{t1}	1.25
2		混凝土	B_2	0.08	0.08	F_{02}	560	F_{t2}	580

表A-38(续)

序号	名称		变值权重 B			基本价格指数		现行价格指数	
			代号	建议	确认	代号	指数	代号	指数
3	变值部分	钢筋	B_3	0.05	0.05	F_{03}	3 400	F_{t3}	4 000
4		铜材	B_4	0.02	0.02	F_{04}	69 000	F_{t4}	69 500
定值部分权重 A			0.76			—	—	—	—
合计			1			—		—	

注：1. “名称”“基本价格指数”栏由发包人填写，没有“价格指数”时，可采用价格计算。

2. “变值权重”由发包人根据该项目人工、主要材料等价值在预估总价中所占的比例提出建议权重填写，由发承包双方在合同签订阶段确认最终权重，1 减去变值权重为定值权重。

3. “现行价格指数”按约定的付款周期最后一天的前 42 天的各项价格指数填写，没有时，可采用价格代替计算。

4. F_{01}、F_{t1} 按××市造价站发布的人工费调整幅度计取。

5. F_{02}、F_{t2} 按××市造价站发布的《工程造价信息》中××市××区各种标号混凝土的算术平均价格（元/m^3）计取。

6. F_{03}、F_{t3} 按××市造价站发布的《工程造价信息》中××市××区各种规格钢筋的算术平均价格（元/t）计取。

7. F_{04}、F_{t4} 按××网站发布的 1#铜均价（元/t）计取。

例如里程碑节点支付金额 P_0 = 152 117 736.69（元）。

价差调整金额 = $P_0×A$+［（$B_1×F_{t1}/F_{01}+B_2×F_{t2}/F_{02}+B_3×F_{t3}/F_{03}+B_4×F_{t4}/F_{04}$）-1］

= 152 117 736.69×［0.76+（0.09×1.25/1.15+0.08×580/560+0.05×4 000/3 400+0.02×69 500/69 000）-1］

= 2 989 370.11（元）。

本里程碑节点价差调整金额为 2 989 370.11 元。

六、工程结算与支付

预付款支付申请/核准表，建筑工程费支付分解表，工程总承包其他费支付分解表，进度款支付申请表/核准表，竣工结算、支付申请/核准表，最终结清支付申请/核准表见表 A-39～表 A-46。

表 A-39　预付款支付申请/核准表

工程名称：某地铁工程

致：　×××　（发包人全称）
根据合同　×××　条约定，现申请支付预付款金额为（小写）　826 990 590.10
（大写）　捌亿贰仟陆佰玖拾玖万零伍佰玖拾元壹角整　，请予核准。

表 A-39(续)

序号	名称	申请金额（元）	核准金额（元）	备注
1	签约合同价款金额	8 956 306 223.00	8 956 306 223.00	
1.1	签约合同价减预备费金额	8 269 905 901.00	8 269 905 901.00	
1.2	年度资金使用计划金额	—	—	
2	合计应支付的预付款	826 990 590.10	826 990 590.10	按签约合同价减预备费金额×10%计取

造价人员签名：　　　　承包人代表签名：

承包人签章：

日期：

咨询人审核意见：

一级造价工程师签名：　　　　咨询人签章：

日期：

发包人审批意见：

发包人代表签名：　　　　发包人签章：

日期：

注：咨询人指发包人委托参与其授权范围内的工程总承包计价活动的造价咨询、监理等中介机构（下同）。

表 A-40　建筑工程费支付分解表

工程名称：某地铁工程

序号	项目名称	支付					
		里程碑节点	金额占比（%）	里程碑节点	金额占比（%）	里程碑节点	金额占比（%）
C010101	××站	车站主体围护结构完成	0.31	车站主体底板浇筑长度超过车站长度50%	0.40	车站主体底板浇筑完成	0.48
		车站主体顶板浇筑完成	0.35	车站附属底板浇筑完成	0.31	车站附属顶板浇筑完成	0.16
		装修开始施工	0.12	站台层装修完成	0.12	站厅层装修完成	0.12

表A-40(续)

序号	项目名称	支付					
		里程碑节点	金额占比(%)	里程碑节点	金额占比(%)	里程碑节点	金额占比(%)
……	……	……	……	……	……	……	……
C010401	××盾构区间	盾构始发	0.69	掘进长度超过本区间双线长度的25%	1.38	掘进长度超过本区间双线长度50%	1.00
		掘进长度超过本区间双线长度75%	1.77	双线洞通	1.38	盾构机退场、转场或完成空推	1.00
……	……	……	……	……	……	……	……
C011300	轨道	道床完成长度超过总长度25%	2.08	道床完成长度超过总长度50%	2.60	道床完成长度超过总长度75%	3.00
		全线道床浇筑完成	1.67	线路有关安装完成	1.04		
C011400	通信系统	管道、桥架敷设完成	0.78	机柜及柜内设备、核心设备安装完成	0.78	末端设备、接口和联合调试完成	0.78
C011500	信号系统	管道、桥架敷设完成	1.88	机柜及柜内设备、核心设备安装完成	1.88	末端设备、接口和联合调试完成	1.88
C011601	××主变电站	主变电站主体封顶	1.00	主变电站装修完毕	0.50	送电手续办理完成	0.06

表A-40(续)

序号	项目名称	支付					
		里程碑节点	金额占比（%）	里程碑节点	金额占比（%）	里程碑节点	金额占比（%）
C011601	××主变电站	外电通道结构施工长度超过外电通道总长度的25%	0. 25	外电通道结构施工完成	0. 25	外电通道结构施工完成	0. 21
C011700	供电系统	变电所工程设备安装、调试完毕	2. 20	环网及接触网按分区电通	2. 20	完成热滑试验	1. 10
……	……	……	……	……	……	……	……
其他		开通试运行	3. 00				
合计		100					

注：1. 价格清单可作为支付比例的参考。

2. 金额占比（%）指里程碑节点应支付金额占建筑工程费合同金额的比例。

表 A-41　工程总承包其他费支付分解表

工程名称：某地铁工程

序号	项目名称	支付					
		里程碑节点	金额占比（%）	里程碑节点	金额占比（%）	里程碑节点	金额占比（%）
1	勘察费	所有车站底板浇筑完成	0. 30	所有地下区间洞通	0. 34		
2	设计费	土建施工图完成	9. 42	机电施工图完成	4. 71	开通试运行	1. 52

表A-41(续)

序号	项目名称	支付					
		里程碑节点	金额占比（%）	里程碑节点	金额占比（%）	里程碑节点	金额占比（%）
3	工程总承包管理费	所有车站完成打围	3.67	机电专业进场	3.62	开通试运行	3.67
4	研究试验费	所有车站顶板浇筑完成	0.24	开通试运行	0.24		
5	临时用地及占道使用补偿费	所有车站完成打围	38.50	路面恢复完成	16.50		
6	场地准备及临时设施费	所有车站完成打围	8.40	机电专业进场	3.57		
7	试运转费	开通试运行	1.26				
8	工程保险费	所有车站完成打围	3.99				
9	代办服务费	所有车站完成打围	0.05				
合计		100					

注：金额占比（%）指里程碑节点应支付金额占工程总承包其他费对应合同金额的比例。

表 A-42 进度款支付申请/核准表（第 1 次）

工程名称：某地铁工程

致：××× （发包人全称）

本期完成了 ××车站主体围护结构完成、主体底板浇筑完成、土建施工图完成 等里程碑工作，根据合同 ××× 条的约定，现申请支付本周期的进度款金额为（小写） 126 703 812. 31 （大写）壹亿贰仟陆佰柒拾万叁仟捌佰壹拾贰元叁角壹分，请予核准。

单位：元

序号	名称	合同金额	里程碑节点	金额占比（%）	本期支付金额	上期累计支付金额	本期累计支付金额	备注
1	工程费用	7 348 682 932. 00	××车站主体围护结构完成、主体底板浇筑完成	1. 19	78 704 394. 20	0. 00	78 704 394. 20	支付比例按 90%
2	工程总承包其他费	921 222 969. 00	土建施工图完成	9. 42	78 101 283. 31	0. 00	78 101 283. 31	支付比例按 90%
3	按合同约定调整的费用	686 400 322. 00			1 574 087. 88	0. 00	1 574 087. 88	支付比例按 90%
4	应扣减的预付款	—			-31 675 953. 08	826 990 590. 00	795 314 637. 02	
5	按合同约定扣减的费用	—			—	—	—	
6	合计	8 956 306 223. 00	—	—	126 703 812. 31	826 990 590. 10	953 694 402. 41	

造价人员签名：　　　　承包人代表签名：

承包人签章：

日期：

咨询人审核意见：

一级造价工程师签名：　　　　咨询人签章：

日期：

发包人审批意见：

发包人代表签名：　　　　发包人签章：

日期：

注：工程量清单计价的项目进度款支付计入“按合同约定调整的费用”。

表 A-43 进度款支付申请/核准表（第 2 次）

工程名称：某地铁工程

致：×××（发包人全称）

本期完成了 ××车站主体顶板浇筑完成、车站附属底板浇筑完成 等里程碑工作，根据合同 ××× 条的约定，现申请支付本周期的进度款金额为（小写） 35 619 360.12 （大写） 叁仟伍佰陆拾壹万玖仟叁佰陆拾元壹角贰分 ，请予核准。

单位：元

序号	名称	合同金额	里程碑节点	金额占比（%）	本期支付金额	上期累计支付金额	本期累计支付金额	备注
1	工程费用	7 348 682 932.00	××车站主体顶板浇筑完成、车站附属底板浇筑完成	0.66	43 651 176.62	78 704 394.20	122 355 570.82	支付比例按 90%
2	工程总承包其他费	921 222 969.00			0.00	78 101 283.31	78 101 283.31	支付比例按 90%
3	按合同约定调整的费用	686 400 322.00			873 023.53	1 574 087.88	2 447 111.41	
4	应扣减的预付款	—			-8 904 840.03	795 314 637.02	786 409 796.99	
5	按合同约定扣减的费用	—			—	—	—	
6	合计	8 956 306 223.00	—	—	35 619 360.12	953 694 402.41	989 313 762.53	

造价人员签名： 承包人代表签名：

承包人签章：

日期：

咨询人审核意见：

一级造价工程师签名： 咨询人签章：

日期：

发包人审批意见：

发包人代表签名： 发包人签章：

日期：

注：工程量清单计价的项目进度款支付计入“按合同约定调整的费用”。

表 A-44 进度款支付申请/核准表（第 3 次）

工程名称：某地铁工程

致：×××（发包人全称）

本期完成了××盾构区间盾构始发、掘进长度超过本区间双线长度的 25%等里程碑工作，根据合同×××条的约定，现申请支付本周期的进度款金额为（小写）111 677 116.90（大写）壹亿壹仟壹佰陆拾柒万柒仟壹佰壹拾陆元玖角整，请予核准。

单位：元

序号	名称	合同金额	里程碑节点	金额占比（%）	本期支付金额	上期累计支付金额	本期累计支付金额	备注
1	工程费用	7 348 682 932.00	××盾构区间盾构始发、掘进长度超过本区间双线长度的 25%	2.07	136 905 963.02	122 355 570.82	259 261 533.84	支付比例按 90%
2	工程总承包其他费	921 222 969.00			0.00	78 101 283.31	78 101 283.31	支付比例按 90%
3	按合同约定调整的费用	686 400 322.00			2 690 433.10	2 447 111.41	5 137 544.51	
4	应扣减的预付款	—			-27 919 279.22	786 409 796.99	758 490 517.77	
5	按合同约定扣减的费用	—			0.00	—	—	
6	合计	8 956 306 223.00	—	—	111 677 116.90	989 313 762.53	1 100 990 879.43	

造价人员签名：　　　　承包人代表签名：

承包人签章：

日期：

咨询人审核意见：

一级造价工程师签名：　　　　咨询人签章：

日期：

发包人审批意见：

发包人代表签名：　　　　发包人签章：

日期：

注：工程量清单计价的项目进度款支付计入“按合同约定调整的费用”。

表 A-45 竣工结算、支付申请/核准表

工程名称：某地铁工程

致：______×××______（发包人全称）

我方已完成了______×××______项目工作，根据合同______×××______条约定，现申请支付竣工结算款金额（小写）__589 285 671.42__（大写）__伍亿捌仟玖佰贰拾捌万伍仟陆佰柒拾壹元肆角贰分__，请予核准。

序号	名称	申请金额（元）	核准金额（元）	备注
1	竣工结算总金额	8 418 366 734.64	8 418 366 734.64	
1.1	签约合同价	8 956 306 223.00	8 956 306 223.00	
1.2	减去预备费	686 400 322.00	686 400 322.00	
1.3	按合同约定调增的费用	148 460 833.64	148 460 833.64	
1.4	按合同约定扣减的费用	0.00	0.00	
2	已支付的合同价款	7 576 530 061.18	7 576 530 061.18	
2.1	已支付的工程费用	6 747 429 389.08	6 747 429 389.08	
2.2	已支付的工程总承包其他费	829 100 672.10	829 100 672.10	
3	应扣留的质量保证金	252 551 002.04	252 551 002.04	
4	应支付的竣工付款金额	589 285 671.42	589 285 671.42	

造价人员签名：

承包人代表签名：

承包人签章：

日期：

咨询人审核意见：

一级造价工程师签名：

咨询人签章：

日期：

发包人审批意见：

发包人代表签名：

发包人签章：

日期：

注：工程量单价项目结算支付计入“按合同约定调增的金额”或“按合同约定扣减的金额”。

表 A-46　最终结清支付申请/核准表

工程名称：某地铁工程

致：　　　　×××　　　　（发包人全称）

根据合同　　×××　　条约定，现申请支付最终结清金额（小写）　252 551 002.04　（大写）　贰亿伍仟贰佰伍拾伍万壹仟零贰元零肆分　，请予核准。

序号	名称	申请金额（元）	复核金额（元）	备注
1	已预留的质保金	252 551 002.04	252 551 002.04	
2	应增加的发包人原因造成的缺陷修复金额	0	0	
3	应扣减承包人未修复缺陷，发包人组织修复的金额	0	0	
4	最终应支付的合同价款	252 551 002.04	252 551 002.04	

造价人员签名：　　　　承包人代表签名：

承包人签章：

日期：

发包人审批意见：

发包人代表签名：　　　　发包人签章：

日期：